지적 수다가 즐거워지는

대논쟁
한국사

지적 수다가 즐거워지는
대논쟁
한국사

초판 1쇄 인쇄 2020년 9월 4일 **초판 1쇄 발행** 2020년 9월 11일

지은이 김종성
펴낸이 연준혁

편집 1본부 본부장 배민수
편집 4부서 부서장 김남철
편집 최란경

펴낸곳 ㈜위즈덤하우스 **출판등록** 2000년 5월 23일 제13-1071호
주소 경기도 고양시 일산동구 정발산로 43-20 센트럴프라자 6층
전화 031)936-4000 **팩스** 031)903-3893 **홈페이지** www.wisdomhouse.co.kr

ⓒ 김종성, 2020

ISBN 979-11-90908-78-8 03910

이 도서의 국립중앙도서관 출판예정도서목록(CIP)은 서지정보유통지원시스템
홈페이지(http://seoji.nl.go.kr)와 국가자료종합목록시스템(http://www.nl.go.kr/
kolisnet)에서 이용하실 수 있습니다. (CIP제어번호: CIP2020036128)

지적 수다가 즐거워지는

대논쟁

특정 시기에 대논쟁이 발생했다는 것은 그간 축적된 모순이나 문제점이 그 시점에 이르러 극도의 단계에 도달했음을 의미한다. 그래서 대논쟁이 벌어지면 사회는 어떤 형태로든 변모한다. 논쟁의 승자를 중심으로 사회질서나 사회구조가 바뀐다. 그렇기 때문에 대논쟁을 기준으로 역사를 살펴보는 방식은 왕조 교체를 기준으로 역사를 공부할 때에 접할 수 없었던 새로운 통찰력을 선사한다. … 주로 갈등은 첨예하게 발전했으나 무력 투쟁은 억제된 상태에서 대논쟁이 나타난다. 무력 투쟁이 억제되는 것은 강력한 외부세력의 위협을 받고 있거나 내전을 일으킬 준비가 부족하기 때문이다. 그래서 대논쟁은 무력랜서를 배제하는 방법으로 분쟁을 해결할 수밖에 없었던 시대의 사정을 이해하는 데 도움을 준다.

한국사

김종성 지음

위즈덤하우스

....

대논쟁,
역사를 읽는 새로운 접근법

역사의 시대를 구분하는 가장 흔한 기준은 왕조의 창업과 멸망이다. 고대·중세·근대로도 구분하지만, 가장 많은 사람들에게 친숙한 방식은 왕조의 명멸을 기점으로 후삼국시대니 고려시대니 조선시대니 하고 분류하는 것이다. 그 같은 전통적 방식에 더해 이 책이 시도하는 또 다른 방식은 대논쟁을 기준으로 한 분류다. 여기서 대논쟁은 당대 혹은 후대에 심대한 영향을 미칠 주요 쟁점들을 중심으로 당대의 지배층과 사회세력들이 대거 격돌한 사건을 가리킨다. 그래서 대논쟁은 그 시대의 내부 문제나 모순점을 있는 그대로 노출시킨다. 전쟁은 내부 모순을 은폐하기도 하지만 대논쟁은 그렇지 않다. 그런 점에서 대논쟁은 사회구조를 파악하는 데 유용한 도구가 된다.

　갈등이 첨예하지 않은 상황에서 대논쟁이 일어날 리 없다. 특정 시기에 대논쟁이 발생했다는 것은 그간 축적된 모순이나 문제점이 그 시점에 이르러 극도의 단계에 도달했음을 의미한다. 그래서 대논쟁은 사회 변화의 흐름을 파악하는 데도 도움이 된다. 대논쟁이 벌어지면 사회는 어떤 형태로든 변모한다. 논쟁의 승자를 중심으로 사회질서나 사회구조가 바뀐다. 그렇기 때문에 대논쟁을 기준으로 역사를 살펴보는 방식은 왕조 교체를 기준으로 역사를 공부할 때에 접할 수 없었던 새로운 통찰력을 선사한다.

대논쟁은 내전과 다른 상황에서 발생한다. 대논쟁이 내전으로 발전하는 경우도 있지만, 주로 갈등은 첨예하게 발전했으나 무력 투쟁은 억제된 상태에서 대논쟁이 나타난다. 무력 투쟁이 억제되는 것은 강력한 외부 세력의 위협 때문이거나 내전을 일으킬 준비가 부족하기 때문이다. 그래서 대논쟁은 무력 행사를 배제하는 방법으로 분쟁을 해결할 수밖에 없었던 시대의 사정을 이해하는 데 도움을 준다.

이 책에서 다루는 한국사의 대논쟁은 아홉 가지다. 한나라 침략군을 도성 밖에 두고 위만조선 내부에서 촉발된 논쟁(1장), 법흥왕의 불교 국교화 정책으로 인해 신라에서 발생한 논쟁(2장), 통일 제국 수나라 및 당나라의 압박 아래 고구려인들이 벌인 논쟁(3장), 호족 세력의 이익을 침해하는 고려 광종의 과거제 시행으로 빚어진 논쟁(4장), 평양 천도 문제를 놓고 고려 서경파와 개경파 사이에서 폭발한 논쟁(5장), 구세력인 훈구파를 밀어내고 역사의 주역이 된 사림과 성리학자들의 세계관 때문에 확산된 논쟁(6장), 대비의 상복 착용 기간을 놓고 조선 지배층 내에서 뜨거워진 논쟁(7장), 서세동점의 물결 앞에서 말기의 조선을 요동치게 만든 논쟁(8장), 신탁통치 문제를 놓고 해방 한국을 뜨겁게 달군 논쟁(9장)을 살펴본다. 이 책은 각각의 논쟁과 논쟁

사이에 있었던 역사의 흐름도 함께 검토한다. 아홉 개의 논쟁을 매개로 한국사 전체를 통사적으로 다루는 것이다.

아홉 개의 항목에서 느낄 수 있듯이 대논쟁은 주로 외부세계의 압력이 극심할 때 발생한다. 위의 1, 3, 5, 8, 9장의 경우가 그렇다. 하지만 외부 압력이 대논쟁을 촉발하는 유일한 조건은 아니다. 위 다섯 가지 경우도 마찬가지다. 정치 세력의 출신지, 종교적 신념의 유형, 관직이나 명예 같은 사회적 가치의 배분 방식, 지배층의 철학적 이념, 군주권과 신권의 관계 같은 제반 요인들이 대논쟁을 유발시킨다. 대논쟁을 일으키는 여러 요인들을 검토하는 이 일은 이제까지 한민족 사회를 들썩여온 요인들에 대한 우리의 이해의 폭을 넓혀줄 것이다.

이제부터 이 책 본문에서는 아홉 가지 논쟁의 발생 배경과 과정 및 그 영향을 살펴볼 것이다. 그런 뒤 에필로그에서 각각의 논쟁에서 추출된 패턴들을 놓고 새로운 논의를 이끌어낼 것이다. 어떤 세력이 대논쟁의 당사자가 되기 쉽고, 정부나 군주는 대논쟁에서 어떤 역할을 하고, 어떤 외부 요인이 대논쟁의 전개에 영향을 주며, 대논쟁에서 진보·보수의 구도는 어떻게 형성되며, 대논쟁이 낳는 공통적인 현상이 무엇인지 등이 에필로그에서 논의된다. 이를 통해 한민족 사회의 발전 패턴과 미래 발전 방향에 관한 시사점을 확보할 수 있으리라 기대한다.

이 책은 저자 혼자의 힘으로 완성되지 않았다. 위즈덤하우스 편집부의 기획과 원고 수정 및 교정이 큰 힘이 됐다. 이 과정에서 저자의 원고에 담긴 오류들도 많이 시정됐다. 위즈덤하우스에 감사드린다.

2020년 9월 김종성

차례

1장

항전이냐
항복이냐

위만조선의 운명을 건
토착 세력과 이주민의 논쟁

유목민족과 중국의 시소게임

위만조선衛滿朝鮮은 기원전 108년 한나라에 의해 멸망했다. 그 후 네 개의 한나라 군郡이 설치됐다. 이것이 한사군漢四郡이다. 지금 살펴볼 논쟁은 그 직전에 있었던 위만조선 내부의 논쟁으로, 이것이 위만조선의 운명을 갈랐다. 그러나 그 논쟁이 고조선古朝鮮 전체의 운명을 가르지는 못했다. 이는 개념상 고조선 3분의 1과 관련된 것이다. 이에 관해서는 잠시 뒤에 설명하겠다. 먼저 기원전 108년의 역사적인 논쟁부터 살펴보자.

전통적으로 중국은 북방 혹은 동북방 유목지대에 비해 열세였다. 그들이 북방과 동북방에 장성을 수축한 것도 그 때문이다. 밖으로 팽창하려는 쪽에서 담장을 쌓지는 않는다. 담장을 쌓는 쪽은 방어하는 쪽이다. 진시황제秦始皇帝(기원전 246~210) 이전인 춘추전국시대의 조나라, 연나라가 장성을 구축한 것도 그런 이유에서였다. 조나라 장성은 흉노를 막기 위한 것이고, 연나라 장성은 고조선을 방어하기 위한 것이다.《사기史記》〈흉노열전〉에 따르면, 오늘날의 베이징에 근거를 둔 연나라가 쌓은 장성은 심양瀋陽 남쪽인 요양遼陽까지 이어졌다. 오늘날의 신의주에서 서북쪽으로 약 167킬로미터 지점까지 연나라 장성이 이어졌던 것이다. 이것은 연나라 장성이 고조선으로부터 스스로를 방어하기 위한 구축물이었음을 보여준다. 공격을 의도했다면 굳이 장애물을 쌓을 필요가 없다.

장성을 쌓을 정도로 북방과 동북방 유목지대를 경계했던 중국이다. 그런 중국이 진시황의 등장을 계기로 달라졌다. 진시황이 거대 제국을 구축함에 따라 중국은 유목지대에 맞설 덩치를 키울 수 있게 됐다. 이때부터는 중국이 흉노족과 대등해졌다. 하지만 진나라는 중국통일(기원전 221)로부터 불과 14년 뒤인 기원전 207년에 멸망했다.

그 결과 중국과 흉노족의 시소는 후자 쪽으로 다시 기울게 됐다. 그로부터 7년 뒤인 기원전 200년, 한나라 고조 유방劉邦(재위 기원전 202~195)이 백등산에서 치욕적인 패배를 당한 것도 그 때문이다. 백등산은 산서성山西省 대동시大同市 근교의 산이다. 대동시는 만리장성 바로 아래, 북경에서 서쪽으로 직선거리 260킬로미터 떨어진 곳에 있다. 당시 유방은 30만 대군을 이끌고 흉노를 선제공격했지만 백등산에서 포위됐다. 그는 흉노족 선우 황제인 묵돌의 황후에게 뇌물을 준 뒤에야 포위를 뚫고 도주할 수 있었다. 이 사건은 그에게 흉노족을 자극하면 안 된다는 교훈을 주었다. 그는 흉노를 치기보다는 나라를 지키는 방향으로 선회해 기원전 198년 굴욕적인 평화조약을 맺는다. 한나라 공주를 흉노 선우에게 시집보내고 흉노와의 교역 시장을 개설하며 매년 비단과 식량을 조공하는 조건이었다. 진시황 때 흉노와 대등한 힘을 가졌던 중국이 한고조 때 이렇게 추락한 것이다.

16세 황제, 위만조선을 침공하다

그로부터 반세기 지난 기원전 141년, 제7대 황제 무제武帝(재위 기원전 141~87)가 등극했다. 16세의 이 황제는 반세기 동안 축적한 국력을 최대한 활용했다. 황제권을 강화하고 제후와 지방을 약화시킨 그는 기원전 129년부터 흉노족에 대한 침공을 개시했다. 그 결과 10년 뒤에는 흉노족을 오늘날 몽골과 중국의 경계선인 고비사막 이북으로 내모는 데 성공했다. 최대 라이벌인 북방 흉노족을 몰아낸 황제는 칼날을 남쪽으로 돌렸다. 기원전 111년, 그는 남중국 및 베트남 북부의 남월南越을 평정하고 뒤이어 위만조선 침공에 착수했다. 기원전 109년의 일이다. 16세에 등극한 황제가 48세 됐을 때였다.

한무제는 수륙 양방향으로 침공을 개시했다. 양복楊僕 장군의 5만 병력은 산동山東반도에서 함선을 탔다. 순체荀彘 장군의 병력은 요동에서 육로로 행군했다. 초반 전황은 위만조선에 유리했다. 양복이 5만 병력에서 7,000을 떼어내 수도 왕검성으로 파견하자, 위만조선 왕 위우거는 적군 병력이 나뉘는 틈을 놓치지 않고 도성 밖으로 병력을 급파해 양복 군대를 대파했다. 한편 패수浿水(압록강 혹은 청천강) 서쪽에서 벌어진 전투에서는 명확한 승부가 나지 않았다.

상황이 녹록지 않다고 판단한 한무제는 국면 전환을 위해 특사 위산衛山을 파견했다. 항복을 권유하기 위해서였다. 위산을 접견한 위우거는 '항복하고 싶었지만 한나라 장수들이 자신을 죽일까봐 무서웠다'고 말했다. 항복한다고 무조건 나라를 뺏기는 건 아니었다. 굴욕적인 화친조약을 맺고 국체를 보존한 뒤 훗날을 도모할 수도 있었다.

위우거는 화친의 증표로 태자를 한나라에 보내기로 결정했다. 사죄 사절이 된 태자는 위산을 따라 길을 나섰지만 패수 앞에서 발길을 돌렸다. 신변에 위협을 느꼈기 때문이다. 위산은 빈손으로 돌아갈 수밖에 없었고, 한무제에게 죽임을 당했다.

화해 무드가 깨지자 한나라 군대는 총공격을 개시했다. 휴식을 취한 한나라 군대는 새로운 에너지를 쏟아냈다. 순체는 패수 유역에서 위만조선 군대를 격파한 뒤 왕검성을 향해 진격했다. 양복 역시 같은 곳을 향해 진군했다. 위만조선은 이렇게 대위기에 봉착했다.

토착 귀족, 위씨 왕실에 반기를 들다
....

위만조선 왕실은 연나라에서 온 이주민 세력을 대표했다. 이들은 본래 베이징과 그 주변 지역에서 살았다. 《사기》〈조선열전〉에 따르면, 중국 대륙의 지배권이 진나라에서 한나라로 이동하는 혼란기에 위만이 무리 1,000여 명을 이끌고 기씨 조선에 망명했다. 기씨 왕실의 배려로 새로운 땅에 정착한 위만은 연나라와 제나라(산동성) 출신 이주민들을 기반으로 세력 확장에 나섰고 결국 정권 탈취에 성공했다. 이들 이주민들이 위씨 정권의 세력 기반이 되었다.

하지만 이주민만으로 국가를 꾸릴 수는 없었다. 전통적인 토착 세력의 힘도 만만치 않았기 때문이다. 〈조선열전〉은 위만이 왕이 된 시점이 한나라 혜제惠帝와 여태후呂太后 때라고 말한다. 여태후는 한고조 유방의 황후다. 그는 남편이 숨을 거둔 기원전 195년부터 자신이 숨을 거둔 기원전 180년까지 실력자로 군림했다. 그 15년 가운데 아들 혜제의 재위 기간과 겹치는 햇수는 7년이다. 혜제는 기원전 195년부터 기원전 188년까지 허수아비 황제로 살았다. 위만이 혜제와 여태후 때 정권을 장악했다고 했으므로, 이 시점은 기원전 195년에서 기원전 188년 사이다. 위만조선이 멸망한 해는 위만의 손자인 위우거가 통치할 때인 기원전 108년이므로 위만조선은 짧으면 80년, 길면 87년간 존속한 나라가 된다. 이 80여 년 동안 위씨 왕실은 토착 세력을 제압하지 못하고 권력의 공유에 만족해야 했다.

위나라 낭중郞中을 지낸 어환魚豢이 서진西晉 때인 서기 280~290년 사이에 지은 《위략魏略》이라는 역사서가 있다. 조曹라고 불린 행정 관서에서 상서尙書·시랑侍郎 다음인 낭중이라는 고위 공직을 지냈던 그는 《위략》을 통해 삼국시대 위나라의 역사를 정리했다. 이 책 속에 한민족의 역사를 담은 〈동이열전〉이 있고, 바로 여기에 조선상朝鮮相 역계경이라는 인물이 등장한다.

상相이라는 표현은 역계경이 재상임을 드러낸다. 그런데 정식 관직명이 조선상이었을 리는 없다. 대한민국 국무총리의 정식 명칭이 대한민국 국무총리가 아니고, 미국 국무장관의 정식 명칭이 미합중국 국무장관이 아니듯 말이다. 조선상이라는 표현은 외부의 관점을 반영한다. 이 관직은 중국인들이 보기에 일인지하一人之下 만인지상萬人之上의 위치였을 것이다. 그들의 눈에 위만조선 최고위직으로 보였기에 조선상으로 지칭했을 가능성이 높다.

한무제가 위만조선을 침공하기 전이었다. 《위략》에 따르면 역계경이 왕에게 충언을 했다. 충언의 구체적인 내용은 소개돼 있지 않지만,

무슨 내용이었을지 추측하기는 어렵지 않다. 그는 한무제의 침공을 받기 전 위우거에게 충언했지만 받아들여지지 않았다. 그런 뒤 위만조선은 항전을 선택했다. 그렇다면 역계경의 충언은 한나라와의 타협에 관한 것이었을 가능성이 크다. 한나라의 패권을 인정하고 요구 조건을 들어줌으로써 전쟁을 회피하자는 제안을 했을 것이다. 하지만 위우거는 역계경의 말을 수용하지 않았고 한나라와의 충돌을 불사했다.

그 후 역계경은 관직을 버리고 동쪽으로 떠났다. 하지만 그는 홀로 떠나지 않았다. 그의 곁에 2,000여 호가 있었다. 가구당 평균 가족수를 4~5명으로 잡고 어떤 가구에는 노비도 있었을 것으로 추정하면, 함께 떠난 인원만 1만 명이 넘었을 대규모 이동이었다. 재상이 임금과 대립하는 상황에서 재상을 따르는 것은 백성들 입장에서는 큰 모험일 수 있다. 그런 모험을 감수했다는 사실은 그 백성들이 전부터 재상의 휘하에 있었을 가능성을 보여준다. 중앙정부와 별도로 재상이 지배하는 지역의 주민들이거나 재상의 법적 소유로 인정되는 노비들, 재상의 토지를 경작하는 농민들이었을 가능성이 높다. 이는 역계경이 토착 세력 지도자였음을 의미한다. 결국 역계경은 자기 지역에 대한 지배권을 토대로 중앙정부에서 재상직을 수행하는 사람이었다고 볼 수 있다.

고조선에는 이런 상相들이 많았다. 뒤에서 설명하겠지만 이들은 결정적 순간에 왕실과의 대척점에 섰다. 그리고 독자 노선을 걸었다. 이는 그 상들이 역계경과 같은 처지였음을 뜻한다. 그들도 토착 세력이었던 것이다. 위씨 왕실은 연나라와 제나라 이주민들을 기반으로 했지만 수도 밖에서는 지배권을 행사하지 못했다. 그래서 토착 세력과 제휴할 수밖에 없었다. 그렇기 때문에 위씨 정권은 멸망의 순간까지 조선이라는 이름을 사용할 수밖에 없었다. 이들은 훗날 발해의 대씨 왕실과 달랐다. 대조영의 나라 발해는 고구려 계승을 표방했지만, 고구려 국호를 사용하지는 않았다. 일본과의 외교에서 고구려나 고려로 불리기는 했지만 공식 국호는 아니었다. 발해가 그렇게 할 수 있었던 것은 고구려의 그늘에서 벗어날 만한 독자 기반을 구축했기 때문이다. 하지만 위씨 왕실은 그러지 못했다. 왕실의 힘은 토착 세력 지도자에게만 미치고, 왕명이 토착 세력이라는 여과지를 통과한 뒤 기층 백성들에게 전달됐다. 위만조선은 이렇게 이주민 왕실과 토착민 재상들의 연합으로 유지되는 나라였다. 이런 구조를 품은 상태로 위만조선은 순체와 양복이 도성을 포위하는 대위기에 봉착했다.

1이 아니라 3분의 1

《삼국유사》 서두에 고구려·백제·신라·가야 왕실의 내력을 밝힌 〈왕력王曆〉이라는 부분이 있다. '삼국'유사니까 세 나라만 다루지 않았을까 생각할 수 있지만 그렇지 않다. 네 나라 왕실을 다뤘다.

〈왕력〉 편에서는 주몽朱蒙의 혈통을 언급하면서 "단군의 아들이다"라고 말했다. 주몽이 단군, 즉 고조선 군주의 아들이라고 한 것이다. 이로써 드러나는 것은 고조선 왕실의 성씨다. 《삼국사기》 〈고구려본기〉에 따르면, 주몽이 고씨高氏 성을 사용한 시점은 고구려 건국 직전이다. 그 전까지는 고씨가 아니었다. 주몽은 해모수解慕漱의 혈통을 타고났다. 그래서 원래대로라면 해씨解氏.

하지만 해씨 가문의 일원으로 인정받지 못했다. 사생아로 출생했기 때문이다. 주몽의 어머니 유화는 중매도 없이 고조선 왕자 해모수와 하룻밤을 보냈다. 이 장면을 묘사한 이규보李奎報(1168~1241)의 서사시 《동명왕편東明王篇》에 따르면, 유화의 아버지 하백河伯은 처음에는 격분했지만 해모수의 신분을 알고는 결혼을 허락했다. 하지만 해모수는 처음부터 유화와 결혼할 생각이 없었다. 그는 유화의 몸속에 주몽을 남겨둔 채 그냥 떠나버렸다.

성씨가 혈연뿐 아니라 소속 집단을 표시하던 시절이었다. 해씨 성을 쓴다는 것은 해씨 집단의 일원이 된다는 의미였다. 주몽은 아버지에게 인정받지 못했으므로 해씨의 일원으로 인정받을 수도 해씨 성을 쓸 수도 없었던 것이다. 그러나 《삼국유사》의 저자 일연一然(1206~1289)은 주몽이 해모수의 아들임을 근거로 "단군의 아들이다"라는 문장을 기입했다. 이를 통해 고조선 왕실이 해씨였다는 사실을 알 수 있다.

오늘날 한국사 교과서에서는 위만조선을 고조선 계승자의 위치에 둔다. 단군조선이 기자조선을 거쳐 위만조선으로 바뀌었다가 기원전 108년에 멸망했다는 것이다. 일례로 2019년 교육부 검정을 통과한 미래엔 출판사의 《고등학교 한국사》는 '우리 역사상 최초의 국가 고조선'이라는 소제목 아래 "중국의 진·한 교체기에 1,000여 명의 무리를 이끌고 망명한 위만은 세력을 키워 준왕을 몰아내고 스스로 왕이 되었다(기원전 194)" "그 후 고조선은 더욱 발전된 철기 문화를 기반으로 성장"했다고 서술한다. 고조선의 정통성이 기준(준왕)을 거쳐 위만으로 전해졌다고 기술한 것이다.

하지만 고구려가 언제 건국됐는가를 살펴보면 단군조선 – 기자조선 – 위만조선 계승론에 문제점이 있음을 느끼게 된다. 기자조선이 있었던 시절에도 단군조선 왕실이 있었음을 알려주는 기록이 존재하기 때문이다. 김부식金富軾(1075~1151)은 《삼국사기》에서 주몽이 기원전 37년에 고구려를 세웠다고 말했다. 그런데 《삼국사기》〈고구려본기〉 보장왕 편에, 서기 668년 당나라 고종高宗(재위 649~683)과 신하 가언충賈言忠의 대화에서 '올해는 고구려 건국 900주년'이란 표현이 등장한다. 이를 근거로 역산해보면 고구려는 기원전 233년에 세워진 나라가 된다.

기원전 233년은 기자조선 말기다. 이 시기까지 고주몽의 아버지인 해모수가 단군조선 왕실인 해씨 가문의 정통성을 지키며 지배권을 유지하고 있었다. 이는 기자조선 시기의 대부분 동안에도 단군조선이 존재했음을 뜻하는 동시에 기자조선이 고조선 전체를 대표하는 유일한 왕조가 아니었음을 보여준다. 그러므로 기자조선을 대체한 위만조선 역시 고조선을 대표하는 유일한 왕조가 아니었던 게 된다.

복잡해 보이지만 실은 복잡할 것이 하나도 없다. 고조선에 세 개의 왕실이 있었다는 점을 알면 모든 게 쉬워진다. 위만조선은 그 셋 중 하나에 불과했다. 이는 양복과 순체가 포위한 도성이 고조선 전체의 도성이 아니라 셋 중 하나의 도성이었음을 뜻한다.

삼한이 다스리는 삼신의 나라

중국 역사에는 삼황오제三皇五帝 신화가 있고 고조선에는 삼신오제三神五帝 신화가 있다. 고조선의 국가체제는 이 원칙에 따라 수립됐다. 삼신 사상에 따라 세 명의 왕이 나라를 다스린 것이다.《고려사》〈김위제열전〉의 주인공은 11세기의 무속인 관료, 즉 술사를 겸한 관료였다. 그는 개경·서경·남경으로 구성된 고려 삼경三京 제도를 설명하면서, 고조선 서적《신지神誌》에 나오는 삼경 제도를 언급했다. 여기서 나타나는 사실은 고조선도 세 도읍을 두었다는 것이다.

고조선은 각각의 도읍에 각각의 왕을 두었다. 그 세 왕을 이두로 표기한 것이 진한辰韓·변한弁韓·마한馬韓이다. 진한·변한·마한은 후대에 나라를 지칭하는 표현으로 바뀌었지만, 처음에는 왕을 가리키는 용어였다. 신채호의《조선상고사朝鮮上古史》에 따르면, 셋 중에서 대왕, 즉 태왕은 진한이었고, 변한과 마한은 부왕副王이었다. 태왕인 진한은 만주 동부인 하얼빈에 주재하고 변한은 만주 서부인 안시성에, 마한은 한반도 북부의 평양에 주재했다. 변한은 중국과의 접경지대를 지켰다. 이곳에 기자가 정착하고 나중에는 위만이 정착했다. 위씨조선의 영역은 바로 여기다. 한무제가 빼앗은 곳도 이곳이다. 한무제는 고조선 전체가 아니라 고조선 일부를 빼앗았다. 삼한 전체가 아니라 삼한 중 하나를 빼앗았던 것이다.

고조선에 들어올 당시 위만은 상투를 틀고 있었다. 옷도 고조선 복장이었다. 이를 근거로 그가 한민족이 아니었나 생각할 수도 있다. 하지만《사기》〈조선열전〉에 등장하는 위만은 분명히 연나라 출신이다.

〈조선열전〉은 위만이 망명하는 과정을 "1,000여 명의 무리를 모아 상투를 튼 뒤 만이蠻夷의 옷을 입고 동쪽 국경을 넘어 달아났다"고 말한다. 그가 상투를 틀고 한민족의 옷을 입은 것은 망명을 위해서였다. 확실한 것은 그가 연나라에서 무리 1,000여 명을 이끌고 변한 고조선에 투항한 이주민이라는 사실이다. 역사는 이후 변한 고조선의 정권을 뺏은 그의 왕실을 위만조선이라 부른다. 그런데 그는 토착 세력을 제압하지 못했다. 그 자손들도 마찬가지였다. 그래서 위씨 왕실은 이주민 세력의 수장으로서 토착 귀족의 협력을 받으며 고조선 서부를 지배할 수밖에 없었다.

이주민과 토착민의 제휴로 운영되는 위씨 조선의 구조는, 만약 이 나라가 한나라의 침공을 일찌감치 물리쳤다면 수면 위로 떠오르지 않았을 것이다. 하지만 전쟁이 장기화 조짐을 보임에 따라 그런 구조의 모순이 드러나기 시작했다. 토착 세력이 왕실을 배반하고 한나라와 손잡으려는 움직임을 보인 것이다.

투항이냐 항전이냐, 위만조선의 분열

조선 태자가 화친 약속을 깨자 한무제는 분풀이로 특사 위산을 죽였다. 그런 뒤 양측은 다시 전쟁 모드로 돌아섰다. 순체는 패수 북쪽에서 조선 군대를 격파한 뒤 도성 서북쪽을 포위했다. 양복은 남쪽에 진을 쳤다. 이런 상태로 양측이 수개월간 대치했다.

대치 상태를 끝내고 순체가 도성을 공격하려 할 때였다. 성 안에서 하나의 움직임이 꿈틀대기 시작했다. 토착 세력의 움직임이었다. 재상인 노인路人과 한음韓陰, 이계尼谿(니계) 재상 참參, 장군 왕겹王唊 등이 이 흐름을 이뤘다. 이계는 지역 또는 집단을 가리키는 것으로 이해된다. 《삼국유사》〈기이紀異〉 편에서는 "이계는 지명이다"라는 당나라 학자 안사고顏師古의 견해를 소개한다. 이 이계 재상 참을 비롯한 토착 세력은 한나라와 화친하고 그 패권을 인정하고자 했다.

한나라의 패권 추구 방식은 종래에 없던 새로운 것이었다. 우선 자국과 화친하는 외국을 자국 행정구역으로, 즉 군郡이나 현縣으로 편입하고자 했다. 일례로 한나라는 기원전 111년 남월을 평정하고 아홉 개 군을 설치했다. 물론 한나라가 그런 군현에 대해 중앙집권적 지배를 시도한 것은 아니다. 형식적으로만 자국 군현에 편입시켰을 뿐 중앙집권을 추진할 역량은 없었다.

외국 입장에서는 형식적으로라도 한나라의 군현이 되는 것은 국가적 위신을 훼손하는 자존심 상하는 일이었다. 그 정도로 한나라의 위세는 대단했다. 그런 위세를 바탕으로 한무제는 전쟁을 많이 벌였다. 전쟁을 벌이지 않고는 그런 굴욕을 강요할 수 없었기 때문이다.

위만조선의 토착 세력이 투항을 결심했다는 것은 한무제의 요구를 수용하겠다는 표시였다. 위만조선의 국체를 유지하면서 한나라 군현으로 편입됨으로써 전쟁을 조기에 종식시키고 싶었던 것이다. 하지만 이런 결의는 위우거의 동의를 얻지 못했다. 위우거를 비롯한 이주민 세력은 투항을 반대했다. 그들은 한무제의 방식을 거부했다. 위우거의 입장에서 볼 때, 항복은 토착 귀족의 지배권이 아닌 중앙 지배세력의 권력을 내주는 것, 즉 이주민인 위씨 정권이 새로운 이주민인 한나라 정권에 자리를 내주는 것을 뜻했다. 그래서 왕권파로서는 항복을 반대할 수밖에 없었다.

전쟁 초반 위우거는 한나라에 항복 의사를 밝히고 태자를 사죄 사절로 보냈다. 하지만 태자는 사죄하러 간다면서 무장 병력 1만 여를 거느리고 갔을 뿐 아니라 결국 도중에 돌아왔다. 위우거도 돌아온 태자를 나무라지 않았다. 태자도 갈 마음이 없었고 위우거도 보낼 마음이 없었던 것이다. 말로만 항복한다 해놓고 시간을 벌 목적이었다.

정권을 쥔 왕당파에게 항복 의사가 없었기에 토착민들은 섣불리 화친을 추진할 수 없었다. 대신 그들은 성벽을 넘어 한나라군과 몰래 접촉하는 길을 택했다. 순체가 대치 상태를 끝내고 공격을 개시하려던 바로 그때, 토착 세력 대신들이 임금 몰래 화친을 추진했다. 그들은 도성 밖으로 은밀히 사람을 보내 한나라군과 접촉했다. 이들이 만난 상대는 순체가 아니라 양복이었다. 순체도 항복을 권유했지만 굳이 양복을 택한 것은 만만해서였을 것이다. 순체는 대치 직전 조선군을 격파한 반면, 양복은 초반에 조선군에 대패했다. 토착 세력은 순체에게 열등감을 갖고 있을 양복에게 접근해 그의 체면을 세워주고 좀 더 유리한 조건에서 협상하고자 했을 수도 있다. 그런데 토착 세력은 화친 조건만 협상할 뿐 이렇다 할 결정은 내리지 못했다. 임금의 지지를 받지 못했으니 그럴 수밖에 없었다.

시일이 지연되는 사이, 한나라 군영에서도 분열이 일어났다. 순체는 공격을 서두르는데 양복이 계속 미뤘기 때문이다. 이때 순체의 마음속에 양복에 대한 의심이 싹텄다고 〈조선열전〉은 말한다. 양복이 조선에 가세해 모반을 꾀하는 게 아닌가 싶었던 것이다. 이로 인해 두 장군 사이에 알력이 생겨나게 됐다.

이런 상황에서 지지부진한 전황이 답답했던 한무제가 두 번째 특사를 파견했다. 돌파구를 마련할 의도였다. 특사로 파견된 인물은 제남태수 공손수公孫遂다. 그러나 현장에 도착한 공손수는 두 장군의 분열을 수습하는 대신 일방적으로 순체를 지지했다. 양복과 조선 대신들 사이에 이상한 기류가 있다는 순체의 말을 들은 공손수는 양복을 구류하고 양복의 부대를 순체 밑에 두었다. 이 소식이 한무제의 귀에 들어갔다. 한무제는 통탄을 금치 못했다. 특사가 적전 분열을 일으켰으니 당연히 그럴 만했다. 공손수가 전쟁을 독려하지는 못할망정 자기 쪽 장군의 날개를 꺾어놓았으니 가만히 있을 수 없었다. 한무제는 공손수를 소환해 처형했다.

양복의 구류는 고조선 토착 세력을 긴장시켰다. 토착 세력 입장에서는 협상 루트가 막히는 일이었다. 게다가 한나라군이 단일 지휘체계로 통합되면 이들의 발언권도 약해질 수밖에 없었다. 토착 세력은 한나라군의 변화를 보면서 우려를 품었지만, 위우거의 항전 의지는 변함이 없었다. 위우거를 어찌할 수 없었던 토착 세력 가운데 도성을 넘어 항복하는 사람들이 생겨났다. 재상인 노인과 한음, 장군 왕겹이 그들이다. 그들은 한나라 진영에 투항하고자 성을 몰래 빠져나갔다. 그중에서 노인은 달아나는 중에 죽었다고 〈조선열전〉은 말한다.

이런 상황에서 도성 안에서 극단적 사태가 벌어졌다. 토착 세력인 이계 재상 참이 쿠데타를 일으킨 것이다. 참이 이끄는 반군은 위우거를 죽이는 데 성공했다. 왕을 죽인 뒤에 항복하는 게 그들의 의도였다. 하지만 그들은 정부군을 제압하지 못했다. 위우거가 죽자 이주민파 대신인 성기成己가 정부군을 장악하고 항전을 계속한 것이다. 왕자인 위장衛長의 투항에도 이주민파의 기세는 약해지지 않았다. 상황은 끝날 것 같지 않았다.

순체가 촉발시킨 대논쟁

이런 상태에서 순체가 새로운 아이디어를 냈다. 위만조선 사람들의 정신을 분열시키는 방법이었다. 전쟁으로 혼란스러운 와중에 그는 도성 내에서 대논쟁이 벌어지도록 유도했다. 왕자 위장과 노인의 아들 최最를 시켜 '대국민 선전전'에 나서도록 했다. 《삼국유사》의 원문은 이를 "백성들에게 알려 깨우치도록 했다告諭其民"라고 표현한다.

여기에 쓰인 민民이 일반 민중을 가리켰을 리는 없다. 고대 도성에 사는 주민들은 노예를 제외하면 대부분 귀족이었다. 이런 도성 주민들을 국인國人이라고 불렀다. 고대에는 국國이 나라를 지칭하는 데에도 쓰이고, 황제 혹은 천자의 도성을 가리키는 데에도 쓰였다. 《춘추春秋》 해설서인 《춘추좌씨전春秋左氏傳》의 은공隱公 원년 편에서는 "대도大都는 국國의 3분의 1을 넘을 수 없고, 중도는 5분의 1을 넘을 수 없고, 소도는 9분의 1을 넘을 수 없다"고 말한다. 대도는 상급 제후의 도성, 중도는 중급 제후의 도성, 소도는 하급 제후의 도성이다. 이런 도성은 천자의 도성인 국을 능가할 수 없었다. 국이 황제나 천자의 도성을 가리켰기 때문에 이런 제도가 있었던 것이다. 국이 그런 의미를 가졌던 시대에는 국인이 도성 주민을 의미했다. 장과 최가 유발한 논쟁은 국인이라 불리는 도성 귀족들을 대상으로 하는 것이었다.

〈조선열전〉은 장과 최가 백성들을 투항 쪽으로 회유했다고 할 뿐, 구체적으로 어떤 말을 했는지는 알려주지 않는다. 하지만 당시 정세를 놓고 볼 때 그 말을 추론하기는 어렵지 않다. 한나라에 항복하고 그 군현에 편입되는 게 당장에는 치욕스러울 수 있어도 그들이 조선의 기존 체제를 그대로 인정해줄 것이니 장기적으로 보면 손해될 게 없다는 주장이었을 것이다. 이에 대해 이주민파는 한나라의 국제 정책이 횡포하다는 점을 부각시켜 한나라 군현에 편입되면 결과적으로 흡수될 수밖에 없다는 논리를 내세웠을 수 있다. 토착 세력은 화친을 주장하고 이주민파는 항전을 주장하는 모습이 낯설게 비칠 수도 있지만 이는 실제로 벌어진 일이다.

논쟁에서 승리한 쪽은 토착민파다. 국인들은 토착민파의 말을 따랐다. 국인들이 토착 세력을 편들자 판도는 순식간에 바뀌었다. 정부군을 이끄는 성기는 죽임을 당하고, 반군 주도하에 화친이 성사됐다.

화친이냐 자주냐를 놓고 벌어진 이 논쟁의 최종 수혜자는 누구일까? 항복을 받은 한나라가 아닐까? 기원전 108년에 고조선이 망했다고 오해하는 사람들은 그렇게 생각할 것이다. 물론 기원전 108년에 망한 것이 고조선 전체가 아니라 그중 3분의 1인 위만조선이라고 알고 있는 사람도 그런 오해를 할 수 있다. 전쟁의 결과 한사군이 설치됐으니 한나라가 이 논쟁의 수혜자처럼 보이기 때문이다. 하지만 진짜 수혜자는 한나라가 아니라 토착 세력이었다. 이 점은 두 가지 사실에서 알 수 있다.

첫째, 한무제의 태도다. 전쟁이 종료된 뒤 한무제는 순체와 양복을 모두 처벌했다. 순체는 기시형에 처했다. 기시형은 말 그대로 시장에 내다버리는 형벌, 즉 공개 처형한 뒤 시신을 방치하는 벌이다. 생명에 이어 명예까지 훼손하는 중형이다. 양복도 사형을 받았지만 그는 속죄금을 내고 풀려났다. 그런 뒤 평민의 옷으로 갈아입었다. 한나라 특사들은 물론이고 장군들도 모두 사형선고를 받았다. 그에 반해 조선 토착 세력은 상을 받았다. 한무제는 토착 세력 지도자들을 제후로 책봉했다. 전쟁이 종료된 게 한나라 장군들 때문이 아니라 토착 세력 때문이라고 판단한 것이다. 토착 세력은 전쟁이 끝난 뒤에도 지위를 보존했을 뿐 아니라 한무제와 제휴 관계까지 맺었다. 그들로서는 별로 손해본 게 없었다. 한무제는 위만조선을 굴복시키는 업적은 세웠지만, 토착 세력의 지위를 인정해야 했을 뿐만 아니라 자기 신하들과 군대를 희생시켰다. 실질적 이익은 크지 않았던 셈이다.

둘째, 한사군의 결말이다. 전쟁의 결과 기원전 108년과 107년에 낙랑군樂浪郡·임둔군臨屯郡·진번군眞番郡·현토군玄菟郡이 순차적으로 설치되고 태수가 파견됐다. 하지만 한나라의 지배력은 태수가 근무하는 읍성을 벗어나지 못했다. 읍성 바깥은 여전히 토착 세력의 땅이었다. 한사군은 한나라 조정의 정책을 위만조선 곳곳에 전달하지 못했고 토착 세력의 인정을 받지도 못했다. 얼마 안 가 저항에 직면한 한나라는 할 수 없이 현토군을 가장 먼저 폐지했다. 하지만 체면을 유지하고자 다른 곳에 현토군이란 이름의 행정구역을 별도로 설치했다. 기원전 82년에는 진번군을 없애고 이를 현토군에 편입시켰으며, 이어 임둔군을 없애고 낙랑군에 편입시켰다. 이로써 한사군 중 셋이 없어졌다. 낙랑군은 남았지만, 이 역시 실질적 지배력을 발휘하지 못했다. 토착 세력의 지배권을 인정하는 허수아비 기관으로 남았을 뿐이다.

결과적으로 화친이냐 자주냐의 대논쟁은 화친을 주장한 토착 세력의 최종 승리로 귀결되었다. 이것은 고조선 서부를 장악한 연나라 위만 세력을 한국 고대사에서 배제하는 결과로 연결됐다. 연나라 출신이기는 해도 고조선이라는 틀 안에서 권력을 행사했던 위씨 왕실이 제거되고 한나라 황실이 고조선 서부에 대한 영향력을 확보하는 쪽으로 대논쟁이 전개됐으니, 이 논쟁이 고조선을 약화시키는 결과를 가져왔다고 말할 수 있다. 동시에 이 논쟁은 중국 왕조의 영향력이 만주 서부로 확장되는 결과로 이어져 고조선뿐 아니라 한민족 역사에도 불리한 결과를 낳았다.

2장

신선교냐
불교냐

신라의 위기 탈출을
도운 사상 논쟁

고조선에서 고구려로 계승된 신선교

《삼국유사》본문은 단군 이야기로 시작한다. 환웅이 지상에 강림해 곰과 결혼해서 단군을 낳는 스토리가《삼국유사》본문 첫머리다. 그런데 이 이야기는 단군이 신선이 됐다는 결말로 끝맺는다.《삼국유사》는 단군 시대 역사서인《단군고기檀君古記》를 인용해서 "단군이 장당경藏唐京으로 옮겼다가 나중에 돌아와 아사달阿斯達에 숨어서 산신이 되었다"고 말한다.《삼국유사》가 나오고 6년 뒤인 1287년 편찬된 이승휴李承休(1224~1300)의《제왕운기帝王韻紀》에서는 단군이 "아사달산에 들어가 신이 되었다"고 했다. 아사달에 숨어 산신이 됐다는 말이나 아사달산에 들어가 신이 됐다는 말이나 같은 말이다. 둘 다 산신이 됐다는 의미다. 이 같은 산신 숭배는 신선교神仙敎, 신선도 신앙의 일부다. 고조선에서 말하는 신은 신선이었다. 따라서 두 기록 모두 단군이 최종적으로 신선이 됐음을 말한다.

신선교는 선녀나 신선이 되기 위한 수행 체계다. 한민족의 토착 신앙인 신선교의 흔적을 오늘날까지 계승하고 있는 이들이 선녀, 즉 무녀들이다. 선녀는 신선교의 여성 성직자 혹은 여성의 최고 수행 경지를 지칭하고, 신선은 남성 성직자 혹은 남성의 최고 수행 경지를 가리킨다.

신선교는 고조선의 국교였다. 임금인 단군이 신선이 됐다는 말은 이 나라의 종교가 신선교였음을 의미한다. 따라서 고조선 백성들도 신선교 신앙을 갖지 않을 수 없었다. 고대 종교 지도자는 신성한 능력과 외견으로 민중의 두려움을 자아내고, 이것을 기반으로 나라를 통치했다. 오늘날의 정치 지도자들은 주권자인 국민의 지지를 내세우지만, 고대의 지도자들은 자신이 하늘의 사자使者임을 내세웠다. 그러려면 군주가 사제의 외양을 갖지 않을 수 없었다. 이랬기 때문에 고대의 정치·경제·문화·교육·외교·전쟁 등 모든 것이 종교를 중심으로 운영될 수밖에 없었다. 실제로 고조선은 신선교를 중심으로 모든 것이 운영되는 나라였다.

고조선 3대 군주인 진한·변한·마한 중에서 진한은 연맹 전체의 지도자인 동시에 신선교의 최고 제사장이었다. 진한을 주축으로 세 군주가 삼위일체를 이뤄야만 고조선이 안정적으로 유지될 수 있었다. 그런데 중국이 강해지면서 이 구조에 변화가 생기기 시작했다. 삼한 체제에 균열이 나타난 것이다. 연나라 출신인 위만이 변한을 차지한 것도 전국시대에 한층 더 강력해진 중국의 역량을 반영하는 것이라 볼 수 있다. 이런 식으로 삼한 체제에 균열이 생기면 삼한이라는 토대를 디디고 선 고조선과 신선교가 둘 다 약해질 수밖에 없었다. 이것이 결국 고조선의 분열과 해체를 촉진하는 요인으로 작용했다.

하지만 신선교는 소멸되지 않았다. 고조선이 완전히 사라진 것은 아니기 때문이다. 만주 서부의 변한은 위만조선을 거쳐 한나라 영향권에 포섭됐지만, 한반도 북부의 마한은 기존 체제를 유지한 채 한반도 남부로 내려가고 만주 동부의 진한에서는 고조선을 계승한 고구려가 등장했다. 그리고 고구려에서 백제가 갈라져 나왔다. 이 백제는 마한을 흡수했다.

주몽은 해모수의 아들이다. 해모수의 아들로 인정받지 못해 해씨 성을 쓰지는 못했지만, 해씨 핏줄을 타고난 것은 사실이다. 주몽은 아내를 두고 동부여에서 탈출한 뒤 고씨 성을 쓰고 고씨 나라를 세웠다. 그런데 주몽이 죽은 뒤 고구려는 해씨 왕조가 되었다.

고구려 건국 후에 주몽은 아들을 낳지 못했다. 건국 전에 낳은 유리琉璃가 유일한 아들이었다. 건국 18년 뒤 아들 유리가 전 부인인 예씨禮氏와 함께 동부여東夫餘에서 왔고, 얼마 안 있어 주몽이 죽자 유리가 뒤를 이었다.《삼국유사》〈왕력〉 편에 따르면, 제2대 임금 유리부터 제5대 모본慕本까지는 고씨가 아니라 해씨 성을 썼다. 유리 이후의 왕들이 해씨 성을 쓴 것은, 주몽이 동부여를 떠난 뒤 유리가 출생했기 때문에 생긴 일이다. 주몽의 어머니 유화와 아내 예씨는 동부여 해씨 왕실의 보호를 받았다. 동부여를 세운 해부루解夫婁·解扶婁는 해모수와 그의 정실부인 사이에서 난 아들이었다. 주몽과 배다른 형제였던 것이다. 주몽과 동부여 왕실은 그렇듯 혈연으로 이어져 있었다. 그 덕분에 아버지가 없는 동안 유리가 해씨 왕실의 일원으로 편입된 것이다.

이 때문에 유리태왕을 포함한 주몽의 자손들은 한동안 해씨로서 고구려를 통치했다.《삼국유사》〈왕력〉 편에 따르면, 주몽의 아들인 유리태왕, 유리의 셋째 아들인 대무신大武神태왕, 대무신의 아들인 민중閔中태왕은 해씨였다. 민중의 다음 임금이자 형인 모본태왕에 관해서는 말이 없다. 모본태왕의 이름이 애류愛留 혹은 애우愛憂였다는 기록만 있을 뿐이다. 그런데 《삼국사기》 〈고구려본기〉에서는 모본태왕이 해우解憂 또는 해애루解愛婁였다고 말한다. 《삼국사기》에서 모본태왕의 이름에 해解를 붙인 것은 해가 성임을 알지 못했기 때문일 수 있다. 고씨 왕조의 역사에 갑자기 해解라는 글자가 등장하니, 그것을 이름으로 착각한 것이다. 이 점을 고려하면 모본태왕도 해씨 성을 썼다고 볼 수 있다. 유리에서 모본까지 최소 네 명은 해씨 성을 썼던 것이다.

해씨 성을 쓰는 유리가 고씨 성을 쓰게 된 아버지를 찾아갔을 때, 아버지 주몽은 소서노召西奴 모자와 함께 살고 있었다. 유리와 예씨의 출현은 고씨 왕실에 검은 그림자를 던졌다. 주몽이 전처와 유리를 반갑게 맞이하자, 소서노와 비류·온조는 불만을 품지 않을 수 없었다. 이들 입장에서는 굴러온 돌이 박힌 돌 빼는 일이 벌어졌다. 토착 귀족인 소서노의 지원으로 나라를 세운 주몽이 소서노의 아들 대신 예씨의 아들 유리를 태자로 책봉한 것이다. 박힌 돌들은 얼마 안 있어 고구려를 떠났다. 고구려 건국 직전 소서노와 주몽의 연합으로 만들어진 고씨 가문이 출범 18년 만에 반쪽으로 갈라진 것이다. 이 상태에서 주몽은 전처와 아들을 만난 지 반년도 안 돼 세상을 떠났다. 그후 유리가 제2대 태왕으로 등극했다.

왕조시대에는 나라를 세운 주체이자 통치권의 원천인 왕실의 성씨가 바뀌면 나라도 바뀐 것으로 간주됐다. 그런데 고주몽에 이어 고

유리가 아닌 해유리가 왕이 됐는데도 고구려 왕실은 연속성을 유지했다. 나중에 왕실이 고씨 성으로 복귀한 뒤에도 해씨 시대의 역사는 부정되지 않았다. 이는 고구려 내에서 해씨와 고씨가 동일시됐다는 증거다. 해씨가 지닌 고조선의 정통성이 고구려로 계승됐음을 보여주는 것이다.

고대국가의 정체성은 종교를 중심으로 형성됐으므로, 고조선의 법통이 고구려로 이어졌다는 것은 고조선의 국교가 고구려로 계승됐음을 뜻한다. 고조선 멸망 후에도 신선교가 영향력을 유지한 것은 고구려가 고조선과 그 국교를 계승했기 때문이라고 볼 수 있다.

고조선의 내리막길과 함께 쇠약화의 길을 걷던 한민족은 고구려의 등장으로 활력을 되찾았다. 뒤이어 백제·신라·가야도 등장했다. 《삼국사기》에서 김부식은 신라가 고구려·백제보다 먼저 건국됐다고 서술했다. 신라는 기원전 57년, 고구려는 기원전 37년, 백제는 기원전 18년에 세워졌다는 것이다. 《삼국유사》에 따르면 가야는 서기 42년에 세워졌다. 하지만 앞서 소개한 《삼국사기》〈고구려본기〉 보장왕 편뿐 아니라, 당나라 역사서 《구당서舊唐書》의 개정판인 《신당서新唐書》〈고구려열전〉에도 소개된 고종과 가언충의 대화에 따르면 고구려는 기원전 233년에 세워졌다. 서기 668년 나당연합군이 평양성을 공격하기 직전에 신하 가언충은 당고종에게 "고구려가 건국 900년 만에 멸망할 것이라는 예언이 있습니다"라면서 "올해가 고구려 건국 900년째입니다"라고 진언했다.

당나라는 고구려를 가장 많이 연구한 나라다. 그래야만 고구려와 싸울 수 있기 때문이다. 그런 당나라가 고구려의 건국 연도를 파악하지 못했을 리 없다. 그러므로 고구려는 기원전 37년이 아닌 기원전 233년에 세워졌다고 봐야 한다.

《삼국사기》〈백제본기〉에 따르면, 백제는 고구려보다 19년 늦게 세워졌다. 김부식은 기원전 18년에 세워졌다고 했지만, 실은 기원전 214년에 세워진 것이다. 따라서 고구려·백제·신라·가야 순으로 건국이 이루어졌다고 볼 수 있다. 김부식이 고구려 건국 연도를 조작한 이유에 대해 신채호는 《조선상고사》에서 이렇게 말했다.

고구려의 존속 기간이 삭감된 이유는 무엇일까? 이는 건국의 선후로 국가의 지위를 다투던 고대의 풍조와 관련되어 있다. 추모(주몽)와 송양이 도읍을 건립한 순서를 놓고 서로 다툰 것도 그 때문이다. 신라인들은 자신들의 건국이 고구려·백제보다 뒤진 것을 부끄럽게 생각했다. 그래서 두 나라를 멸망시킨 뒤, 기록상의 세대와 연도를 삭감하여 양국이 신라 건국 이후에 세워진 것처럼 만들었다.

고구려·백제·신라·가야가 순차적으로 등장해 자리를 잡던 시절에 중국 대륙에는 거대한 변화들이 이어졌다. 진나라의 통일로 초나라·위나라·연나라·조나라 등이 겨루던 전국시대가 끝나고 한나라가 그 뒤를 이으면서 한민족이 위축되기 시작했다.

그런 상태에서 서기 8년에 왕망王莽(기원전 45~기원후 23)의 반역으로 한나라가 망하고 신新나라가 세워지더니, 서기 25년 한나라 왕족 광무제가 신나라를 멸하고 한나라를 부활시켰다. 역사는 이 나라를 후한後漢이라 부른다. 후한은 220년에 사라지고 위·촉·오로 분리되면서

222년에 삼국시대가 개막한다. 이 삼국시대는 265년 서진西晉의 통일에 의해 끝났지만 서진 또한 오래가지 못했다.

대만 기상학자 류자오민劉昭民의 책 《기후의 반역》에 따르면, 기원전 29년부터 동아시아는 한랭기로 접어들었다. 기온 하강으로 유목지대 목초지가 감소하자, 그곳 주민들이 따뜻한 중국으로 남하하기 시작한 것이다. 이 남하 행렬이 약 300년간 이어진 결과 북중국에 이민자 숫자가 많아지게 됐고 결국은 유목민 출신 이민자들이 한족漢族을 몰아내고 나라를 세우게 됐다. 북중국에 있었던 한족은 남쪽 양자강 유역으로 내려가 월족越族을 압박했다. 북중국에서 한족을 몰아낸 민족이 5호胡, 즉 다섯 유목민이다. 이들이 북중국에서 순차적으로 16개의 나라를 세웠다. 그래서 이 시대를 5호 16국 시대라 한다.

고구려의 전략 수정과 신라의 위기

중국 대륙이 쪼개진 이 시기가 한민족에는 전성기였다. 고구려는 만주를 제패하고 북중국을 위협했다. 중국 역사서인 《송서宋書》·《양서梁書》·《남사南史》 등에 의하면 백제는 한때 북경 위쪽의 요서 지방까지 점령했다. 서해 제해권을 장악했기에 가능한 일이다. 최치원이 당나라 태사시중에게 보낸 《상태사시중장上太師侍中狀》에 의하면 백제는 양자강 유역까지 공격했다. 가야는 해상 지배력을 이용해 일본에 영향을 끼쳤다. 이 시기에 한민족이 하나로 뭉쳐 있었다면 훨씬 더 큰 시너지 효과를 발휘했을 것이다. 하지만 여럿으로 분열된 까닭에 그

팽창은 제한적일 수밖에 없었다.

　한민족의 팽창은 5세기 전반에 제동이 걸렸다. 선비鮮卑족 왕조인 북위北魏에 의해 북중국이 통일되면서부터였다. 439년에 북중국을 통합한 북위는 중국 전체 질서를 조정하면서 동아시아 최강의 입지를 굳혔다. 북위가 북중국 통일을 향해 국력을 강화하던 시기인 413년, 고구려에서는 장수태왕長壽太王이 등극했다. 중국 진출을 자제하기로 결심한 그는 한반도 쪽으로 창검을 돌렸다. 427년에 국내성國內城에서 압록강을 넘어 평양성으로 도읍을 옮긴 것은 그 때문이다. 이 상황은 한반도 정세를 긴박하게 만들었다. 제주도에는 큰 영향을 주지 않았지만, 평양 천도는 고구려·백제·신라·가야 4국이 좁은 한반도에서 한층 더 치열하게 항쟁하도록 만들었다.

　고구려가 남쪽으로 창검을 돌리자, 소국 신라는 근본적인 고민에 빠졌다. 사방의 경쟁자들로부터 나라를 지키려면 보통의 고민으로는 부족했다. 그 결과 신라는 국가적 차원의 자아 개조 작업에 돌입했다. 이 고민이 시작된 시점은 장수태왕 평양 천도의 다음 세기인 6세기다. 7세기 김춘추 시대의 신라는 동맹 체결이라는 방식을 통해 위기에 대처했다. 자기 개조가 아닌 타자의 힘을 빌리는 방법으로 위기에 대응한 것이다. 이에 반해 6세기의 신라는 정반대 해법을 찾아냈다. 신선교에서 불교로 국교를 혁신하는 방법이었다. 종교가 거의 모든 것을 망라하는 시절이었으므로 국교를 바꾸는 것은 나라의 모든 것을 바꾸는 것이나 다를 바 없었다. 정신세계에 대한 일종의 혁신이었다. 다음 단계인 물질세계 혁신의 전 단계를 먼저 밟았던 것이다.

하늘의 뜻으로 다스려진 고대국가

어느 시대건 정치 지도자는 자기 권력을 정당화할 필요성을 느낀다. 정당성을 얻지 못하면 권력은 폭력이 된다. 폭력적인 것에는 순응도 따르지만 저항도 많이 따른다. 그래서 폭력적인 정치권력은 관리 비용이 많이 든다. 하지만 정당성을 획득하면 굳이 물리력을 보여주지 않아도 대중의 협조를 쉽게 확보할 수 있다. 1995년에 발행된 연세대학교 이극찬 교수의 《정치학》에 이런 대목이 있다.

> 오직 물리적 강제력의 행사만으로써는 지배·복종 관계를 안정하게 유지해 갈 수는 없다. 왜냐하면 일반 정치사의 사례가 분명히 보여주는 것처럼, 정치권력이 오직 물리적 강제력에만 의존하는 것은 피치자의 불만과 반발을 초래하여 도리어 체제의 안정을 위태롭게 할 우려가 있기 때문이다. 따라서 안정된 지배·복종 관계를 오랫동안 유지해 가기 위해서는 많든 적든 피치자 측으로부터의 지지, 즉 그 정치권력과 그 행사에 대한 피치자 측으로부터의 자발적인 시인을 받지 않으면 안 된다. 이와 같은 피치자 측의 적극적·소극적 동의가 있을 때 비로소 정치권력은 영속화의 조건을 획득할 수 있다. 바로 이와 같은 피치자의 동의를 획득하는 힘, 이것을 권위라고 하는 것이다.

정치적 권위를 획득하는 방법이 현대 국가에서는 헌법 절차에 따라 지도자가 되는 것이다. 국민의 보통 선거로 당선되거나 국회 같은 헌법기관에 의해 선출되는 게 그런 방법이다. 고대에도 이런 방법이 쓰인 적이 있다. 로마공화정 최고 통치자인 콘술consul(집정관)은 군대 위원회 혹은 병사 위원회인 켄투리아회comitia centuriata에서 선출됐다. 콘술은 켄투리아회의 임명을 통해 합법적 권위를 확보했다. 신라의 경우 정상적인 왕위 계승 절차가 가동될 수 없는 상황에서는 도성 귀족 회의체인 국인國人 회의에서 차기 임금을 선출했다.《삼국사기》〈신라본기〉에 따르면, 선덕여왕은 그런 국인들의 추대로 왕이 됐다. 선덕여왕 외에도 그런 절차를 밟은 이들이 있다. 이들은 비상시에 등극한 군주들로 국인의 추대를 통해 합법적 권위를 획득했다.

하지만 고대에는 이것이 최선의 방식이 아니었다. 인간의 지지를 바탕으로 권위를 획득하는 방식이 옛날에는 그다지 친숙하지 않았다. 인내천人乃天 사상은 근세에 와서나 동의를 얻었다. 옛날에는 인간의 지지보다는 신의 승인을 통해 권위를 얻는 게 가장 좋은 방식이었다.

고대로 갈수록 정치 지도자는 종교 사제를 겸했다. 제사와 정치를 통합한 제정일치형 지도자들에게는 신의 계시나 명령을 받았다는 것이 정당성의 원천이었다. 그들은 대중 앞에서 과거 일을 맞춘다든가 앞날을 예언한다든가 질병을 고쳐준다든가 하는 방법으로 기적을 보여주었다. 이를 통해 자신이 신의 명령을 받았음을 증명하고, 이를 발판으로 수많은 사람에게 지도력을 행사했다. 신선교 같은 고대 종교의 지도자들이 정치적 권위를 확보하는 방식은 바로 그와 같았다.

불교, 기적 대신 정치를 불러오다

영적 능력을 바탕으로 정치적 권위를 획득하는 일에는 위험이 수반된다. 계속해서 기적을 보여야 하는 부담이 따르기 때문이다. 그런 능력이 떨어질 경우에는 군사력이라도 보강해야 한다. 그래야만 권력을 유지할 수 있다. 이런 식으로 권력을 유지하는 구조에서는 하늘에서 오랫동안 비만 내리지 않아도 불안에 떨 수밖에 없다. 백성들이 지도자의 영적 능력을 의심할 수 있기 때문이다.

이 같은 고대 지도자들의 부담을 상당 부분 덜어준 종교가 바로 불교다. 불교는 정치적 정당성의 원천을 새롭게 제공했다. 신비한 능력을 계속해서 보여주지 않아도 정치권력을 유지할 수 있는 길을 터준 것이다. 불교는 정치를 긍정한다. 사회를 유지하기 위해서는 정치 지도자가 당연히 필요하다는 점을 인정한다.

승려의 수행에 요구되는 계율을 수록한 《사분율四分律》이라는 불교 교리서가 있다. 신라 진평왕眞平王(재위 579~632) 때인 585년에 남중국의 진陳나라를 방문한 승려 지명智明과 7세기 초반에 태어난 원효元曉 대사 등이 이 책의 해설서를 남겼을 정도로 오래 전에 우리 민족에 들어온 책이다. 이 책 제1권에 이런 말이 있다.

임금을 세우는 것은 세상에 쟁송이 있기 때문이다. 많은 사람들이 천거하는 것은 예로부터 당연한 이치였다.

《사분율》은 군주의 존재 의의를 신의 계시나 천명天命 같은 데 두지 않았다. 사회에서 일어나는 분쟁을 해결하기 위해 군주가 필요하다고 했다. 서양의 사회계약설을 연상케 하는 설명이다. 영국의 토머스 홉스나 프랑스의 장 자크 루소와 더불어 사회계약설을 주장한 대표 학자 중 하나인 영국의 존 로크는 남과 다를 바 없이 평등하게 태어난 인간이 다른 사람의 권력에 복종하게 되는 이유를 설명했다.《통치론(제2론)》의 두 번째 논문인〈시민적 통치의 참된 기원과 범위 및 목적에 관한 소론〉에서 로크는 "그렇게 하는 목적은 각자 자신의 재산을 안전하게 보유하고, 공동사회에 속하지 않은 자의 침해로부터 보다 더 공고한 안전성을 보장받음으로써 상호 평화롭고 안정된 생활을 영위하려는 데 있다"고 말했다. 이런 정치 이념이 대중의 의식을 지배하는 사회에서는 군주가 신비한 능력을 끊임없이 보여줄 필요가 별로 없다. 사회적 분쟁을 해결하고 평화를 유지하는 방법으로 대중의 지지를 획득할 수 있기 때문이다.

물론《사분율》이 널리 알려진 나라라고 군주가 무속적 능력을 보일 필요성이 완전히 사라지는 것은 아니었다. 음력으로 인조 1년 윤 10월 27일자(양력 1623년 12월 18일자)《인조실록》에서도 나타나듯이 조선시대까지도 국가가 점쟁이를 관리로 고용했다. 제정일치가 무너진 뒤에도 국가는 무속적 능력을 통치에 활용한 것이다. 하지만 불교가 전파되고《사분율》이 알려지면서 영적 능력에 의존해야 할 필요성이 현저히 줄어들기 시작했다.

성과 속을 엄격히 분리하여 세속 군주와 하나님을 구분한 기독교와 달리 불교에는 '왕은 곧 부처'라는 이른바 왕즉불王即佛 사상의 토대가 될 만한 논리가 있었다. 불교는 세속 군주와 부처를 상호 대립적 관계로 이해하지 않는다. 붓다가 된 싯다르타에 관한 유명한 이야기에서도 그 점을 알 수 있다.

초기 불교 경전 중에 《수타니파타》가 있다. 《숫타니파타》로도 불린다. 여기에 따르면 어느날 아시타라는 선인仙人이 서른 명의 신들이 갑자기 기뻐서 뛰노는 광경을 목격했다. 연유를 알아보니 귀한 아이가 지상에 태어났기 때문이라고 했다. 신들은 "비할 데 없이 묘한 보배인 저 보살은 만인의 이익과 안락을 위해 인간 세계에 태어났습니다. 석가족(샤키아족) 마을인 룸비니아 동산에서 말입니다"라고 했다. 석가족 왕자인 싯다르타의 출생에 대한 신들의 경배였다. 아시타는 진상을 확인할 목적으로 급히 인간 세계로 내려갔다. 석가족을 찾아간 아시타는 아이를 안고 "이 아기는 위 없는 사람이며 인간 중에서 가장 뛰어납니다"라며 환성을 질렀다. 그는 "이 왕자는 깨달음의 궁극에 이를 것입니다"라면서 "많은 사람들에게 이익을 주고 불쌍히 여긴 나머지 법 바퀴를 굴리게 될 것입니다"라고 찬미했다. 아시타는 싯다르타가 깨달음의 궁극에 이르게 될 것, 즉 붓다가 될 거라고 예언했다. 그에 더해 법 바퀴, 즉 법륜法輪을 돌릴 거라고도 말했다. 법륜을 돌리는 것을 전륜轉輪이라고 부른다. 이는 싯다르타가 전륜왕이 될 것을 예언하는 말이었다. 전륜성왕轉輪聖王 혹은 전륜왕은 고대 인도 신화에 나오는 이상적인 군주다. 즉 아시타는 싯다르타가 붓다도 되고 전륜성왕도 될 거라고 예언한 것이다.

이처럼 불교에서 싯다르타는 세속 군주와 붓다 양쪽이 다 될 수 있었다. 이것은 불교를 받아들이는 옛 군주들에게 매력적인 요소였다. 군주와 부처가 동일시될 수 있었기 때문이다. 《삼국사기》 〈궁예열전〉

에 따르면 궁예는 왕이 된 뒤 미륵부처를 자처했다. 왕즉불 논리를 활용한 것이다. 한국 고대 군주들이 불교 수용에 열의를 보인 것은 이 같은 정치적 이점 때문이었다.

실제로 고구려에서는 불교 수용 뒤 대대적인 영토 팽창이 일어났다. 고구려가 불교를 수용한 것은 소수림태왕小獸林太王(재위 371~384) 때인 372년이고, 불교를 신봉하라는 왕명이 내려진 것은 고국양태왕故國壤太王(재위 384~391) 때인 391년이다. 고국양태왕의 아들이 바로 광개토태왕廣開土太王(재위 391~412)이다. 광개토태왕의 영토 확장은 강력한 정부와 군대를 필요로 했다. 그의 등극 직전에 불교가 정착했다는 것은 중앙집권을 위한 기반이 구축됐다는 의미로도 볼 수 있다. 불교 정착은 중앙집권을 한층 더 가속시키는 요소가 됐을 것이다. 불교가 정착된 뒤 강력한 정부와 군대만이 할 수 있는 영토 팽창을 이룬 것은 불교가 고구려 중앙집권화와 관련이 있음을 보여준다.

백제에는 고구려보다 12년 늦은 384년에 불교가 전래됐다. 이때 왕은 침류왕枕流王(재위 384~385)으로, 선왕인 근구수왕近仇首王(재위 375~384)의 장남이다. 384년은 근구수왕에서 침류왕으로 왕권이 넘어간 해다. 침류왕은 즉위 직후 불교를 수용했다. 백제의 전성기는 그의 할아버지인 근초고왕近肖古王(재위 346~375)과 아버지인 근구수왕 때다. 백제에 강력한 정권이 등장한 후에 불교 수용이 이루어진 것이다. 이 경우에는 불교 수용이 정권을 강화시켰다기보다는 강력한 정부가 불교 수용을 가능케 했다고 볼 수 있다. 강력한 권력을 가진 중앙정권이 보다 강한 힘을 얻고자 불교를 수용했다고 할 수 있다. 이렇게 불교 도입은 어떤 형태로든 중앙집권화와 관련이 있었다.

신라는 왜 불교 공인에 늦었나?

신라는 고구려·백제가 불교를 수용하고 이를 중앙집권과 연계시키는 것을 지켜봤다. 하지만 곧바로 따라하지는 못했다. 불교를 중앙집권에 활용할 만한 능력이 부족했던 것이다.

신라에 불교가 전해진 시점에 관해서는 여러 설이 있다. 가장 빠른 시점은 《삼국유사》에 인용된 아도화상비문에 언급되어 있다. 인도 승려로 추정되는 아도阿道·我道의 이 비문에 따르면, 신라에 불교가 전파된 것은 미추왕味鄒王(재위 262~284) 때인 263년이라고 한다. 이밖에 눌지왕訥祇王(재위 417~458) 때라는 기록도 있고, 소지왕炤知王(재위 479~500) 때라는 기록도 있다.

미추왕 때 전래됐다고 하면 고구려·백제보다도 빠르다. 눌지왕이나 소지왕 때 들어왔다고 하면 양국에 비해 늦다. 하지만 어느 쪽이든 결국엔 같은 이야기가 된다. 이는 불교에 대한 신라인들의 저항이 그만큼 강했음을 보여준다. 법흥왕法興王(재위 514~540)이 불교를 공인한 해는 527년이다. 미추왕 때 최초 전파되고도 법흥왕 때 공인됐다면, 불교에 대한 저항이 그만큼 강했다는 말이 된다. 고구려·백제보다 늦은 눌지왕이나 소지왕 때 불교가 전파됐다는 것 역시 불교에 대한 저항이 만만치 않았음을 의미한다. 고구려·백제에 비해 그렇다는 말이다.

불교는 왕권 강화에 유리하다. 신라에서는 불교에 대한 저항이 특히 심했다. 이는 신라 왕권이 상대적으로 약했음을 뜻한다. 여기에는 신라의 국가체제도 한몫했다. 신라는 오래도록 소국 연합체 성격을 벗어나지 못했다. 가야만 연맹체였던 게 아니라 신라 역시 그랬다.

신라의 출발점은 서라벌 6촌이다. 양산촌楊山村·고허촌高墟村·대수촌大樹村·진지촌珍支村·가리촌加利村·고야촌高耶村이 그것이다. 이 6촌의 촌주들이 박혁거세朴赫居世(재위 기원전 57~기원후 4)를 옹립해 신라를 세웠다. 현재의 경주시 도심부 남쪽 내남면에 고허촌이 있었고 나머지 5개 촌은 지금의 도심부에 있었다.

신라는 6촌 연맹체로 출범했다. 이 연맹체가 주변 지역들을 복속시키면서 지금의 경북 지역으로까지 영향력을 확장시켰다. 그렇지만 신라 중앙 왕권이 경북 전체로 퍼져나간 것은 아니다. 왕권이 닿은 곳은 서라벌뿐이었다. 서라벌 밖은 소국들의 세상이었다. 주변 지역을 복속시켰지만 완전히 해체하지는 못했던 것이다. 소국의 실체를 인정하는 선에서 신라의 일부로 끌어들였을 뿐이다. 신라 왕의 영향력은 소국 군주들에게만 미쳤다. 소국의 백성들은 소국 군주들의 관할이었다.

《삼국사기》〈신라본기〉에 따르면, 서기 102년 제5대 임금 파사왕破婆王(재위 80~112) 때에 소국들 사이에 영역 분쟁이 발생했다. 음즙벌국音汁伐國과 실직곡국悉直谷國이 그 당사자들이었다. 음즙벌국은 지금의 경주시 도심부 북쪽 안강읍에 있었을 것으로 추정된다. 실직곡국에 관해서는 강원도 삼척에 있었다는 주장이 있지만, 그 경우 음즙벌국과 영역 분쟁을 벌일 수 없다. 그러므로 실직곡국은 안강읍이나 그 옆 강동면에 있었다고 보는 것이 타당하다.

현행 대한민국 헌법 제111조에 따르면, 지방자치단체 간의 권한쟁의는 헌법재판소가 관장한다. 아홉 명의 재판관으로 구성된 헌법재판소가 이런 권한을 행사할 수 있는 것은 대한민국 국가권력이 헌법 재판소를 뒷받침해주기 때문이다. 하지만 신라 정부에는 그런 힘이 없었다. 음즙벌국이 파사왕에게 심판을 요청하자, 파사왕은 난처해할 뿐 결정을 내리지 못했다. 양쪽 모두를 만족시킬 만한 판결을 찾지 못했거나 아니면 판결을 관철시킬 힘이 없었기 때문일 것이다. 어느 한쪽이 판결을 거부할 경우의 파장도 의식하지 않을 수 없었을 것이다. 그렇다고 방치할 수도 없었다. 그대로 뒀다가는 분쟁이 심화되어 소국들이 전쟁을 벌이거나 신라에서 이탈할 수도 있었다. 할 수 없이 파사왕은 가야연맹에 중재를 요청했다. 결국 이 분쟁은 가야연맹의 개입으로 해결됐다. 이런 일까지 있었을 정도로 신라 중앙정부는 힘이 없었다. 소국 연맹체의 한계를 노정했던 것이다.

이런 구도는 6세기 전반까지 이어졌다. 517년에 가서야 신라에 병부兵部가 설치된 사실에서 이 점이 드러난다. 군부軍部로도 불렸던 병부는 《삼국사기》〈신라본기〉와 〈직관지職官志〉에 따르면 법흥왕 때 처음 설치됐다고 말한다. 전국 군사권을 관할하는 병부가 이때 처음 설치됐다는 사실은 그때까지 신라의 중앙정부가 지방 군사권을 장악하지 못했음을 의미한다. 지방 군사권이 소국의 관할하에 있었던 것, 즉 소국마다 별도의 군대와 '국방부'가 있었던 것이다.

이렇게 중앙 왕실이 약했으므로 신라는 국가 주도로 불교를 받아들이기가 어려웠다. 힘을 가진 소국들이 중앙집권에 유리한 불교 수용에 협조하지 않았을 것이다. 소국들은 고조선 이래의 신선교 신앙을 고수했다. 이는 자연히 불교 수용을 지연시키는 요인이 되었다.

법흥왕과 이사부의 대논쟁

불교는 중국을 거쳐 고구려·백제로 들어왔다. 그런 다음 신라에 유입
됐다. 신라보다 훨씬 강한 나라들을 통해 전파된 것이다. 이 때문에
신라 소국들의 거부에도 한계가 있을 수밖에 없었다. 그들이 불교 유
입의 흐름을 원천 차단하는 데는 제약이 따랐다. 불교는 신라 국경을
꾸준히 노크했고 신라인들에게 지속적인 영향을 끼쳤다. 결국 신라
로 들어간 불교는 주류인 신선교의 탄압을 받으면서도 꾸준한 생명
력을 유지했다. 그런 불교가 결국에는 신선교를 제치고 제1 종교로
올라섰다. 이때가 법흥왕 재위기다. 이차돈異次頓(506~527)의 순교로
유명한 시대가 바로 이 때다.

　당시 신라에는 두 개의 정치세력이 대립했다. 하나는 법흥왕을 지
지하는 쪽이고, 또 하나는 이사부異斯夫를 지지하는 쪽이었다. 내물왕
의 4대손으로 법흥왕과 항렬이 같은 이사부는 우산국을 신라에 편입
시킨 주역이다. 이사부는 기존 신선교 세력의 수장으로, 소국의 이해
관계를 대표하는 쪽이었다. 반면 법흥왕은 신흥 종교인 불교 세력을
이끌었다. 그는 당연히 왕실의 이익을 대변하는 쪽이었다.

　그렇다고 해서 두 사람이 아주 먼 사이였던 것은 아니다. 법흥왕은
김습보金習寶의 손자이자 지증왕智證王(재위 500~514)의 아들이고 이사
부는 김습보의 손자이자 아진종阿珍宗의 아들이다. 그러므로 두 사람
은 부계 기준으로 4촌 형제였다. 이사부는 왕족이지만 왕실 내 주류
세력은 아니었다. 그는 오히려 소국의 이해관계를 대변하는 방법으
로 자신의 권력 강화를 꾀했다.

양자의 대결에 종지부를 찍은 이차돈은 아진종의 손자이자 길승의 아들이다. 부계 기준으로 이사부의 조카가 된다. 이차돈은 혈연적으로는 이사부와 가깝지만 정치적으로는 법흥왕과 가까웠다. 이 점이 이시대에 벌어진 대논쟁의 판세를 가름하는 뜻밖의 변수로 작용했다.

사상 개조로 통일의 기반을 닦다

법흥왕은 즉위 후 불교 국교화 작업을 시도했지만 번번이 실패했다. 고려시대 승려 각훈覺訓이 1215년에 저술한《해동고승전海東高僧傳》은 승려 법공法空, 즉 법흥왕의 삶을 소개하는 대목에서 "왕위에 오른 뒤로 항상 불법을 일으키고자 하였으나, 신하들이 이러쿵저러쿵 말이 많았으므로 왕은 그것을 일으키기가 어려웠다"고 했다.

그가 작심하고 논쟁을 일으킨 것은 재위 14년인 527년이다. 이때 그는 상당히 도발적인 방식을 선택했다. 군주 자신이 주체가 되어 불교 사찰을 짓겠다는 의지를 천명한 것이다.《해동고승전》에 따르면 법흥왕은 이렇게 말했다.

성조 미추왕께서는 아도와 함께 처음으로 불교를 펴려고 하셨지만, 큰 공을 이루시지 못하고 돌아가셨습니다. 이후로 능인석가의 묘한 교화가 막히어 행해지지 못하였으니, 나는 매우 슬프게 생각합니다. 마땅히 큰 가람을 세우고 다시 불상을 조성하여 선왕의 공적을 따라 쫓으려 하는데, 그대 경들의 생각은 어떠합니까?

이에 대한 신하들의 반응이 주목할 만하다. 신하들은 '불교는 안 됩니다'라고 대응하지 않았다. 불교 자체를 반대하는 논리를 제시하는 대신 그들은 다음과 같은 방식으로 법흥왕을 견제했다.

> 대신 공알 등은 간언하기를 "근자에 흉년이 들어 백성들이 평안하지 못한 데다가 이웃나라의 군사들이 국경을 침범하여 전쟁이 쉬지 않고 있는데, 어느 겨를에 백성을 괴롭히는 공사를 일으켜 쓸데없는 집을 지으려 하십니까?" 하였다.

신하들은 직접적으로 불교를 비판하거나 사찰 건립을 반대하지 않았다. 대신 경제나 재정 문제 등을 거론하면서 제동을 걸었다. 왕이 적극 추진하는 일을 정면으로 반대하기 힘들었기 때문이기도 하지만, 이 당시 법흥왕의 왕권과 불교의 영향력이 어느 정도 강해졌기 때문이기도 하다.

신하들이 제동을 걸었기 때문에 법흥왕은 무작정 일을 추진할 수 없었다. 신하들의 의견은 이사부를 비롯한 일부 왕족들과 지방 소국 지배층의 생각을 반영하고 있었기 때문이다. 이로 인해 법흥왕은 숨고르기를 할 수밖에 없었다.

이 상황에서 법흥왕에게 접근한 인물이 바로 22세의 젊은 실무 관료인 이차돈이다. 그는 혈연적으로 이사부와 가까우면서도 법흥왕을 편들었다. 그는 법흥왕을 은밀히 만나 일종의 변칙을 제안했다. 정상적인 방법으로는 불교 국교화를 관철시킬 수 없으니 반대파를 낚을 미끼를 던지자는 진언이었다. 《해동고승전》은 이렇게 말한다.

왕의 큰 소원을 돕고자 하여 가만히 아뢰기를 "왕께서 만일 불교를 일으키고자 하신다면, 신은 청하옵건대 거짓으로 왕명이라 하여 유사有司(담당 관청)에게 전하되, '왕께서 불사를 창건하려 하신다' 하겠습니다. 그렇게 되면 신하들은 반드시 간언할 것이니, 이때 왕께서는 바로 칙령을 내려 '나는 그런 영을 내린 일이 없는데, 누가 거짓으로 왕명이라 꾸며대었는가?' 하십시오. 그러면서 그들은 반드시 신의 죄를 추궁할 것입니다. 그때에 만일 왕께서 그 신하들의 아룀이 옳다고 하신다면 그들은 복종할 것입니다" 하였다.

불사 창건 계획을 직접 말하지 말고 담당 관청을 통해 발표하고 신하들이 반발하고 나서면 나는 그런 말을 한 적이 없다고 둘러대라는 말이었다. 그런 뒤 거짓 왕명을 전달한 죄를 이차돈 자신에게 묻는 동시에 반대파를 끌어안으면 반대파도 더는 불사 창건을 반대하기 힘들 거라는 게 이차돈의 아이디어였다.

그 뒤 신라 조정은 청천벽력 같은 문제로 시끄러워졌다. 법흥왕이 신선교 성지인 천경림天鏡林(오늘날의 경주공고 인근)에 흥륜사興輪寺를 지으려 한다는 말이 담당 관청을 통해 세상에 공개됐기 때문이다. 신선교의 성지인 신성한 숲에 불교 사찰을 세운다는 계획이 공개됐으니 세상이 뒤집어지는 것은 당연했다. 신선교를 무너뜨리겠다는 의지가 그런 상징적인 방법으로 표출된 것이다.

신하들은 당연히 격렬히 반발했다. 《해동고승전》은 "조정의 신하들은 과연 왕의 면전에서 그 일에 관해 쟁론하였다"고 말한다. 충격적인 사안이었으므로 격론이 벌어지는 것은 당연했다. 법흥왕은 이차돈의 작전대로 자기는 그런 왕명을 내린 적이 없다고 발뺌했다. 그러자 이차돈은 자신이 그렇게 했노라고 나섰다. 이사부 쪽 사람인 이차돈이 법흥왕을 위해 큰일을 저질렀다고 했으니 이사부 진영은 혼란스럽지 않을 수 없었다. 이 상태에서 법흥왕은 이차돈의 진언에 따라 그를 사형에 처했다. 거짓 왕명을 전달한 죄를 사형으로 물은 것이다. 이로써 이사부 진영은 한층 더 곤혹스러워졌다. 이 일은 어떻게 생각하면 그들의 의견을 받아들이는 것이고, 다르게 보면 그들을 곤란하게 하는 것이기 때문이었다.

이 사건은 신라 조정에서 종교 논쟁이 종식되는 계기가 됐다. 또 이사부의 예측대로 법흥왕의 위상이 한층 강화됐다. 이를 토대로 법흥왕은 천경림에 흥륜사를 짓는 대역사를 시작할 수 있었고, 불교를 국교화하는 성과도 얻었다. 이로써 불교를 통한 정신세계 개조를 추진한 법흥왕의 전략이 안착될 수 있었다. 법흥왕은 대논쟁의 승리를 통해 불교 세력 중심으로 정치구조를 개편하고 중앙집권을 진척시켰다. 신선교를 중심으로 단결한 지방 소국들을 약화시킬 계기를 잡은 것이다. 이 사건은 신라가 보다 강화된 왕권을 바탕으로 다음 세기인 7세기에 고구려·백제에 맞서는 원동력이 된 동시에, 한민족 역사에서 신선교가 약화되고 불교가 강화되는 결정적 계기가 됐다.

3장

서진이냐
남진이냐

고구려의 대외 팽창을
둘러싼 논쟁

5호 16국 시대의 개막과 한반도의 팽창
·····································

기원전 2세기에 한무제가 등장하면서부터 한민족은 중국에 밀렸다.
그러나 한나라(전한과 후한)가 망하고 위·촉·오 삼국시대가 끝난 뒤에
는 한민족, 특히 고구려·백제에 유리한 상황이 전개되기 시작했다.
304년부터 북중국에서 5호 16국 시대가 개막된 것이다.

중국 대륙의 혼란을 틈타 한민족은 서쪽으로 창칼을 돌렸다. 중국
대륙을 향한 팽창을 추진한 것이다. 고구려는 서쪽으로 군사력을 집
중했고, 그 결과 요하 동쪽, 즉 만주를 장악하게 됐다. 중국 역사서인
《송서》,《양서》,《남사》에 따르면, 백제는 베이징에서 가까운 요하 서
쪽을 점령했다. 고구려가 만주를 점령한 시기에, 백제는 일시적이나
마 중국과 만주의 중간 지대인 요서를 차지한 것이다.

고운 최치원崔致遠의 글을 수록한 《고운집孤雲集》에 당나라 태사시
중에게 보내는 〈상태사시중장上太師侍中狀〉이라는 글이 있다. 이 서신
에서 최치원은, 전성기의 백제와 고구려가 양자강楊子江, 요서, 산동반
도 쪽을 침공했노라고 말했다. 양자강과 산동반도를 공략한 나라는

고구려보다는 백제였을 것이다. 그곳을 공략하자면 해상 공격이 필요했다. 그래서 백제가 더 유리했다.

중국의 5호 16국 분열을 이용해 고구려와 백제는 중국을 향한 공세에 박차를 가했다. 고조선이 해체된 뒤 한민족이 이렇게까지 팽창한 적은 없었다. 이런 흐름의 선두에 고구려가 있었다. 백제도 맹활약했지만 고구려만큼 강렬한 인상은 남기지 못했다. 이 시기 고구려는 서쪽 중국을 향해 맹렬한 팽창을 계속했다. 서진주의는 고구려의 핵심 전략이었다. 이를 극대화시킨 군주가 바로 광개토태왕이다.

장수태왕의 결단

....

광개토태왕의 아들인 장수태왕은 새로운 정세에 직면했다. 선비족 국가 북위(386~534)가 북중국을 통일하고 동아시아 최강국으로 등극하는 일이 그의 치세 전반기에 있었다. 이로 인해 5세기 초중반부터 고구려는 서쪽 진출을 단행하기 힘들었다. 북위 자체도 만만치 않은 상대인 데다가 북위와의 대결에 역량을 쏟다보면 엉뚱한 데서 문제가 터질 수도 있었다. 그래서 장수태왕은 국가 전략을 180도 수정했다. 중국 진출을 자제하기로 결심한 것이다. 이는 서진주의의 폐기를 의미했다.

국가는 조세 수입에 의존한다. 공업시대 이전에는 농산물에 매기는 세금이 주 수입원이었다. 농업시대에 왕조가 계속 유지되려면 농민들이 안정적으로 농사를 지어야 했다. 국가는 그런 여건을 조성하는 동시에 새로운 농민이나 농토를 확보하는 방안도 고민해야 했다. 기존 농민과 농토에만 의존하다가는 갑작스런 자연재해 등으로 조세 수입 감소에 직면할 수도 있었다. 이를 막자면 농민과 농토의 신규 충원을 도모해야 하고, 그러려면 외국과의 전쟁으로 빼앗는 방법밖에는 없었다. 대개의 고대국가들은 다른 나라의 농민과 영토를 빼앗는 방법에 좀더 역점을 기울였다.

서진주의를 폐기한 고구려 역시 다른 데서 새로운 조세 수입원을 찾을 수밖에 없었다. 자연히 남쪽 한반도로 창칼을 돌렸다. 북쪽이나 동쪽은 가봐야 이익이 별로 없는 곳이었다. 인구도 적고 경제적으로도 저발전 상태였다. 그래서 남진주의를 새로운 국가 전략으로 택한 것이다. 이에 따라 427년, 국내성에서 평양성으로 천도를 단행했다. 새로운 곳에서 활로를 모색하겠다는 의지의 표현이었다. 이때부터 한반도에서는 고구려·백제·신라·가야의 대결과 긴장이 치열해졌다.

동아시아 최강 수나라의 굴욕

5세기 전반에 채택된 서진주의는 7세기 전반에 도전을 받았다. 새로운 선택을 요구하는 정세가 조성됐기 때문이다. 4세기 전반 5호 16국 시대의 개막과 함께 시작된 중국 대륙의 혼란은 5세기 전반부터 수습 국면에 들어갔다. 439년에 북중국이 통일되면서 북중국과 남중국이 중국 대륙의 정통성을 놓고 대결하는 상황이 형성됐다. 남북 중국에 원칙상 각각 하나의 왕조가 존재하는 남북조 시대가 개막된 것이다. 이 상황은 589년, 북중국 왕조인 수나라가 중국 전역을 재통일함으로써 수습됐다.

　진나라와 한나라가 그랬듯, 중국 대륙을 통일한 왕조는 주변 세계로의 팽창이라는 다음 단계 목표에 관심을 갖게 된다. 중국의 범위를 확장시키려는 유혹에 시달리는 것이다. 589년 이후의 수나라도 그랬다. 수나라는 서북쪽 강국인 돌궐족을 공격하여 동서로 분열시켰다. 그런 뒤 고구려와의 전쟁에 국력을 쏟아부었다. 수나라 양제는 612년, 613년, 614년에 연달아 고구려를 침공했다.

　제1차 침공 때 수양제가 동원한 전투원은 113만 8,000명이다. 비전투원은 훨씬 더 많았다. 수나라 역사서인 《수서隋書》의 〈양제본기煬帝本紀〉에서는 "합계 113만 8,300명이었다"며 "그래서 200만 명으로 불렀다"고 말한다. 그러면서 "군량을 운송하는 사람은 곱절이 되었다"고 했다. 전투원 113만 8,000명의 곱절이 되는 보급부대가 따로 동원됐다는 것이다. 이로써 비전투원인 보급부대는 200만에서 250만 정도가 되고, 전투원과 비전투원을 합치면 전체 규모가 400만에 육박했다. 중국 역사상 최대 규모의 군대 동원이 이런 식으로 이루어졌다.

　당나라 재상 두우杜佑가 역대 중국 제도를 정리한 《통전通典》 제7권과 송말宋末 원초元初의 역사가 마단림馬端臨(1254~1323)이 집필한 《문헌통고文獻通考》 제10권, 그리고 《구당서》의 경제 관련 기록들을 종합하면, 606년 수나라 인구는 대략 4,600만 명이었다. 그로부터 6년 뒤인 612년 수양제가 400만에 육박하는 백성들을 고구려 침공에 동원했다. 대략 인구의 10퍼센트를 고구려 침공에 동원한 것이다.

　하지만 수나라의 기세는 제1차 침공 때 일찌감치 꺾였다. 역사상 최대 규모의 군대를 동원했지만 성과가 나지 않았다. 요동 땅에서부터 그랬다. 마음이 급해진 수양제는 30만 5,000명을 따로 뽑아 평양성을 공격하도록 했다. 전방을 그대로 둔 상태에서 수도부터 치도록 한 것이다.

《삼국사기》〈을지문덕열전〉에 따르면, 30만 5,000명의 별동대는 을지문덕 장군의 거짓 후퇴에 속아 압록강과 살수(청천강)를 넘어 거침없이 남하했다. 청천강은 평안북도와 평안남도의 경계다. 정신없이 남하하던 수나라 군대는 어느 순간 힘이 부치는 것을 느꼈다. 그때서야 사태를 파악한 그들은 급히 군대를 돌렸다. 진격도 후퇴도 급하게 하다 보니 문제가 생길 수밖에 없었다. 서둘러 후퇴하는 과정에서 수나라는 살수에서 대패를 경험했다. 살수대첩으로 불리는 이 유명한 전투에서 목숨을 건진 수나라 병사는 2,700명에 불과했다. 30만 5,000명이 2,700명으로 줄어든 것이다.

동아시아 최강을 자랑하던 수나라 군대가 이토록 치욕적인 참패를 당했다. 그럼에도 수양제는 이듬해와 그 이듬해에 또다시 침공해왔다. 이것은 수나라의 국력을 고갈시켜 618년 멸망의 원인이 됐다. 612년 제1차 고구려 침공의 실패로 수나라 정부군은 사실상 와해되고 말았다. 역사학자 신성곤·윤혜영의 《한국인을 위한 중국사》에 이때 상황이 이렇게 묘사되어 있다.

양제는 613년에 다시 침략을 명했으나 부담을 느낀 병사들의 도망은 계속되었고 … 국내의 보급 기지였던 여양에서 침략을 위해 식량을 준비하던 예부상서 양현감이 반란을 일으켰고, 이 반란 때문에 양제는 고구려 침략을 포기하고 말았다. … 이 난을 계기로 도적 떼의 봉기가 전국적으로 확산되었고, 수양제의 권위는 심각하게 손상되었다.

2·3차 침공이 좌절됐음에도 수양제는 굴하지 않았다. 그는 불굴의 의지를 보였다. 4차 침공까지 시도했지만 농민반란과 돌궐족 배반, 병사들의 탈영 등으로 좌절되었다. 수나라의 팽창 계획은 이렇게 꺾이고 말았다.

뒤바뀐 승자와 패자

만약 고구려가 승리의 여세를 몰아 서쪽으로 진격했다면 어땠을까? 그랬다면 수나라가 무너질 수 있었을 것이다. 멸망까지는 아니더라도 고구려 영토의 대대적 확장까지는 이룰 수 있었을 것이다. 수나라 정부군 주력이 제1차 침공으로 사실상 와해됐기 때문에 고구려가 수나라 군대를 뒤쫓았다면 상당한 성과를 거뒀을 공산이 컸다. 고구려 군대가 요하를 넘었다면 동아시아 세계질서가 한민족을 중심으로 재편됐을 수도 있다.

그런데 이상한 일이 벌어졌다. 승리한 고구려는 가만히 있는데, 패배한 수나라가 계속해서 도발해 왔다. 제1차 침공에서 나라가 휘청거릴 정도의 타격을 입은 수나라가 거듭 재침을 시도한 것이다. 반격을 해도 시원찮을 고구려는 몸을 웅크리고, 수비에만 진력해도 모자랄 수나라가 도리어 대드는 기현상이 계속됐다.

더 이상한 일은 살수대첩의 전쟁 영웅인 을지문덕이 역사 기록에서 갑자기 사라졌다는 점이다. 그에 대한 기록은 살수대첩 이듬해부터 나타나지 않는다. 사건을 연대순으로 정리한《삼국사기》〈고구려본기〉는 살수대첩 이후의 을지문덕이 어떻게 됐는지 알려주지 않는다. 살수대첩에서 그에 관한 기록이 멈춘 것이다. 그의 생애를 더 자세히 다룬《삼국사기》〈을지문덕열전〉에도 살수대첩 이후의 행적에 관한 기록은 없다. 수나라 군대를 꺾고 동아시아 최고의 명장 반열에 오른 인물이 갑자기 역사 기록에서 사라진 것이다.

을지문덕은 살수대첩 하나만 지휘한 장수가 아니다. 그는 수나라와의 전쟁을 총괄 지휘하는 입장에 있었다.《삼국사기》〈고구려본기〉는 "대신大臣 을지문덕"이라는 표현을 썼다. 대신이라고 하면 장관급이 연상되지만 그는 장관급 정도가 아니었다. 전쟁 당시의 정황을 보면 알 수 있다. 전쟁 초반 수양제는 대군을 이끌고 요하를 건넌 뒤 요동성 공략에 집중했다. 하지만 요동성은 쉽게 함락되지 않았다. 그러자 우문술·우중문이 이끄는 별동대 30만 5,000명을 파견해 고구려 내륙 지방을 뚫고 평양성을 직접 공격하도록 했다. 별동대가 압록강 건너편에 왔을 때였다. 을지문덕이 수나라 군영에 연락을 띄웠다. 항복을 청하는 연락이었다. 그러고는 곧 수나라 진영을 방문했다. 진짜로 항복하기 위해서가 아니라 상대 진영을 정탐하고 적의 진군을 지연시킬 목적이었다.

수양제는 이런 상황을 미리 내다보고 있었다. 그는 수나라 대군이 코앞에 다가오면 고구려가 항복 사절을 파견할 가능성이 있다고 판단했다. 그래서 우중문에게 이런 지시를 내렸다. "만약 왕이나 을지문덕이 오면 반드시 잡아두라." 그런 밀명이 있은 뒤에 을지문덕이 항복을 하겠다며 수나라 군영을 방문한 것이다.

여기서 주목할 점은 수양제가 영양태왕이나 을지문덕 중 한 사람이 찾아올 것이라고 예견했다는 사실이다. 수나라 황제가 이런 판단을 했다는 사실은 영양태왕과 을지문덕의 정치적 비중이 크게 다르지 않았음을 방증한다. 형식적 지위는 영양태왕이 높았지만 을지문덕도 그에 뒤지지 않는다고 봤던 것이다. 이런 인물이 전쟁에 뛰어들었다면 총지휘자 역할을 했으리라고 볼 수밖에 없다. 《을지문덕전》에서 신채호는 이렇게 말했다.

사서史書에서는 을지문덕은 고구려의 대신이라 하였는데, 대신이라고 말한 것은 틀림없이 그때의 대대로(총리대신)를 말한 것이거나 막리지(군부대신)를 말한 것이거나, 그렇지 않으면 또한 좌보나 우보(좌보와 우보는 모두 국무대신)를 말한 것인데, 어느 것이건 간에 고구려의 주력主力이 전적으로 을지문덕에 있었음은 의심의 여지가 없다.

군주에 뒤지지 않는 위상을 갖고 있었던 인물이 동아시아 최강국과의 전쟁을 승리로 이끌었다. 그랬으니 전쟁 후 그는 어떻게든지 더욱더 부각될 수밖에 없을 것이다. 그런데도 역사 기록에는 살수대첩이후 을지문덕의 행적이 전혀 나타나지 않는다. 이상한 일이다. 신변에 중대한 문제가 발생했다고 볼 수밖에 없는 것이다.

을지문덕은 왜 역사에서 갑자기 사라졌을까?

역사학자 안정복은 정조 때인 1778년《동사강목東史綱目》을 완성했다. 이 책에서 그는 614년 수양제의 제3차 고구려 침공을 다루었다. 612년에 을지문덕에게 패하고 귀국한 수양제는 613년 제2차 침공을 벌이던 중 예부상서 양현감의 반란 소식을 듣고 군대를 돌려 본국으로 되돌아간다. 반란을 진압한 그는 이듬해 제3차 침공을 단행했다. '의지의 중국인'이었다. 하지만 또 실패했다. 수나라 군대는 쓰라린 패배의 경험 때문에 섣불리 움직이지 못했다. 병사들도 지쳐 있었다. 수나라는 얼른 강화 협상을 체결하고 군대를 철수시켰다.

이 사건을 기술하는 대목에서 안정복은 고구려 군대도 지쳤지만 수나라 군대는 훨씬 더 피폐한 상태였기 때문에 수양제를 뒤쫓아 침공해도 됐을 거라며 아쉬워했다. 그러고는 영양태왕이 반대파의 말을 듣고 을지문덕을 쓰지 않았다고 말한다. 재상급인 을지문덕을 쓰지 않았다는 것은 그를 해임했거나 무력화시켰다는 의미다. 살수대첩 이후로 을지문덕이 기록에서 사라진 것을 보면, 무력화보다는 해임에 더 가까웠을 것이다. 실력파 재상 을지문덕을 밀어내는 과정에서 적지 않은 진통이 수반되었을 것이 분명하다.

이처럼 을지문덕이 역사 기록에서 갑자기 사라진 것은 제3차 침공 당시 벌어진 권력투쟁에서 을지문덕이 패했기 때문이다. 을지문덕이라는 영웅을 역사 무대에서 퇴장하게 만든 문제의 권력투쟁은 고구려의 국운이 걸린 대논쟁과 관련 있었다. 이 시기의 대논쟁이 을지문덕의 운명을 좌우한 것이다.

고구려를 휩쓸고 간 대논쟁

대논쟁이 촉발된 계기는 제3차 전쟁 중의 강화 협상이다.《삼국사기》는 고구려가 먼저 협상을 제의했다고 말한다. 반면《조선상고사》는 수나라가 먼저 제의했다고 말한다. 수나라 조정이 반역자 곡사정斛斯政을 돌려보내주면 철군하겠다고 했다는 것이다. 곡사정은 제2차 전쟁 당시 수양제를 수행했다가 양현감의 반란 소식을 듣고 탈영한 인물이다. 양현감과 알고 지낸 일로 자기도 처벌받지 않을까 우려한 곡사정은 군영을 이탈하여 그 길로 고구려로 망명했다. 이 곡사정만 돌려보내면 철군하겠다는 것이 수양제의 제의였다. 수양제는 복수심에 불타 제3차 침공을 단행했지만 섣불리 진격하지 못했다. 고구려 내부에서도 피로감이 커지고 있었다. 이런 양측의 사정이 맞물려 강화 협상이 열리게 됐다.

《조선상고사》는 조선 말까지 존재했던《해상잡록海上雜錄》이라는 역사서를 근거로, 당시 고구려 내부에서 강화 협상 체결 여부를 두고 대논쟁이 벌어졌다고 말한다. 이 논쟁에서 을지문덕파는 강화 반대를 주장한 반면 고건무파는 찬성 입장을 나타냈다. 고건무는 제1차 전쟁 때 을지문덕과 함께 전쟁을 승리로 이끌었다. 왕족인 그는 이복형제인 영양태왕의 뒤를 이어 618년부터 24년간 재위했다. 역사는 그를 영류태왕으로 기억한다. 을지문덕이 만만치 않은 상대와 논쟁을 벌인 것이다.《조선상고사》에 따르면, 양측의 논쟁은 아래와 같다. 아래 글에서 갑파는 고건무파, 을파는 을지문덕파다.

이때 고구려의 국론은 둘로 갈렸다. 갑파는 "남방의 신라·백제를 멸망시키기 전까지는 중국에 대해 겸손한 언사와 공손한 예법으로 화친을 유지해야 한다"면서 "이제까지 중국에 대해 너무 강경했기 때문에 수년간의 전쟁을 초래했으니, 앞으로라도 정책을 바꾸어 수나라와 화친을 하자"고 주장했다.

고건무파는 기존의 남진정책을 고수했다. 신라·백제를 멸망시키기 전까지는 수나라와 평화를 유지해야 한다는 게 그들의 주장이었다. 남진정책을 제대로 지키지 못해 수나라와 갈등을 빚고 전쟁까지 하게 됐으니 이를 바로잡고 기존으로 돌아가야 한다고 외친 것이다. 그래서 그들은 화친을 주장했다.

을파는 "신라와 백제는 산천이 험해서 방어하기는 쉬워도 공격하기는 힘들며 인민들도 강고해서 좀처럼 굴복하지 않지만, 중국 대륙은 이와 달리 평원과 평야가 많아 군대를 움직이기 좋고 인민들도 전쟁을 무서워해서 한쪽이 무너지면 다른 쪽도 동요한다"면서 "장수태왕의 서수남진 정책은 본질적으로 잘못된 것이니 이제부터라도 이 정책을 버려야 한다"고 주장했다.

을지문덕파는 수나라와의 화친 문제에 국한되지 않고 남진정책 자체에 의문을 제기했다. 남진정책이 실효성이 없다는 게 그들의 생각이었다. 신라와 백제의 산천이 험하고 백성들이 강고하다는 것은 고려와 조선을 침략한 북방 민족들도 느꼈던 고민이다. 그런 고민을 을지문덕파도 갖고 있었다. 기병을 움직이기 힘든 산악지대에서 고구려 군대가 얼마나 효과를 거둘 수 있겠느냐는 게 그들의 우려였다.

을지문덕파는 신라·백제보다는 중국과의 전쟁이 더 수월하다고 주장했다. 중국에는 평야가 많아 군대 기동성이 높고 주민들도 전쟁을 두려워하므로 상대적으로 수월하게 정복할 수 있다는 것이다. 중국인들이 전쟁을 두려워한다고 말한 것은 그들이 농경민이기 때문이다. 한민족은 유목민에서 농경민족으로 바뀌었지만 중국인들은 훨씬 전부터 농경문화에 익숙했다. 그래서 전쟁을 겁낼 수밖에 없었다. 기마에 익숙한 유목민은 말에 올라탄 자세로 목축도 할 수 있고 전쟁도 할 수 있지만 농사하던 농민은 곧바로 전투에 나설 수 없다. 이래저래 농민은 전쟁을 기피할 수밖에 없다.

서진파와 남진파의 입장은 팽팽했다. 이런 가운데 처음에는 서진파가 유리해지는 듯했다. 영양태왕이 을지문덕의 주장에 호감을 보였기 때문이다. 태왕이 끝까지 을지문덕을 지지했다면, 을지문덕이 대군을 끌고 서쪽으로 밀고 나갔을 것이다. 하지만 마지막에 태왕은 고건무의 손을 들어줬다. 수나라와의 강화 협상을 개시하기로 한 것이다. 수나라가 화친을 제의한 마당에 굳이 싸울 이유가 있겠느냐는 여론이 힘을 얻은 결과였다. 이에 대해 《조선상고사》는 이렇게 설명한다.

두 파의 세력도 거의 비슷했다. 영양대왕은 을파의 주장에 공감했다. 하지만 고구려는 호족 공화제 국가였기 때문에 왕일지라도 갑파의 의견을 꺾기는 쉽지 않았다. 이런 상태에서 수양제가 곡사정의 송환을 조건으로 화친을 제의하자, 나라 안에서는 갑파에 동조하는 사람들이 우세를 점했다. 결국 가련한 망명객인 곡사정의 송환을 수락한 고구려는 국서를 받든 사신을 수양제의 진영에 보냈다.

강화 협상이 결정됨으로써 고구려는 남진주의를 고수하게 됐다. 을지문덕파가 패배한 것이다. 태왕의 결정으로 국론이 결정됐지만 결과에 승복하지 못하는 이들이 있었다. 그들이 강화 협상장에서 돌발 사건을 일으켰다. 《해상잡록》에 따르면 사신단을 수행하는 고구려 장교 하나가 회담장에서 쇠뇌를 꺼내들었다고 한다. 쇠뇌는 일반활보다 멀리 쏠 수 있는 장거리 무기다. 그 장교는 수양제를 향해 화살을 날렸고, 화살은 수양제의 가슴에 꽂혔다. 수양제는 죽지 않았지만 병을 얻었다.

보통은 이런 일이 있으면 회담이 결렬되기 쉽다. 고구려 장교 역시 그것을 의도했을 것이다. 하지만 수나라는 회담을 깨지 않고 그대로 진행했고 이어 철군을 단행했다. 물러가는 수나라 군대를 고구려군은 묵묵히 지켜봤다. 을지문덕을 중심으로 촉발됐던 대논쟁은 그렇게 일단락됐다.

그 뒤 을지문덕이 어떻게 됐는지에 관해 《을지문덕전》은 아래와 같이 말한다. 아래 인용문 속의 '두 사람'은, 임진왜란 의병장으로 공로를 세워 관직을 받았지만 현실 정치와 거리를 두고 살았던 곽재우와 28세 나이로 대대적인 선풍을 일으키며 전국 의병 총사령관이 됐다가 선조 임금의 시기를 받고 역모죄로 몰려 죽은 김덕령이다.

이때 을지문덕이 파직을 당했는지 아니면 참소를 만났는지 늙어서 죽었는지 도무지 상고할 길이 없으나 적국을 멸하지 못하고 조국을 영결 永訣(영원한 이별)하여, 이 두 사람과 같이 그 회포를 다 펴지 못함은 의심이 없으니….

살수대첩의 전설 을지문덕은 그야말로 전설처럼 퇴장했다. 이로 인해 장수태왕 이래의 남진주의는 그대로 남게 됐다. 덕분에 수나라는 한숨을 돌렸다. 하지만 잠깐뿐이었다. 패전으로 황제의 권위가 떨어진 상태에서 전국적인 반란이 마구 일어났다. 이 틈을 타 태원 유수 이연이 도성을 점령했다. 그는 수양제를 태상황으로 올리고 그 손자를 황제로 추대했다. 618년에 수양제가 암살당하자 이연은 수나라의 맥을 끊고 자기의 나라, 당나라를 세웠다. 그가 당나라 고조다. 고조 이연에 이어 627년에 제2대 황제가 된 인물이 당태종 이세민이다. 그는 분열된 대륙을 재통일한 뒤 공격적인 대외팽창을 추진했다. 수나라가 그랬던 것처럼 당나라도 고구려에 대한 압박의 강도를 높였다.

당나라, 야욕을 드러내다

당나라의 압박은 수나라보다 더했다. 당나라는 고구려 경내까지 침투해서 신경을 자극했다. 수나라를 물리친 뒤 고구려는 경관京觀이라는 이름의 전승 기념물을 세웠다. 경京에는 '높다'는 의미가 있다. 고구려인들은 적군의 시체를 높이 쌓는 식으로 경관을 세웠다. 631년 고구려를 방문한 당나라 사절단은 이 경관을 파괴했다. 수나라든 당나라든 중국에 대한 도전은 허용치 않겠다는 경고의 표시였다. 그들의 황제, 당태종이 보낸 경고였다.

당나라의 공세는 새로운 국제체제에 대한 열망으로도 나타났다. 당나라는 인접국들을 자국 행정구역에 편입시키기를 희망했다. 백제 땅에 설치된 웅진도독부, 신라 땅에 설치된 계림대도독부, 고구려 땅에 설치된 안동도호부는 그런 이유로 세워진 것이다. 도호부는 도독부의 상급 기관이다. 전성기의 당나라는 안동도호부, 안서도호부(신장 위구르), 북정도호부(신장 위구르 위쪽), 안북도호부(외몽골), 선우도호부(내몽골), 안남도호부(인도차이나)라는 6대 도호부를 운영했다.

물론 도호부가 설치됐다 하여 완전히 당나라 영토가 되는 것은 아니었다. 도호부는 당나라가 지배하는 곳이라는 상징성을 띤 하나의 형식에 불과했다. 도호부의 백성들은 현지 토착 세력의 지배를 받았다. 당나라 황실과 도호부 주민들의 관계는 오늘날의 중화인민공화국 중앙정부와 홍콩 주민들의 관계보다도 멀었다. 당나라가 이런 제도를 운영한 것은 동맹국 군주를 책봉해주던 기존 체제에서 한 걸음 더 나아가 형식적으로나마 동맹국을 자국 행정구역에 편입시키기 위해서였다.

당나라가 그런 체제를 꿈꾸고 있음은 고구려와의 전쟁이 본격화되기 전에 드러났다. 동북공정 학술기관으로 유명한 중국변강사지연구중심의 리다룽李大龍 연구원이 《고구려발해연구》 제53권에 기고한 〈당대 도호부 중심 변강 번속 관리체제의 형성〉이라는 논문에 이런 대목이 있다.

도호부를 설치하여 번속 변강민족 정권을 관리하자는 주장은 예부시랑 이백약李百藥이 최초로 제안하였다. 태종 정관 4년(630) 동돌궐 한국汗國의 멸망으로 당조唐朝는 잠시나마 북부 변강의 위협으로부터 벗어나게 되었지만, 수많은 돌궐 항호降胡의 내부는 당조가 조속히 해결해야 할 문제였다. … 태종은 결국 변강 지역에 도독부를 설치하여 번속 변강민족 정권을 관리하는 주요 방식으로 채택하였는데….

돌궐족은 당나라에 쫓겨 중동으로 가서 오스만튀르크와 터키 등을 세운 튀르크족을 말한다. 돌궐족은 583년 수나라의 이간책에 휘말려 서돌궐과 동돌궐로 쪼개졌다. 그중 동돌궐이 630년 당나라에 의해 멸망했다. 그 땅에 도호부를 설치하자는 주장이 있었지만, 결국에는 한 단계 낮은 도독부를 설치하는 선에서 마무리됐다는 게 위 논문의 설명이다.

당나라는 640년에 고창국을 멸망시키고 그 땅에 안서도호부를 설치했다. 이렇게 당나라 점령지가 도호부나 도독부로 편입되는 일들은 다른 동아시아 국가들에 위협이 됐다. 최강국인 당나라의 영토 팽창 욕구가 명확해졌으니 주변 나라들은 긴장하지 않을 수 없었다.

당태종에게 선전포고한 고구려 관원 해라장
···

그런 가운데 고구려 내부에서 반反당 열기가 달아오르기 시작했다. 동시에 을지문덕의 서진주의에 향수를 느끼는 분위기도 뜨거워졌다.

이런 분위기를 배경으로 부각된 인물이 바로 조의선인 출신 귀족 연개소문이다. 고구려판 화랑인 조의선인에서 경력을 쌓은 연개소문은 고구려 5부 중 하나인 서부 출신의 귀족이었다. 연개소문은 을지문덕의 서진주의를 지지하는 것으로도 유명했는데 그런 그의 주장이 공감대를 형성했음을 보여주는 사례가 있다.

연개소문이 쿠데타를 일으킨 642년 이전의 일이다. 《조선상고사》에 인용된 《해상잡록》에 따르면, 당태종이 고구려 사정을 염탐할 목적으로 스리위자야 왕국에 도움을 청했다. 스리위자야는 삼불제三佛齊라는 한자로 표기되며 스리비자야로도 발음한다. 인도네시아 수마트라 섬에 있었던 이 나라는 7~11세기에 번영을 누렸다. 당태종은 스리위자야 사신에게 고구려를 방문해 내정을 염탐한 뒤 그 내용을 귀띔해달라고 요청했다. 그의 요청대로 고구려를 방문한 스리위자야 사신은 해상에서 당나라 쪽으로 뱃머리를 돌렸다. 이 배의 수상한 움직임은 고구려 해상 순시선에 발각됐고, 결국 고구려 수군이 이 선박을 나포했다.

당시 고구려 해상 순시선 함장이었던 관원 해라장海邏長은 스리위자야 사신을 체포한 뒤 엉뚱한 일을 저질러버렸다. 체포한 사신단이 작성한 첩보 문서를 찾아내 그것을 바다에 내던져버린 것이다. 명령에 복종해야 할 장교가 상부에 보고도 하지 않고 그런 일을 저질렀다. 그런데 그것도 모자랐는지 해라장은 시키지 않은 일을 한 가지더 했다. 체포한 사신을 고구려로 끌고 오지 않고 사신의 얼굴에 먹으로 글자를 새긴 뒤 그가 탄 배를 당나라 쪽으로 보내버린 것이다. 해라장이 직접 새긴 글의 내용은 이렇다.

나의 어린 꼬마 이세민에게 말을 전한다. 만약 금년에 조공하러 오지 않으면 내년에 죄를 문책할 군대를 일으킬 것이다.

고구려 일개 관원이 당태종에게 선전포고를 한 것이다. 당나라의 위협에 직면한 고구려인들의 적개심이 어떠했는지를 엿볼 수 있는 대목이다. 고구려 군부에 당나라와의 한판 대결을 지지하는 분위기가 존재했음을 보여주는 자료이기도 하다.

그런데 해라장이 위의 글 밑에 첨부한 글귀가 있다. "고구려 태대대로 연개소문의 졸병인 아무개가 쓰다"라는 문구다. 태대대로는 총리급 관직이었다. 해라장은 그 문장을 종이에 똑같이 옮겨 적은 뒤 사신을 통해 당나라에 보냈다. 해라장은 태왕의 신하이지 연개소문의 신하가 아니었다. 그런데도 스스로를 연개소문의 부하로 자처하고 당태종에게 경고 메시지를 보냈다. 이는 연개소문의 명망이 그만큼 높았다는 증거이자 그가 주장한 서진주의가 공감을 얻었음을 보여주는 증거다.

스리위자야 사신의 이마에 적힌 글귀 때문에 당나라 조정에서는 난리가 났다. 고구려가 전쟁을 선포했다면서 호들갑을 피운 것이다. 그런데 분위기를 가라앉히고 차분히 살펴보니 '태대대로 연개소문'이라는 표현이 눈에 띄었다. 연개소문이 그런 관직을 가졌음은 당나라에 알려져 있지 않았다. 그래서 당나라는 고구려에 밀사를 보내 진상을 확인했다. 이 때문에 고구려 조정도 사건의 전말을 접하게 됐다.

해라장은 이때 체포되었다. 이 일 자체는 당연했다. 해라장은 사신에게서 압수한 첩보 문서를 임의로 바다에 버리고, 첩자로 판명된 사신을 마음대로 당나라에 보내는 등 자기 직분을 뛰어넘는 행위를 했다. 국가정책인 남진주의를 무시하고 임의로 서진주의를 표방했으며 태왕이 아닌 연개소문의 부하를 자처했다. 고구려 조정의 녹을 먹는 인물이 그런 일을 저질렀으니 처벌을 피할 수 없었다. 그 역시 체포가 불가피하다고 생각했던지 체포된 뒤 순순히 자백했다고 한다. 영류태왕은 관련 사실을 보고받고 연개소문에 대한 적개심을 불태웠다. 태왕을 분노케 했으니 해라장은 중형을 피하기 힘들었을 것이다.

이 사례에서 나타나듯이 이 시기에도 서진·남진 논쟁이 있었다. 해라장이 당당하게 서진주의를 표방한 것은 동조자들이 있었기 때문이다. 서진주의가 군부 내에서 상당한 지지를 얻었을 가능성이 있는 것이다. 가장 강력한 무장 집단인 군부 내에 그런 움직임이 있었다면, 일반 사회에서도 동일한 기운이 퍼져 있었을 것이다. 해라장의 돌발 행동이 그런 분위기를 한층 더 자극했을 수도 있다.

하지만 조정에서는 서진·남진 문제가 이미 일단락돼 있었기에 해라장의 행동이 그 논쟁을 다시 촉발시키지는 못했다. 그런 사실은 해라장이 체포된 날 밤, 조정에서 벌어진 일을 보면 알 수 있다. 《조선상고사》에 따르면, 대신과 고위 귀족들을 긴급 소집한 자리에서 영류태왕은 이렇게 말했다.

해라장이 당나라 왕에게 모욕을 준 것은 큰일이 아니지만, 서한의 끝부분에서 대대로가 아닌 연개소문을 태대대로라고 쓴 것과 허다한 대신 중에서 다른 사람은 놔두고 하필이면 연개소문의 졸병으로 자처한 것을 보면, 추종자들이 연개소문을 추대하려는 게 명백하다.

위와 같이 말하면서 태왕은 "연개소문이 항상 당나라 정복을 주장하고 군사적 토벌을 선동하는 방법으로 조정을 반대하고 인심을 사고 있으니, 지금 이 자를 베지 않으면 후환이 생길 것이므로 직위를 박탈하고 사형에 처하는 게 옳다"고 말했다. 참석자들은 태왕의 말에 찬동했다. 중론이 일치된 것이다.

연개소문, 서쪽으로 방향을 틀다

영류태왕은 을지문덕과의 논쟁을 승리로 이끈 인물이다. 그런 그가 이번에는 을지문덕의 뜻을 계승한 연개소문을 겨냥했다. 태왕을 비롯한 남진주의 세력은 연개소문 제거 계획에 착수했다. 하지만 연개소문이 이 사실을 미리 알아채고 선수를 쳤다. 642년 연개소문의 쿠데타가 터진 것이다. 그는 영류태왕을 살해하고 허수아비 보장태왕을 옹립했다. 보장은 영류의 조카다.

연개소문이 정권을 잡는 데에는 그의 부족이 큰 도움이 됐다. 연개소문은 서부 귀족 출신인데, 서부의 원래 명칭은 소노부消奴部다. 소노부는 연노부涓奴部나 비류나부沸流那部로도 불렸다. 지금의 평안도 위쪽, 만주 땅에 소노부가 있었다. 동·서·남·북·중 가운데 서부였다는 사실에서, 이곳이 중국과 가장 가까운 곳이었음을 알 수 있다. 그래서 중국 왕조의 동진에 특히 민감했을 수도 있다. 이 점이 그가 서부를 이끌고 쿠데타를 일으키는 데 동력이 됐을 가능성을 배제할 수 없다.

전통적으로 고구려 태왕은 권위와 어느 정도의 권력을 가졌고, 재상 역시 어느 정도의 권력을 가졌다. 태왕은 의원내각제의 왕 같은 존재는 아니지만 그렇다고 대통령 같은 존재도 아니었다. 절대적인 권력자는 아니었던 것이다. 공식 칭호는 태왕이었지만, 실제 권력은 태太하지 않았다. 재상 역시 그랬다. 재상도 권력을 갖고 있었지만, 의원내각제의 총리 같은 존재는 아니었다. 재상은 권력을 행사하되 태왕을 존중해야 했다. 귀족 공화제 국가이므로 귀족들의 이해관계도 감안해야 했다. 그래서 고구려 재상은 '어느 정도의 권력'을 가진 위치에 불과했다.

연개소문은 그런 전통을 무너뜨렸다. 그는 태왕과 재상이 분점하던 권위와 권력을 상당 부분 통합하는 데 성공했다. 권위와 권력을 모두 가진, 진정한 의미의 절대 권력자가 된 것이다. 이 점은 연개소문 사후에 그의 아들이 정권을 세습한 것만 봐도 짐작할 수 있다. 자기 생애에 실컷 쓰고도 남을 권력을 축적했기에 아들 대에까지 세습시킬 수 있었던 것이다. 서부에서 갖고 있던 귀족 지위를 세습하는 것은 당연한 일이었지만, 중앙정부 관직을 세습하는 것은 쉽지 않은 일이었다. 그런 일이 연개소문에 의해 이루어졌다. 신채호는 《조선상고사》에서 "연개소문은 고구려 900년 역사에서 장군·재상·대신뿐 아니라 제왕들도 갖지 못한 권력을 가진 유일한 인물이었다"고 평가했다.

이렇듯 권력을 집중할 수 있었던 최대 요인은 서쪽 당나라에서 찾지 않으면 안 된다. 경쟁국인 당나라가 냉전 분위기를 조성한 것이 그 원인이었다. 거대해진 중국 왕조에 맞서자면 고구려도 특단의 대책을 세워야 했다. 강력한 정권을 구축하는 것도 그런 대책이 될 수 있다. 그래서 1인에게 힘이 집중되는 양상이 나타난 것이다.

이런 상황은 다른 나라에서도 비슷하게 나타났다. 국제질서의 과도기가 막판에 도달하기 전에는 일국 단위가 아니라 지역 단위로 이런 현상이 곧잘 발생했다. 최후의 대결에 필요한 에너지를 결집하기 위한 일이었다. 627년 황제가 된 이세민이 공세적인 대외팽창을 추진하고 이로 인해 긴장이 고조되자, 641년에 등장한 백제 의자왕은 권력을 자기에게 집중시키는 방향으로 국정을 운영했다. 의자왕이 아들 마흔한 명에게 최고 등급인 좌평 관직을 줬다는 《삼국사기》〈백제본기〉의 기록은 그의 권력이 어느 정도까지 팽창했는지를 짐작케 한다.

백제에 의자왕이라는 강력한 군주가 출현한 직후 고구려·일본·신라에서도 유사한 상황이 전개됐다. 642년 고구려에서는 연개소문이 쿠데타로 정권을 잡았고, 645년 일본에서는 유명한 다이카개신(개혁)이 벌어져 일왕 중심의 중앙집권화가 추진됐다. 654년에는 김춘추가 신라왕이 되어 김유신과 더불어 국가 개조에 나섰다.

이처럼 연개소문은 동아시아 전체에 긴장이 고조되고 이로 인해 각국의 권력이 응집되는 분위기 속에서 권좌를 차지하고 절대 권력을 구축했다. 일대 위기를 활용해 '슈퍼 정권'을 구축한 것이다. 이런 상태로 고구려는 645년 당태종의 침공을 물리치고 그 뒤 20년 넘게 당나라와 대립각을 형성했다. 이렇게 연개소문 시대에는 서진주의 파벌이 권력을 장악했다. 이 시기에 고구려는 백제를 끌어들여 연합전선을 형성했다. 신라는 이런 흐름에 맞서 당나라와 동맹을 체결했다. 이 시기에 한민족의 중심은 고구려였다. 그런 고구려의 주류가 서진주의 세력이었으므로 이 시기에 우리 민족을 이끈 것은 서진파였다고 할 수 있다.

하지만 연개소문이 세상을 떠나자 고구려 정세가 급변하기 시작했다. 그의 죽음과 함께 고구려·백제 동맹이 위태로워졌고, 이것은 660년 백제 멸망과 668년 고구려 멸망으로 이어졌다. 《삼국사기》 〈연개소문열전〉은 연개소문이 666년에 사망했다고 말한다. 하지만 중국 하남성에서 발견된 '천남생 묘지명'에 따르면, 그는 657년 이전에 사망했을 가능성이 높다. 천남생은 당나라로 망명한 연개소문의 장남 연남생이다.

연남생은 아버지 사후에 정권을 잡았다가 동생 남건과 남산에게 정권을 빼앗겼다. 그런 뒤 당나라로 달아났다. 거기서 성을 연淵에서 천泉으로 바꾸었다. 당태종의 아버지 당고조가 이연李淵이란 이름을 썼기 때문이다. 군주의 이름을 피하는 피휘避諱 제도 때문에 당나라에서는 이름에 '연'이라는 글자를 쓸 수 없었다. 그래서 연못 '연'과 뜻이 비슷한 샘 '천'을 성으로 쓰게 된 것이다. 668년 나당연합군이 평양성을 함락할 때 연남생도 그 대열에 있었다. 달아났던 길로 되돌아와 고국을 멸망시키는 데 앞장섰던 것이다.

묘지명에 따르면, 연남생은 24세에 아버지의 지위를 승계했다. 묘지명에서는 그가 679년에 46세였다고 했다. 따라서 그가 24세였던 때는 657년이다. 657년에 아버지를 승계했다는 것은 연개소문이 666년이 아닌 657년에 죽었을 가능성을 보여준다.

연개소문이 사망하자 그를 중심으로 형성된 고구려 체제가 허약해지고 고구려·백제 동맹도 취약해졌다. 연개소문의 사망은 의자왕 정권의 동요를 야기했다. 이것이 두 나라의 연이은 멸망을 초래했다. 서진주의 깃발을 들었던 한민족의 두 왕조가 연달아 사라진 것이다.

연개소문은 서진·남진 논쟁을 쿠데타라는 방법으로 해결했다. 그는 고구려·백제가 서진주의로 단결하도록 만들었지만, 결실을 맺지는 못했다. 그의 죽음에 뒤이은 양국의 멸망으로 한민족에는 서진주의를 계승할 파벌이 사라졌다. 그 뒤 한동안은 서진주의 세력이 나타나지 않았다. 고구려 멸망 뒤에 대조영이 발해를 세웠지만, 대조영은 고토 회복에 중점을 두고 중국 본토 공략에는 주력하지 않았다.

4장

혈통이냐
실력이냐

고려 지배 세력의
성격을 뒤바꾼 논쟁

개천에서 용 나는 나라

한국의 교육열은 유명하다. 블랙홀이 연상될 정도로 사교육에 엄청난 돈이 빨려 들어가고 있다. 이를 염려하는 목소리가 크고 그 염려에는 일리가 있지만 교육열이 강하다는 것은 한편으론 긍정적인 일이다. 교육을 통해 자기 혹은 자녀의 인생을 바꿀 수 있다는 확신이 없다면, 열정과 시간과 돈을 거기에 투자하지 않을 것이기 때문이다. 많은 사람들이 공부만 잘하면 원하는 대학, 원하는 기업에 가서 원하는 삶을 누릴 수 있다고 믿는다. 물론 학습 능력에 관계없이 혈통만으로 인생이 보장되는 사람들도 많다. 재산이 많은 집에 태어난 사람들이 그렇다. 하지만 대부분의 한국인에게는 학습 능력이 인생에 상당히 중요한 역할을 하기 때문에 교육열이 높을 수밖에 없다.

한국에 비해 미국이나 일본은 교육열이 상대적으로 낮은 편이다. 그런 이유로 두 나라를 부러워하는 사람들이 많다. 학생들의 학업 스트레스가 적다는 면에서는 부러워할 만하다. 하지만 교육을 통한 신분 상승의 기회가 적기에 교육열도 높지 않은 것이라고 생각하면 관점이 달라진다. 일례로 조그만 식당을 대대로 계승하는 일본 가정이 종종 텔레비전에 소개되는데 이 현상의 본질은 낮은 신분 이동 가능성이다. 혈통에 의해 직업과 지위가 결정되기 때문에 공부에 매달리는 대신 가업을 잇는 것이다. 그런 사회에서는 교육열이 상대적으로 낮을 수밖에 없다. 이렇게 보면 한국은 상대적으로 건전한 나라다. 과도한 사교육 열풍과 공교육 위기는 반드시 혁신해야 하지만, 교육이 개인의 인생을 어느 정도 바꿀 수 있다는 점 자체는 바람직한 것이다.

한국에 교육을 통한 신분 이동의 가능성이 생긴 시기는 서기 10세기로 소급한다. 우리는 고려 초 광종 때 쌍기의 건의로 과거제가 시행됐음을 한국사 시간을 통해 배웠다. 바로 그 시기의 변화가 한국을 현재의 모습으로 만들었다. 교과서에서는 쌍기의 건의로 광종이 시험 제도를 도입했다는 정도로만 간략하게 서술하지만 당시 상황은 그렇게 간단하지 않았다. 대논쟁이라 칭할 만큼 큰 혼란과 대립이 있었다.

혈통이 지배한 종전의 관료 선발 방식

과거제 이전에 추천제가 있었다. 한나라 때 군수가 향鄕과 리里의 유력자들과 상의해 인재를 중앙에 추천하는 향거리선鄕擧里選이라는 제도가 있었다. 여기서 선거라는 용어가 기원했다. 이런 추천제에서는 유력자의 자제가 유리했다. 하급직이야 일반인 중에서 뽑았지만, 비중 있는 관직의 경우 유력자의 자제들을 후보군에 넣었다. 적어도 유력자들의 이해관계를 대변할 만한 사람이라야 선발될 가능성이 있었다. 추천권이 유력자들의 수중에 있었기 때문이다.

어느 시대건 군주는 가문이나 배경과 관계없이 유능한 인재를 선발하고 싶어 했다. 군주 옆에 유력 가문 출신이 많으면, 그만큼 왕권이 약해질 수밖에 없었다. 그래서 능력은 있으되 신분은 낮은 사람이 군주에게는 이상적인 신하였다. 하지만 유력자들이 이를 용납지 않았다. 군주가 마음대로 사람을 선발하면 군주권이 강해지고, 그렇게 되면 그들의 권익이 침해되기 쉬웠다. 그들은 그들 자신 혹은 그들의 영향 아래에 있는 사람들이 관직을 갖기를 원했다. 그래서 군주의 인사권은 제약을 받았다.

이따금 그런 현실에 도전해 하층민 가운데서 전격적으로 재상을 뽑아 올리는 군주들이 있었다. 은나라 때 무정武丁과 부열傅說의 사례가 그중 하나다. 무정은 기원전 13세기에 태어나 기원전 12세기에 사망한 은나라 말기 왕이다. 말기라도 이때는 은나라의 중흥기였다. 그래서 이 시대를 무정중흥武丁中興 혹은 무정성세武丁盛世로 부른다. 어린 시절 서민들과 어울려 살았던 무정은 왕이 된 뒤 특이한 방법으로 재상을 발탁했다.

고대 중국 역사서 《서경書經》의 〈열명說命〉 편에 따르면, 무정은 어느 날 "상제께서 꿈에 내게 좋은 보조자를 주셨으니, 그가 나를 대신해 말할 것"이라는 말을 했다. 꿈에서 하늘이 재상급 신하를 점지해주었다는 것이다. 무정이 꿈에서 봤다는 인상착의대로 몽타주가 그려졌다. 《사기》 〈은나라본기〉에 의하면, 뒤이어 조정 대신들과 그 몽타주를 일일이 대조하는 작업이 이어졌다. 하지만 일치하는 사람이 없었다. 그래서 이번에는 전국적으로 몽타주가 배포됐다. 결국 찾았다는 보고가 들어왔다. 노역장에서 일하는 부열이란 하층민이 그 주인공이었다. 결국 부열이 재상직에 임명됐고, "은나라가 잘 다스려졌다"고 〈은나라본기〉는 말한다.

무정과 부열이 전부터 서로 알고 있었는지는 확인되지 않는다. 확실한 것은 일반적인 방법으로는 무정이 부열을 재상으로 기용하기 힘들었다는 점이다. 당시 노역장 노동자들은 대개 죄수이거나 노예였다. 이런 사람을 정상적 절차에 따라 재상으로 등용하기는 힘들었을 것이다. 그래서 무정이 꿈 이야기를 지어낸 것일지도 모른다. 상제가 임금의 꿈에 나타나 계시를 주었다는 이야기는 부열의 등용에 신비한 이미지를 부여했다.

이와 비슷하게 고려 공민왕도 하층민 출신인 신돈을 발탁할 때 그가 승려임을 부각했다. 불교계에서는 신돈을 무시했지만, 그의 공식 신분이 승려였으므로 이 점을 강조해 신성한 이미지를 부여한 것이다.

원하는 신하를 뽑고자 종교를 이용하는 방식은 조의선인이나 화랑 제도에서도 나타난다. 조의선인과 화랑은 종교 수행자들이었다. 이들은 평상시에는 수련을 하다가 비상시에는 나라를 위해 싸웠다. 이들 중 일부가 조정에 출사했다. 김유신이 대표적인 경우다. 화랑의 역사를 정리한 김대문의 《화랑세기花郞世記》 미생 편에 따르면, 미생이 화랑 대표인 풍월주로 있었던 585~588년 중 화랑 내부의 최대 파벌은 문노파였다. 이들 문노파 내부에도 별도의 핵심 그룹이 있었다. 통합원류統合元流로 불리는 이들이었다. 통합원류의 핵심 주장은 '귀천에 구애받지 말고 안팎에서 인재를 발탁해서 국력을 강하게 하자'는 것이었다. 이런 주장을 하는 그룹이 최대 파벌을 이끌었다는 사실은 화랑도 내부에서 혈통 못지않게 실력이 중시됐음을 보여준다. 하지만 화랑 출신이 조정에 출사한 뒤에는 혈통의 제약을 더 많이 받았음은 물론이다. 화랑 내에서 신분이나 혈통이 덜 중시된 것은 조직 자체가 신성한 종교였기 때문이다. 그처럼 원하는 인재를 종교에서 끌어올릴 경우 귀족들의 반발을 무마하기가 비교적 수월했다.

군주가 국가 행사를 통해 비非귀족 출신을 전격 발탁한 예도 있었다. 《삼국사기》〈온달열전〉에 따르면, 고구려에서는 음력 3월 3일 삼진날에 사냥 대회를 열었다. 이 대회에는 일반 백성들도 참가했다. 양력 577년 4월 6일의 삼진날 사냥 대회에는 평민인 온달도 참가했다. 누가 짐승을 더 많이 잡느냐가 대회의 관건이었다. 이 점에서는 귀천의 차별이 없었다. 짐승을 많이 잡는 참가자가 태왕의 눈에 띌 수 있었다. 이런 구도가 온달을 돋보이게 하는 데 기여했다. 〈온달열전〉에 따르면, 온달의 말이 가장 빨리 움직였으며 온달이 짐승을 가장 많이 사로잡았다. 온달이 바로 집 나간 공주와 함께 사는 그 바보 온달이라는 점은 평강태왕이 1등 사냥수를 인견한 뒤에야 밝혀졌다.

이 행사 직후에 온달은 중국 왕조인 북주와의 전쟁에 나서는 고구려 군대의 선봉장에 임명됐다. 그럴 수 있었던 것은 거의 전적으로 그의 출중한 무예 실력 때문이었다. 〈온달열전〉에 따르면, 평강태왕이 그를 사위로 인정한 것은 북주 군대를 물리친 직후였다. 이런 예에서처럼 삼진날 사냥 대회 같은 행사는 군주가 우수한 평민을 고위직에 발탁하는 기회로 활용됐다. 신성한 가문(귀족)이나 신성한 집단

(종교)에 속해 있지 않더라도 국가적인 행사장에서 실력을 발휘하는 경우라면 그를 관료로 기용하기 수월했기 때문이다.

그런데 사냥도 잘하고 전쟁도 잘 지휘한 온달이 바보라는 별명을 가졌던 이유는 뭘까? 〈온달열전〉에 따르면, 그것은 지능이 아니라 외모 때문이었다. 바보처럼 생겼다 해서 그런 별명이 붙었을 뿐이다.

평강태왕은 실력을 근거로 평민 온달을 발탁했지만 이 경우에도 종교적 기제가 작동됐다. 고구려의 삼짇날 사냥 대회는 단순한 경기 대회가 아니었다. 고대 올림픽 경기가 제우스 신에 대한 제사의 부속 행사였던 것처럼, 온달이 참가한 행사의 본령도 신에 대한 제사였다. 〈온달열전〉에서는 그 행사가 하늘과 산천신에 대한 제사라고 말했다. 그 제사에 쓸 짐승을 확보하기 위해 사냥 대회를 열었던 것이다. 그랬기 때문에 온달이 참가한 사냥 대회도 종교적 신성성을 가졌다. 그런 대회에서 1등을 했으므로 온달 역시 평민이라는 신분을 희석할 수 있었다.

위와 같은 예외들이 있기는 했지만 말 그대로 예외였다. 고대 제왕들은 기본적으로 신성한 가문(귀족)에서 고위 관료를 선발할 수밖에 없었다. 귀족들의 협력을 얻어 국정을 운영하자면 불가피한 일이었다. 이런 상황을 타개해야겠다는 일념을 태운 군주가 있다. 바로 고려 광종이다. 어느 왕이나 다 그런 희망을 품지만, 태조 왕건의 제4왕자였던 광종에게는 남다른 점이 있었다. 그는 희망을 희망으로 두지 않고 실천에 발을 내디뎠다. 또 하나 다른 점이 있다면, 그가 자신의 신념을 실천에 옮길 만큼 시대 여건이 성숙했다는 점이다.

주름살 임금 혜종과 고려 초의 혼란

원래대로라면 광종은 왕이 되기 힘들었다. 그는 왕건의 셋째 부인인 신명순성왕후 유씨의 셋째 아들로 이름이 왕소王昭다. 왕건의 첫째 부인은 신혜왕후 유씨다. 신혜왕후에게는 아들이 없었다. 둘째 부인은 장화왕후 오씨다. 오씨에게는 왕무王武라는 아들이 있었다. 이 왕무가 왕위 계승에 가장 큰 정통성을 가진 후계자였다. 광종의 어머니 역시 후궁이 아닌 정식 왕후였지만 서열에서 왕무의 어머니보다 뒤졌다. 이 점이 광종에게는 불리했다.

그런데 왕무, 즉 혜종에게는 약점이 있었다. 그는 가문이 약했다. 당시에는 모계 혈통을 근거로 개인의 귀천을 판단했다. 아버지의 혈통보다 어머니의 혈통이 먼저였다. 노비제도가 있던 시절에는 어머니가 노비냐 양인이냐가 자식의 신분을 정하는 일차적 기준이었다. 고려말에 부모 중 한쪽이 노비이면 자녀의 신분을 노비로 인정하는 일천즉천법이 시행됐을 때도 어머니의 신분이 자식의 신분을 좌우하는 우선적 기준이었다. 이런 관념은 일반인의 지위를 판단할 때도 적용됐다. 조선 중기인 16세기까지는 데릴사위 문화가 일반적이었다. 이 때문에 아이는 친가가 아닌 외가에서 성장했다. 아이가 성장하는 외가가 어떤 가문인가가 아이의 장래에 커다란 영향을 끼쳤다. 이 점은 왕족의 경우에도 다르지 않았다. 아버지가 왕이라는 점은 모두 같았으므로 어머니가 누구인가가 중요했다.

혜종은 왕건의 아들이라는 점에서는 여느 왕자들과 다를 바 없었다. 하지만 어머니 오씨가 전라도 나주의 미미한 가문 출신이었기 때문에 이복형제들보다 불리했다. 《고려사高麗史》〈장화왕후오씨열전〉에 따르면, 오씨는 왕건이 궁예의 신하였을 때 전라도 해안을 점령한 뒤 현지에서 알게 된 사람이다. 당시의 사회적 관념에서 오씨는 왕건의 배필이 되기에 부족했다. 이 점은 아래와 같은 이야기가 퍼진 사실에서도 잘 드러난다. 나주 군영의 막사에서 오씨와 잠자리를 가질 때 왕건이 보였다는 행동에 대한 이야기다.

> 왕후의 집안이 미천하므로 임신시키지 않으려고 이부자리에 사정해버리자, 왕후가 이를 즉시 자기 몸속에 집어넣어 결국 임신하고 아들을 낳으니 그가 바로 혜종이다.

실제로 왕건이 이런 행동을 했는지는 알 수 없다. 확실한 것은 해괴한 이야기를 퍼뜨려 망신을 주려는 세력이 있었을 만큼 오씨의 지위가 낮았다는 점이다. 여기서 지위가 낮다는 말은 일반 서민이 아니라 왕건 같은 귀족을 기준으로 한 것이다.

이런 민망한 이야기를 그럴싸하게 만든 근거는 혜종의 주름살이다. 혜종은 이마의 주름살이 매우 커서 마치 이부자리같이 보였다고 한다. 그래서 '주름살 임금'이라는 별명도 붙었다. 혜종 이마의 주름살 때문에 위와 같은 이야기가 나왔는지 아니면 어머니와 아버지의 첫날밤 이야기로 혜종의 주름살이 놀림거리가 되었는지는 알 수 없다. 다만 혜종이 외가의 지위 때문에 마음고생을 얼마나 많이 했을지 짐작케 하는 대목이다.

혜종과 달리 광종은 외가의 든든한 지원을 받았다. 어머니 신명순성왕후는 충주에 근거지를 둔 유씨 가문의 일원이었다. 이 가문은 지금의 충청·강원권에서 오랫동안 영향력을 행사했다. 왕건이 궁예를 몰아낼 때도 이 집안은 공을 세웠다. 이런 점에서 광종은 혜종보다 유리했다.

하지만 왕건은 장남에게 왕위를 물려주고 싶었다. 이를 위해 그는 자신의 경호원 출신으로 군사 기반이 있는 박술희를 내세워 왕무의 태자 책봉을 추진했다. 이에 따라 고려 건국 3년 뒤인 921년, 왕무가 10세 나이로 후계자 지위에 오르게 됐다. 왕무는 22년간 후계자 생활을 하면서 통일 전쟁에 공로를 세웠다. 그러다가 943년 32세 나이로 제2대 주상에 등극했다.

임금은 됐지만 아버지라는 보호막이 사라진 세상이었다. 혜종의 세력 기반은 나주와 혜성(당진)이었다. 혜성은 박술희의 출신지다. 왕건 시대를 주도한 세력은 임진강 이북의 서경 및 평주 호족들이었다. 평주는 지금의 황해북도 평산군으로, 개성 북쪽이고 철원 서쪽이다. 임진강 이북에 포진한 이들 세력에게 밀렸기 때문에 혜종은 임금이 된 뒤에도 시련에서 벗어나지 못했다. 왕소와 그의 동복형인 왕요가 역모를 꾸미고 있다는 의혹도 제기됐지만 혜종은 대응조차 하지 못했다. 그럴 힘이 없었던 것이다. 주름살 임금이란 별명과 거기에 따라붙는 어머니의 첫날밤 이야기는 그의 고민을 가중시켰다. 혜종은 임금 자리를 오래 지키지 못했다. 임금 된 지 2년 만에 세상을 떠나고 말았다. 945년 34세 때였다. 공식 사인은 병사다.

혜종에게는 두 아들이 있었다. 태자 왕제王濟와 흥화군興化君이 그들이다. 하지만 이들 중 누구도 왕위를 잇지 못했다. "둘 다 나이가 어리

다는 이유로 신하들이 왕의 아우인 왕요를 추대해 즉위하게" 했다고
《동사강목》은 말한다. 광종의 동복형인 왕요가 혜종을 이어 왕이 됐
다. 왕요는 훗날 정종定宗으로 역사에 남았지만, 그 역시 오래 살지 못
했다. 등극 4년 만인 949년에 병으로 죽었다. 정종에게는 경춘원군
慶春院君이란 아들이 있었다. 원군은 조선의 군君에 해당한다. 《동사강
목》에 따르면 경춘원군 역시 나이가 어리다는 이유로 아버지의 뒤를
잇지 못했다. 고려의 네 번째 왕위는 정종의 동복동생인 왕소에게 돌
아갔다. 태조 왕건의 후계자 자리가 혜종과 정종을 거쳐 결국 광종에
게 돌아온 것이다.

호족의 나라 고려
....

광종은 네 번째 임금이지만, 초대 왕건과 1촌 차이밖에 나지 않는다.
왕이 된 시점도 왕건이 죽은 지 6년 뒤다. 그만큼 그는 초기의 군주였
다. 그래서 초기 고려 사회가 직면한 정치 환경을 그대로 떠안을 수
밖에 없었다. 그 환경은 왕건과 왕건의 주군이었던 궁예, 그리고 그들
의 라이벌이었던 견훤도 직면한 것이었다. 통일 이전인 후삼국 시대
의 정치 환경을 광종도 그대로 안고 있었던 것이다.

　후삼국이 정치사에서 갖는 중대한 의의는 골품제의 붕괴에 있다.
백제·고구려가 멸망한 7세기 후반부터 대동강 이남에서 지배적 영향
력을 발휘한 제도가 신라 골품제다. 후삼국시대는 바로 이 골품제가
해체되는 과도기였다. 골품제는 서라벌에 거주하는 자유민들을 가문

등급에 따라 편제한 시스템이다. 왕족 밑으로 6두품부터 1두품까지 배열됐다. 이 서열에 따라 관직 진출이나 배우자 선택은 물론이고 가옥의 크기까지 결정됐다. 가문의 등급에 따라 개인의 역할을 정해놓으면 적재적소에 인재를 배치하기 힘들다. 능력에 관계없이 신분에 따라 직분이 정해지면 불만이 누적되기도 쉽다. 그런데도 신라가 10세기 전반기까지 존속했다는 사실은 신라가 그런 시스템 내에서 인물을 등용하고 불만을 억제하는 데 어느 정도 성공했음을 의미한다.

그런데 9세기 후반 들어 문제가 심각해지기 시작했다. 중앙에서 툭하면 정변이 발생했기 때문이다. 654년 김춘추의 즉위로 시작된 왕통이 126년 만인 780년에 끊겼다. 780년 내물왕 계열의 선덕왕이 등극하면서부터 신라는 혼란스러워졌다. 그 후 155년간 왕이 스무 명이나 교체됐다. 왕위를 놓고 서라벌 귀족들이 유혈 투쟁을 벌였다. 김헌창의 난은 이 시기에 터진 대표적인 정변이다. 이런 혼란상은 골품제도가 한계에 직면했음을 의미했다. 귀족들을 하나의 정치질서로 엮는 기능을 더는 수행할 수 없게 된 것이다. 골품제의 무력화로 정변이 빈발하다 보니 지방에 대한 중앙정부의 통제력도 덩달아 약해졌다. 견훤·궁예·기훤·양길 등이 발호할 수 있었던 것은 그런 상황 때문이다.

이런 양상은 새로운 세력이 등장할 기회를 제공했다. 호족이라 불리는 세력이 바로 그들이다. 이들 대부분은 원래 지방의 촌주村主였다. 촌주는 지역 유지와 비슷한 개념이었다. 하나의 촌에 여러 명의 촌주가 있을 수도 있고, 한 명의 촌주가 여러 개의 촌에 영향력을 행사할 수도 있었다. 이들은 토지와 노비에 대한 지배권을 바탕으로 권력을 누렸다. 이들이 신라 말기의 혼란 속에서 세력가라는 의미의 호족으로 불리며 성장을 거듭했다. 이들이 백성들을 실질적으로 지도함에 따라 중앙의 통제력은 점점 더 약해져갔다.

호족도 크게 보면 귀족이었다. 그래서 귀족과 혼동될 수도 있지만 둘 사이에는 중대한 차이가 있었다. 호족의 권위는 그들이 가진 세력에서 나온 반면, 귀족의 권위에는 군주의 승인이 더 중요하게 작용했다. 군주가 부여한 공적 지위가 그들의 위상을 돋보이게 한 것이다. 귀족은 군주가 만든 서열 질서 안에서 지위를 부여받은 사람들이었다. 이와 달리 호족은 일차적으로 그들이 가진 노비 노동력과 토지, 재산에 의존했다. 그렇다고 해서 호족이 군주의 권위를 무시한 것은 아니다. 아무리 혼란기라도 군주에게 맞서면 파멸을 초래할 수 있었다. 이들은 중앙정부를 크게 자극하지 않는 방향으로, 가급적 중앙정부와 제휴하는 모양새를 취하면서 세력을 유지하고 확대했다.

9세기 신라에서는 이런 호족들이 우후죽순 일어났다. 그만큼 지방 백성과 토지에 대한 중앙정부의 통제력이 약해질 수밖에 없었다. 중앙이 걷을 수 있는 세금의 액수와 동원할 수 있는 병정의 숫자도 자연히 감소하게 됐다. 엎친 데 덮친 격으로 중국 경제위기의 영향까지 밀어닥쳤다.

당시 당나라에서는 개인 파산과 경제 파탄으로 인해 반란이 빈발했다. 이런 혼란상을 압축적으로 반영하는 사건이 황소黃巢의 난(875~884)이다. 소금 판매업자인 황소가 일으킨 이 반란은 당나라가 멸망으로 치닫는 계기가 됐다. 황소가 황제의 도읍인 장안을 3년이나 점령하고 스스로 황제 자리에 올랐을 정도로 중국이 혼란스러웠다.

경제위기와 연동된 이런 상황이 신라에서도 똑같이 발생했다. 진성여왕 때인 889년에는 국고가 텅 비다시피 했다. 《삼국사기》 〈신라본기〉에서는 "국내 여러 지방에서 세금을 바치지 않아 국고가 비고 재정 상태가 곤란해졌다"고 한다. 경제 파탄으로 조세가 걷히지 않았던 것이다. 나라 곳간이 한산해지면 관료조직과 군대를 운영할 경비가 부족해진다. 국가가 약해지면 도전이 일어난다. 당나라에서처럼 신라에서도 반란이 끊이지 않았다. 중앙정부나 골품 귀족들에게는 이런 상황을 해결할 역량이 없었다. 자기들끼리 분열돼 있었을 뿐 아니라 백성에 대한 영향력도 약했기 때문이다. 문제를 해결할 세력은 호족들뿐이었다. 이런 흐름에 편승해 호족들을 규합하는 세력이 등장했다. 역사가 후삼국시대로 이행하게 된 것이다.

여기서 잠시 '후삼국'이라는 용어의 적합성에 이의를 제기하지 않을 수 없다. 《세종실록》 〈지리지〉에 따르면 탐라가 한반도 본토에 정식 편입된 것은 조선 태종 때인 1402년이다. 이때 탐라는 성주나 왕자 같은 자체적인 지배자 칭호를 버리고, 조선 정부가 부여하는 좌도지관이나 우도지관 같은 관직을 수용했다. 이후로도 여전히 토착 세력이 제주를 지배하긴 했지만, 이 조치로 탐라의 정치적 독자성이 상당 부분 사라졌다. 그 전까지만 해도 탐라는 한반도 본토 왕조의 책봉을 받았을 뿐, 그 일부에 속하지는 않았다. 후삼국시대 때도 그랬다. 탐라가 정치적 독자성을 유지하고 있었던 것이다. 따라서 이 시대에는 삼국이 아니라 사국이 있었다. 섬과 해양의 역사를 배제하는 우리의 오랜 습관 때문에 사국시대가 후삼국시대로 정의된 것이다. 하지만 이 시대를 올바로 표현할 만한 용어가 우리 사회에서 아직 확립되지 않았으므로 이 글에서는 일단 후삼국이란 표현을 쓰기로 한다.

왕건은 탐라를 제외한 삼국을 통일했다. 우리는 이를 후삼국 통일이라 부른다. 그런데 왕건은 후삼국의 분열만 봉합했을 뿐, 이 시대의 혼란상을 완전히 수습하지는 못했다. 질서와 통일이 지상의 가치는 아니지만, 그런 것이 부족하다 보니 국가적 차원의 발전을 도모하기 힘들었다. 어느 정도 규모가 있어야 더 큰 발전을 기대할 수 있는데, 이 시대에는 지역적인 분열로 그런 규모가 담보되기 힘들었다. 또 백성들이 호족의 자의적 지배에 노출될 가능성도 높았다. 왕건은 호족 체제의 한계를 극복하지 못했다. 그 자신도 호족 출신이고 호족들의 지원을 받아 왕이 된 인물이기 때문이다.

왕건은 호족들의 영향력을 인정한다는 전제하에서 고려왕조를 운영했다. 역사가들은 호족 연합 체제라는 용어로 이 시대를 표현한다. 유력 호족들의 딸과 왕건의 거듭된 혼인은 그런 상황을 여실히 반영한다. 왕건이 스물아홉 명이나 되는 부인과 결혼한 것은 여색을 밝혀서가 아니라 주요 호족들을 내 편으로 만들기 위해서였다. 세상 사람들이 그의 장남 혜종을 주름살 임금이라고 놀릴 수 있었던 것도, 왕건이 부인들을 접촉할 때마다 정치적 고려를 했기 때문이다.

이와 같은 취지에서 왕건이 만든 제도가 바로 사심관事審官 제도다. 사심관은 출신 지역의 지방 관리들을 감독하는 자리로, 군주와 출신 지역을 잇는 위치였다. 최초의 사심관은 고려에 투항한 신라 경순왕이다. 왕건은 그를 경주 지역 사심관으로 임명했다. 중앙정부가 직접하기 힘든 지방 통제를 현지 출신 유력자에게 맡긴 것이다.

신라 상수리上守吏 제도를 모방한 기인 제도도 같은 취지로 시행됐다. 대개 향리의 자제인 상수리들은 중앙 관청에 근무했지만 관리라기보다는 볼모에 가까웠다. 지방에 있는 그의 아버지가 딴생각을 품지 못하도록 하는 인질이었다. 이를 모방해 기인제도를 만든 왕건은 호족들의 자제를 중앙에 불러 유숙시키며 지방 문제에 대해 조언하도록 했다. 하지만 기인제도가 호족에 불리하기만 했던 것은 아니다. 자식을 개경에 둠으로써 중앙 정계에 영향력을 행사할 수도 있었다.

이 제도는 조선시대까지 이어졌다. 소멸한 것은 광해군 때인 1609년이다. 10세기 후반부터 호족의 지위가 약해지면서 자연스레 기인제도도 약해졌다. 이에 따라 기인의 업무에서 육체노동의 비중이 높아지기 시작했다. 그래서 조선시대의 기인들은 고려시대와는 비교도 되지 않을 정도로 지위가 낮았다.

왕건 시대에는 호족들이 맹위를 떨쳤다. 자연히 중앙 관직도 그들에게 많이 할애됐다. 관료 기구는 군주의 의지를 실현시키는 도구다. 그런 취지를 달성하려면 군주가 마음대로 부릴 수 있는 사람들이 관료직에 있어야 한다. 그런데 호족들이 그 자리를 점유했으니 군주 입장에서는 부담스러울 수밖에 없었다.

호족 출신만으로 관료 조직을 꾸리면 실무 능력이 현저히 떨어진다. 이 문제점을 보완해준 그룹이 바로 신라 6두품 출신의 실무자들이다. 이들은 경순왕이 평화적으로 나라를 넘긴 덕에 고려왕조 진출에 어려움을 겪지 않았다. 유학을 공부한 이들은 호족 출신 관료들과 함께 고려왕조의 신하 그룹을 형성하고 실무를 처리했다. 6두품 출신 관료 중 가장 대표적인 인물이 최승로, 최행귀, 최지몽이다. 그렇지만 이들은 호족과 보조를 맞추는 구세력이었다. 그래서 이들에게는 새로운 시대에 필요한 혁신을 기대하기 힘들었다.

왕건은 그런 상황에서 세상을 떠났다. 왕건이 죽고 6년 뒤 등극한 광종도 동일한 상황에 직면했다. 하지만 그는 자기 앞에 놓인 벽을 치우기로 결심했다. 노비안검법과 과거제도의 실시는 이런 배경에서 시도됐다. 특히 과거제도는 호족들이 차지한 관직을 다른 사람들에게 주기 위한 것이었으므로 상당히 위험한 일이었다.

조심스러운 광종

광종은 25세에 즉위했다. 출범 당시 광종 정권의 핵심은 임진강 이북의 평주와 황주에 기반을 둔 세력이었다. 황주는 지금의 황해북도 황주군으로 평양 밑에 있다. 광종의 정치 기반은 완벽하지 않았다. 이복형인 혜종을 지지했던 세력도 여전했고, 동복형인 정종을 지지했으나 광종을 지지하지 않는 세력도 있었다. 서경 세력이 그랬다.

25세라는 나이는 왕으로서는 적은 나이가 아니었다. 하지만 세력 기반이 불완전했기 때문에 무리하게 개혁을 추진하기는 어려웠다. 그의 개혁은 호족의 힘을 빼는 일이었기 때문에 세력 기반이 든든했다 해도 섣불리 시작할 수 없었다. 호족이 판치는 세상에서 세력 기반이 든든하다는 것은 그만큼 호족의 지지를 많이 받는다는 뜻이기 때문이다. 그래서 광종은 개혁에 더욱 조심스러울 수밖에 없었다.

광종은 26년간 임금 생활을 했다. 그 26년간 그는 단계적이고 치밀한 방식으로 호족의 힘을 뺐다. 처음부터 정면 승부를 걸지는 않았다. 처음 7년간은 속마음을 숨기고 호족들에게 잘해줬다. 그들이 부와 권력을 지키고 늘릴 수 있도록 배려했다. 그래서 호족들의 칭찬을 받았다. 좋은 왕이 나왔다고 칭송이 자자했다. 요즘 말로 '경제를 생각하는 지도자'라는 말이 나왔다.

이런 분위기는 6두품 출신 관료인 최승로의 반응에서 알 수 있다. 최승로는 광종이 죽은 지 7년 뒤인 982년에 〈시무이십팔조時務二十八條〉라는 유명한 상소문을 성종에게 제출했다. 성종은 광종의 조카다. 《고려사》〈최승로열전〉에 따르면, 최승로는 상소문에서 광종의 치세를 평가하면서 "즉위한 해부터 8년간 정치와 교화가 맑고 투명했으며, 형벌과 포상이 지나치지 않았습니다"라고 말했다. 처음 7년간, 그러니까 8년차까지는 그랬다는 것이다. 최승로는 기득권층에 속했으므로 기득권층의 입장을 대변했다. 그런 그가 보기에 광종의 초기 정치는 무난했다. 최승로가 광종을 좋게 평한 것은 그 기간에는 광종이 특별한 일을 하지 않고 기존의 것을 그대로 계승했기 때문이다. 형벌과 포상에도 무리가 없었다고 했다. 신하들에 대한 형벌과 포상은 정계 판도에 영향을 줄 수 있는데 그럴 만한 일도 하지 않은 것이다.

즉위하고 7년이 경과한 956년, 광종은 행동에 착수했다. 목표는 호족들의 힘을 빼는 것이었다. 호족의 힘은 표면적으로는 사병에서, 실질적으로는 노비와 토지에서 나왔다. 이 가운데 광종은 노비에 주목했다. 노비는 노동력이 될 수도, 사병이 될 수도 있었다. 후삼국의 항쟁을 거치는 동안 호족들은 노비 숫자를 늘렸다. 혼란의 와중에 평민들을 노비로 편입시킨 것이다. 강압적으로 양인을 노비로 만든 사례도 많았다. 공권력을 동원해 개입할 만한 명분이 있었다.

광종은 관직에 있는 호족들이 불법적으로 보유한 노비들부터 양인으로 해방시켰다. 자기 땅을 갖고 호족의 노비로 들어간 양인들이 자유의 몸이 된다면, 국가 입장에서는 그들에게 세금도 거두고 그들을 군인으로 동원할 수도 있었다. 노비안검법으로 불리는 이 조치는 호족의 경제력과 군사력을 약화시키는 조치인 동시에 국가의 재정과 국방을 든든히 하는 조치였다.

군주의 사람을 뽑다

노비안검법으로 호족들의 힘을 약화시킨 광종은 2년 뒤인 958년 과거제도를 실시했다. 이 상황을 《고려사》의 축약판이지만 내용이 약간 다른 《고려사절요》에서는 이렇게 정리한다.

> 여름 5월(음력) 한림학사 쌍기雙冀에게 과거 시험을 맡도록 하여 시詩·부賦·송頌 및 시무책時務策을 시험 내서 진사를 뽑도록 했다. 위봉루威鳳樓에 거둥하여 방문榜文을 붙이고 갑과甲科 최섬崔暹 등 2인, 명경과明經科 3인, 복업과卜業科 2인을 급제시켰다.

최초의 과거 시험은 958년 음력 5월, 쌍기의 주관하에 실시됐다. 궁궐 누각인 위봉루에 광종이 직접 거둥해 합격자 명단을 붙인 날은 《고려사》〈광종세가〉에 의하면 음력 5월 15일, 즉 양력 6월 23일이다.

시험 분과는 세 가지였다. 문장력을 테스트하는 진사과가 가장 중요한 시험이었고, 경전 이해력을 테스트하는 명경과는 그다음으로 간주됐다. 천문 관측 전문가들을 뽑는 복업과는 그다음이었다. 이 시대의 천문 관측은 점치기, 즉 점복占卜과 관련됐다. 그래서 천문 관측에 종사할 관리를 뽑는 시험은 복업과라 불렸다.

진사과 시험에서는 시를 쓰는 능력, 산문과 운문의 중간으로 대구법이 특징인 부賦를 짓는 능력, 찬미시의 형태를 띠는 송頌을 짓는 능력, 논술 답안지인 책문을 쓰는 능력을 테스트했다. 첫 시험의 최고 합격자인 갑과에는 두 명이 선정됐다.《고려사》와《고려사절요高麗史節要》에서는 그중 한 명만 알려준다. 최섬이 바로 그 주인공이다. 갑과 두 명 중 최섬만 소개한 것을 보면 그가 장원급제였던 모양이다. 최섬은 우리 민족 최초의 과거 시험에서 배출된 수석 합격자였던 셈이다.

2등 급제자는《고려사절요》에서 "최섬 등 2인"으로만 언급됐을 뿐 실명이 알려지지 않았다. 다행스럽게도 그의 존재는 다른 경로로 밝혀졌다. 후손의 묘지명에 그의 급제 사실이 언급된 덕분이다. 무신집권기인 명종 때 관료인 진광인晉光仁이 그의 후손이었다. 1186년에 제작된〈진광인묘지명晉光仁墓誌銘〉에 "시조 진긍晉兢은 광光○ 때인 현덕顯德 ○년에 과거에 갑과로 뽑혔다"고 적혀 있다. 고려 군주 중에 묘호가 광光으로 시작하는 사람은 광종뿐이다. 광종 시대에 연호가 현덕顯德이었던 때는 954~959년이고 이 기간 중에 과거 시험이 실시된 해는 958년뿐이므로, 진긍이 최섬과 더불어 갑과에 급제했음을 알 수 있다.

진긍의 집안은 신라 때는 중앙 귀족이었지만, 왕건에게 불복한 탓에 당시에는 향리 가문으로 격하돼 있었다. 그런 진긍이 차석 급제자가 되어 조정에 발탁된 것이다. 그는 광종의 의중에 부합하는 인재였다. 호족과 연계될 가능성이 적어서 군주에게 충성할 만한 신하였다. 최섬의 출신 성분에 관해서는 자료가 충분치 않아 말하기 어렵다.

광종은 최초의 지공거知貢擧, 즉 과거 시험관 자리에 중국인 쌍기를 앉혔다. 호족과 6두품 출신들을 믿지 못하고 중국인 '용병'을 데려온 것이다. 쌍기는 후주後周 사람이다. 후주는 당나라 멸망 이후 5대 10국 시대(907~960)의 마지막 패권국이었다(이 시대의 종결 시점은 분열을 수습할 송나라가 건국된 960년으로 보기도 하고, 송나라에 의해 분열이 수습된 979년으로 보기도 한다). 후주가 망한 뒤 송나라가 세워졌다. 중국 학자들의 표현을 따르면, 5대는 중앙 왕조, 10국은 지방 왕조다. 후주는 후량後梁·후당後唐·후진後晉·후한後漢에 이어 5대의 마지막 중앙 왕조였다. 같은 시기 한반도의 후삼국처럼 이 시기 중국 왕조들의 국명에도 후後를 붙여 구분한다. 쌍기는 후주의 과거 출신 관료로 과거 시험을 주관한 경력도 있었다. 또 후주 태조의 왕권 강화 작업에도 깊이 개입했다. 그는 956년에 사신단의 일원으로 고려를 방문했으나 건강 문제를 이유로 귀국 행렬에 끼지 않았다. 그런 뒤 후주 군주의 승인을 얻어 광종의 신하가 되었고, 이후 광종의 인사제도 개혁에 참여했다.

쌍기가 고려 조정에 기반을 갖게 되면서 후주 사람들의 귀화가 이어졌다. 아버지 쌍철도 뒤따라 귀화했다.《고려사》〈서필열전〉은 "광종이 귀화한 중국인들을 후대하고, 신하들의 집과 여자를 빼앗아 그들에게 줬다"고 말한다. 몇 명 정도 왔다면 굳이 다른 신하의 집을 빼앗아 줄 필요가 없었을 것이다. 그랬다면 비어 있는 집을 주는 등 다른 방법을 생각했을 것이다. 적지 않은 숫자가 왔기 때문에 신하들의 집을 빼앗아서라도 귀화인들에게 내줘야 했던 것이다. 그들에 대한 광종의 호의에는 대가에 대한 기대가 있었다. 그리고 광종은 그 대가를 받아냈다. 그들을 팔다리 삼아 개혁을 밀어붙인 것이다. 과거제도는 그렇게 해서 정착됐다.

과거제 개혁으로 광종은 호족들의 눈치를 살피며 인사를 하는 대신 군주가 시험문제를 내고 성적에 따라 신하를 채용하는 시대를 만들었다. 군주 입장에서는 매우 편리한 인사 제도였다. 물론 모든 신임 관료를 이런 식으로 뽑은 것은 아니다. 그렇게 하는 것은 무리였다. 고속 승진이 예상되는 소수의 엘리트 관원들만 그런 식으로 선발했다. 광종 대에는 총 여덟 차례의 시험을 통해 서른아홉 명의 관리를 선발했다. 이 중에서 여섯 명은 복업과와 의업과 급제자다. 나머지 서른세 명은 문관이었다. 호족들로서는 무척 불쾌한 일이었을 것이다. 독자 세력을 가진 자신들에게 군주가 시험문제를 내는 모습이 아주 오만하게 보이지 않았을까.

동아시아 정세와의 연동

이런 상황은 중국과 연동된 측면이 크다. 중국에서는 이미 그 전부터 과거제가 시행됐고, 광종 시대에는 한층 더 보완이 됐다. 고려에서는 과거제가 최초로 시행되고 중국에서는 한 단계 더 발전했던 것이다.

당나라가 약해지는 과정에서 지방 장관인 절도사들이 두각을 드러냈다. 이들은 군사 및 행정에 관한 권한을 바탕으로 자기 지역을 사실상의 소왕국으로 만들었다. 당나라 말기에는 이들이 각축전을 전개했다. 이런 속에서 두드러진 인물이 안사의 난(안녹산·사사명의 난)으로 유명한 안녹산이다. 절도사로서 그의 지위가 어떠했는지에 대해 박한제·김형종·김병준·이근명·이준갑이 함께 집필한 《아틀라스 중국사》는 이렇게 설명한다.

안녹산의 지위는 날로 상승하여 751년에는 10개의 절도사 가운데 범양·평로·하동 3진의 절도사까지 겸하니, 그의 병력은 당 왕조 총 병력의 40퍼센트에 해당하는 18만여 명이나 되었다. 특히 국가의 마필의 공급지는 모두 안녹산의 장악 하에 들어갔다.

군사권을 휘두르는 지방 장관들의 할거가 이어졌다. 그러다가 황소의 난이 터지면서 당나라는 결국 쓰러졌다. 그런 뒤 분열의 시대인 5대 10국 시대가 도래했다. 혼란스러운 중국을 재통일한 나라가 조광윤의 송이다. 당나라의 경험을 반면교사로 삼은 송나라는 지방 군사권과 무인 세력을 억누르는 문치주의 정책을 카드로 꺼내들었다. 조광윤은 이 정책을 아주 적극적으로 시행했다. 위 책에 나오는 내용이다.

당대까지만 해도 과거제가 시행되었다고 하나 그 정치적 비중은 매우 가벼웠다. 하지만 태조와 태종은 과거제의 개혁을 통해 그 위상을 대폭

제고시켰다. … 그리하여 과거제도는 관료 임용의 핵심 루트로 자리 잡
게 되었으며 과거 출신 관료들의 위상도 현저히 높아졌다. 문신 관료제
및 황제 독재 체제의 수립 역시 이러한 과거제의 비중 증대와 긴밀한 관
련이 있다.

송나라 때 도입된 과거제도 개혁안 중에 전시殿試가 있었다. 과거
시험의 최종 단계로 임금 앞에서 치르는 시험이다. 전시는 태조 조광
윤이 잘못된 채점을 바로잡고자 합격자들을 모아놓고 재시험을 치른
데서 유래했다. 또 임금의 눈을 피해 유력자들이 지인의 자제를 합격
시키지 못하게 하는 방안도 고안됐다. 답안지에서 수험생 이름을 가
리는 호명법糊名法과 답안지 내용을 다른 필체로 옮겨 적는 등록법謄錄
法이 그것이다. 이런 장치는 송나라 때 시작됐다. 수험생의 인적 사항
이 채점에 영향을 주지 않도록 그렇게 한 것이다. 이런 식으로 과거
제도를 강화한 것은 당나라 말기 무인 정치의 폐단을 바로잡고 왕권
을 반석 위에 세우기 위해서였다. 이는 중국 역사에서 문치주의가 강
화되는 계기가 됐다.

광종이 과거제를 시행한 해는 958년이고 조광윤이 송나라를 세운
해는 960년이다. 이 시기에 두 나라는 비슷한 환경에 처해 있었다.
지방 군사권을 쥔 세력들이 각축을 벌이는 중이었기에 무인을 억누
르고 문인을 중용하며 왕권을 강화할 필요성을 똑같이 느낀 것이다.
이처럼 중국에서도 비슷한 흐름이 있었기 때문에 광종은 좀더 자신
있게 과거제를 시행할 수 있었을 것이다.

"신이 사는 집이 좀 넓으니 바치고자 합니다"

과거 시험의 실시는 중앙에서 호족들의 입지를 좁히기 시작했다. 관리 전체를 과거 시험으로 뽑은 것은 아니지만, 과거로 뽑힌 사람들이 출세에 유리했으니 호족들로서는 불리함을 느끼는 것이 당연했다. 자연히 비판이 일어났다. 논란이 촉발되지 않을 수 없었다.

하지만 과거제도 자체에 대한 비판은 강하지 않았다. 이웃나라인 중국에서는 수나라 때인 587년부터 과거가 시행됐다. 그렇기 때문에 이 제도가 완전히 낯설지는 않았다. 또 실무 능력 위주로 관원을 뽑겠다는 주장에 반대할 명분도 마땅치 않았다. 게다가 노비안검법으로 많은 호족들이 타격을 입은 뒤였다. 그런 이유로 과거제도 자체와 관련한 논쟁은 크게 촉발되지 않았다. 이 시대의 논쟁은 다른 사안을 매개로 전개됐다.

호족들은 그들 기득권층의 이익을 침해하는 제도를 그냥 두고볼 수 없었다. 우선 과거제의 시행으로 중국 귀화인들이 득세하고 있다는 점에 주목했다. 이것은 자신들의 입지를 위협하는, 묵과할 수 없는 일이었다. 노비안검법으로 임금과 특권층의 갈등이 불거진 뒤였다. 그 갈등으로 특권층이 약해진 상황에서 광종이 신하들의 집까지 빼앗아 귀화인들에게 집을 마련해줬다. 호족들은 지방에 본거지가 있지만 개경에도 별도의 주거지를 두는 경우가 많았다. 이들의 개경 집을 광종이 빼앗아 귀화인들에게 준 것이다. 호족들로서는 불만을 느낄 수밖에 없었다.

그 시절에는 군주가 백성의 집을 빼앗는 것이 그렇게 낯선 일은 아니었다. 2000년 《역사와 현실》 제39호에 실린 국립중앙박물관 서성호 학예사의 논문 〈고려시기 개경의 시장과 주거〉에 이런 대목이 있다.

> 주민의 주거가 항상 안정적으로 보장된 것은 아니었다. 신분제 질서 속의 고려 사회에서 권력은 주거를 위협하는 중요 요인이었다. 특히 왕실은 필요시에 타인의 주거를 언제든지 박탈할 수가 있었다. 의종 때에 이궁離宮, 별궁과 정자를 조성하면서 많은 재상급 벼슬아치의 사제私第와 민가를 수용한 일은 이를 보여준다. … 개경의 주거는 이처럼 국가의 이념적 목적 하에 무격巫覡, 무당과 같은 특수 계층의 주거를 제한하기도 하고, 또 권력에 의한 주거의 박탈 혹은 강제 매매가 있기는 하였으나, 신분제에 규정되어 차별되거나 통제되지는 않았다.

거주지 이전의 대가를 주든 주지 않든, 집을 비우는 입장에서는 쫓겨난다고 생각할 수밖에 없다. 불평과 원한이 쌓일 수밖에 없는 일이다. 이런 상황을 앞장서서 비판한 이가 있었다. 거란과의 외교 담판으로 유명한 서희의 아버지, 서필이 바로 그 주인공이다.

서필은 경기도 이천 출신 호족이다. 《고려사》 〈서필열전〉은 "처음에는 서리로 벼슬했다"고 말한다. 즉 서필은 본래 이천 지방의 하급 향리였다. 이 가문은 후삼국시대를 거치면서 호족의 반열로 올라섰다. 서필은 직언을 잘하기로 유명했다. 임금 앞에서도 직언을 서슴지 않았다. 아들 서희가 외교 무대에서 말을 잘했던 유전적 배경을 짐작케 한다. 서필이 직언을 잘한 데는 도덕적 자신감도 작용했다. 그는 욕심이 없고 경우가 바른 인물이었다.

한번은 광종이 서필을 포함한 세 신하에게 금 술잔을 선사했다. 서필은 사치라며 사양했다. 감사하다며 받아든 다른 두 명이 민망했을 것이다. 서필은 아무리 군주가 주는 것이라도 이유 없는 선물을 받는 사람이 아니었다. 그런 서필이 하루는 광종 앞에서 이런 말을 했다.

"신이 사는 집이 좀 넓으니 바치고자 합니다." 광종은 의아했다. 이게 무슨 말인가 싶었다. 그래서 까닭을 물었다. "지금 귀화인들이 관직을 골라 벼슬살이를 하고 집을 골라 살고 있습니다. 그러다 보니 대대로 섬겨 온 가문들은 살 곳을 잃는 일이 많습니다. 신은 어리석지만 자손을 위해 계책을 세웠습니다. 재상의 집이 자기 소유가 되지 못할 바에는 제가 살아 있을 때 제 집을 취하시기 바랍니다. 신은 남는 봉록으로 작은 집을 다시 지어 후회할 일을 만들지 않고자 합니다."

서필은 직언을 하면서도 관직 생활을 무난하게 이어갔다. 시대 상황에 정면으로 맞서면서 직언했다면 감옥에 가거나 죽었을 텐데 그렇게 되지 않았다는 것은, 그가 분위기를 봐가며 바른말을 했다는 의미가 된다. 바른말을 하면서도 세상 흐름에 민감했던 것이다. 서필은 광종이 자기 집을 빼앗을 가능성이 없는데도 앞장서서 위와 같은 말을 했다. 광종의 처사에 대한 비판 여론이 만만치 않았음을 느낄 수 있다. 〈서필열전〉에 따르면, 광종은 화가 났지만 그의 말을 깊이 음미했다고 한다. 그러고는 호족들의 집을 빼앗아 귀화인에게 주는 일을 그만두었다.

이 일화를 통해 광종의 과거제 시행을 정면으로 반박하기보다는 과거제 시행을 돕는 귀화인에 대한 우대 정책을 비판하는 기득권층 인사들이 있었음을 알 수 있다. 이들은 광종 면전에서 대놓고 비판론을 개진하기보다는 우회적인 방법을 구사했다.

한편 서필과 달리 직접적인 방법으로 광종을 비판했을 법한 사람이 있다. 바로 최승로다. 최승로가 광종 면전에서 과거제를 비판했다는 기록은 없지만 광종이 죽은 뒤에 제출한 〈시무이십팔조〉에서 과거제의 문제점을 지적한 것을 보면, 당시에 그가 어떤 식으로 과거제를 비판했을지가 드러난다.

> 쌍기가 등용된 이후로 문사文士를 숭상하고 은혜가 지나치게 후했습니다. 이 때문에 비재非才들이 마구 진출하고 서열에 관계없이 갑작스레 승진하고, 1년도 채우지 않고 다시 재상이 되었습니다.

과거제가 시행되면서부터 선비들이 지나친 우대를 받고 있다는 비판이다. 단지 시험을 잘 치렀다는 이유로 무명 선비가 하루아침에 고위직으로 고속 승진을 하는 게 낯설고 당황스러웠던 모양이다. 기득권층은 시험을 잘 본 무명 선비를 능력 없는 비재로 여겼고 이런 선비들이 서열을 무시한 채 재상까지 올라가는 것에 개탄했다.

위 비판의 뒷부분에서 최승로는 지혜와 재능이 인물 평가에서 배제되는 현실을 안타까워했다. 최승로는 과거제 시행을 쭉 지켜본 뒤 광종 사후에 위와 같은 상소문을 썼다. 그는 과거제와 관련된 논란들을 정리할 만한 입장에 있었고, 그럴 만한 지적 능력도 있었다. 따라서 과거제에 관한 그의 비판은 당시 기득권층의 인식을 상당 부분 반영했다고 볼 수 있다. 당시의 기득권층은 귀화인들의 득세를 견제하는 한편 위와 같은 문제점들을 지적하는 방법으로 이 제도를 비판했던 것으로 보인다.

피의 숙청

노비안검법에 이어 과거제까지 시행함으로써 광종은 호족 세력을 더욱 약화시켰다. 이는 호족과 거리가 먼 인재들이 부각되는 결과로 이어졌다. 그는 여덟 차례의 과거를 통해 서른아홉 명의 급제자를 뽑았다. 《역사학보》 제164권에 실린 채희숙의 〈고려 광종의 과거제 실시와 최승로〉에 나오는 한 대목이다.

확인이 가능한 광종대 급제자 13인 가운데 10인이 신라 육두품 출신이 아니거나 그 정치적 입장이 달랐다. 그리고 이들의 출신지를 살펴보면, 영광·나주·전주·대흥大興·이천·양주·경주 지방 등 거의 전국적으로 분포되어 있었다. 이것은 광종이 구세력에 대신하여 등용하고자 했던 새로운 인물들은 신라 육두품 출신의 유학자들이 아니었으며 일부의 특정 지역의 인물들도 아니었음을 알게 해준다.

신원 확인이 가능한 열세 명 가운데 77퍼센트인 열 명이 기득권층 출신이 아니었다. 출신지 역시 전국적으로 고른 분포를 보였다. 서른

아홉 명을 대상으로 전수 조사를 하면 다른 결과가 나올 수도 있지만, 현재 확인할 수 있는 자료에서는 위와 같은 결론을 도출할 수 있다. 이는 기득권층과의 연고가 약하면서 학문적 능력을 인정받는 이들이 광종의 친위 그룹에 편입됐을 가능성을 보여준다. 이렇게 됐다면 왕권이 상당히 강해졌을 것이다.

이 같은 정치 상황을 기반으로 광종은 집권 12년차부터 본심을 드러냈다. 8년차 때 노비안검법을 실시하고 10년차 때 과거제를 시행한 그는 12년차부터 호족들의 목에 칼을 겨누기 시작했다. 그들을 역모죄로 몰아 대대적으로 숙청한 것이다. 광종은 그들의 재산도 몰수했다. 그가 일으킨 역모 사건 중에는 진짜인지 가짜인지 분별할 수 없는 것들도 있었다. 그런 식으로 호족들을 약화시키고 왕권을 강화했다.

최승로는 〈시무 28조〉에서 "(광종이) 말년에는 죄 없는 사람들을 많이 죽였습니다"라고 말했다. 기득권층의 눈에는 그렇게 비칠 수밖에 없었을 것이다. 광종이 죽은 뒤 호족 세력이 어느 정도 되살아나기는 했지만, 광종의 개혁으로 인해 이들은 커다란 타격을 입었다.

무사 중심 사회에서 문신 위주의 사회로
....

고려시대에는 무과가 실시되지 않았다. 《고려사》〈선거지選擧志〉에 따르면, 예종 4년(1109)부터 인종 11년(1133)까지 24년간 국자감에서 강예재 학생을 뽑는 무학과가 시행되었으나 이것은 무관이 아닌 학생을 뽑는 시험이었다. 그러다가 멸망 2년 전인 1390년에 무과가 설치되기는 했지만 실제로 시행되지는 않았다. 무과 시험은 것은 조선시대에 처음 열렸다. 따라서 광종의 개혁은 적어도 문신만큼은 실력 위주로 뽑는 풍토를 심는 데 기여했다. 호족이 아니라도 경제력과 학문적 능력만 있으면 누구든지 왕의 신하가 될 수 있었다. 서민 입장에서는 천지개벽 같은 일이었다. 이런 풍토가 오늘날까지 이어져 한국의 교육 열풍으로 연결되었다고 볼 수 있다. 과거제 개혁은 호족 중심 사회를 귀족 중심 사회로 되돌려놓는 데에도 기여했다. 과거제 시행으로 귀족제의 특성인 군주에 의한 승인이 다시 빛을 발했다. 하지만 후삼국 이전의 귀족제와 과거제 이후의 귀족제 사이에는 중대한 차이가 있다. 종전의 귀족제에서는 가문의 혈통이나 정치력이 중요했다. 하지만 과거제 이후에는 그런 것들에 더해 시험 성적도 중요해졌다. 귀족들에 대한 군주의 영향력이 조금은 더 강해진 것이다.

광종의 과거제 개혁은 의외의 결과로도 이어졌다. 한민족은 본래 무사 중심의 사회였다. 화랑이나 조의선인 같은 무사들이 한민족 사회의 엘리트였다. 그런데 과거제 시행을 계기로 문사가 새로운 엘리트로 부각되기 시작했다. 이로 인해 무사들의 입지가 점점 좁아졌고, 나중에는 칼을 쥔 이들이 차별을 받는 초유의 상황까지 출현했다. 1170년 무신정변 발발의 원인 중 하나가 된 것이다.

5장

대륙이냐
반도냐

조선사상 일천년래
제일대사건

"민족의 성쇠는 사상의 추세가 어떠한가에 달려 있다!"

한국인의 마음 깊숙한 곳에는 태어나서 한 번도 가보지 못한 대륙에 대한 향수가 있다. 고조선, 고구려, 발해가 만주를 지배했던 시대가 한민족의 가슴 한 켠에 자리 잡은 것이다. 하지만 지배 권력 차원에서는 대륙에 대한 열망이 존재하지 않는다. 권력 핵심부에 있는 개인은 이런 열망을 품을 수 있지만 그것이 집단 전체의 의사로 응결되지는 않는다.

　개별적으로는 대륙을 동경하면서도 집단적으로는 대륙을 외면하는 상황은 어떻게 생겨났을까? 만주 땅 회복이 당장은 이룰 수 없는 비현실적인 일이어서 그런 것일까? 그렇지 않다. 신채호는 그의 책 《조선사연구초》에 실린 논문 〈조선역사상 일천년래 제일대사건〉으로 그 원인을 정리했다. 이 논문은 묘청과 김부식의 한판 대결이 있었던 12세기 초반의 대논쟁에 관한 글이다. 여기서 신채호는 "민족의 성쇠는 항상 사상의 추세가 어떠한가에 달려 있으며, 사상의 추세가 좌가 되고 우가 되는 것은 항상 모종의 사건으로부터 영향을 받는다"

면서 묘청과 김부식의 대결을 이렇게 평가했다.

이 전쟁은 화랑·불교 대 유교의 싸움이고 국풍파 대 한학파의 싸움이
고 독립당 대 사대당의 싸움이고 진취 사상 대 보수 사상의 싸움이다.
묘청은 전자의 대표고 김부식은 후자의 대표였다.

이 대결은 한쪽의 패배와 다른 한쪽의 승리로 귀결됐다. 그 결과는
당대의 운명에 파급력을 미치는 것으로 그치지 않고 이후 역사에 두
고두고 영향을 끼쳤다.

이 전쟁에서 묘청 등이 패하고 김부식이 이겼으므로 조선사가 사대적·
보수적·종속적 사상, 즉 유교사상에 정복되고 만 것이지만, 만일 이와
반대로 김부식이 패하고 묘청 등이 이겼다면 조선사는 독립적·진취적
방면으로 진전하였을 것이니, 이 전쟁을 어찌 1,000년 이래 최대 사건
이라 하지 않겠는가?

신채호가 《조선사연구초朝鮮史硏究草》를 펴낸 것은 1929년이다. 일
본 경찰에 체포돼 투옥된 지 1년 뒤였다. 이때를 기준으로 그 이전
1,000년간 이보다 중요한 사건은 없었다고 신채호는 말한다. 이 사건
을 계기로 한민족 지배 권력의 기상과 정신이 일변했을 뿐 아니라 그
때 고착된 상태가 아직도 뒤집어지지 않았기 때문이다. 이 정도로 묘청
과 김부식의 투쟁은 한국 역사에 지대한 영향을 미쳤고, 이 때문에 오
늘날까지도 한국 지배 권력이 반도의 틀에서 벗어나지 못하고 있다.

9~12시 국가에서 0~3시 국가로

한국에서 후삼국시대가 전개되고 중국에서 5대 10국 시대가 진행되는 동안, 동아시아 국제질서에 중대한 변화가 생겼다. 동아시아의 대결 구도가 바뀐 것이다. 중국이 한민족을 능가하고 강대국이 된 기원전 2세기 이후로 동아시아의 대결 구도는 황하 유역을 중심으로 9~12시에 위치한 돌궐족·흉노족 등의 서·북쪽 유목민들이 중국 농경민들과 패권 쟁탈전을 벌이는 쪽으로 전개됐다. 티베트와 신장 위구르 등의 서쪽 지역과 몽골 초원 등의 북쪽 지역이 중국과 더불어 양강 구도를 구성한 것이다. 이 구도 속에서 중국은 우세를 점했다. 군사력에서는 뒤졌지만 경제적으로는 풍요했다. 그래서 상대적으로 나은 위치를 차지할 수 있었다.

10세기에 이르러 이 대결 구도에 변화가 생겼다. 중국과 대결하는 지역의 위치가 바뀌었다. 이제는 0~3시 국가들이 중국과 대결하게 됐다. 몽골 초원과 만주 지방이 대결 구도의 한 축으로 떠올랐다. 몽골 초원은 이전에도 한 축을 점했다. 이곳과 파트너를 이룬 지역이 이전에는 서쪽이었다면, 10세기부터는 동쪽이 됐다. 10세기 이후로 거란족·여진족·몽골족·만주족이 동아시아 역사에서 두각을 보인 것은 이런 배경에서였다.

0~3시 국가인 고구려는 9~12시 국가가 중국과 대결하던 시대에 활약했다. 이 시기에 0~3시 방향은 양강 구도에 끼지 못했다. 그래서 고구려의 기운이 뻗어나가는 데 한계가 있었다. 그러다 결국 7세기 후반에 멸망했다. 그랬던 고구려 땅이 10세기가 되면서 대결의 한 축

으로 떠오른 것이다.

이렇게 된 데는 크게 두 가지 원인이 있다. 하나는 고구려 멸망 후에 당나라가 9~12시 국가들의 힘을 빼놓았기 때문이다. 당나라는 유목민들을 완전히 제압하지는 못했지만, 그들을 약화시키는 데 성공했다. 당나라 역사서인《구당서》의 〈돌궐열전〉, 〈위구르열전〉, 〈토번열전〉을 조사한 결과, 618~755년에 당나라가 이들과 4년에 한 번꼴로 책봉·조공 관계를 맺는 한편, 2년에 한 번꼴로 전쟁을 벌였다는 사실이 드러났다. 책봉·조공은 평화 관계다. 4년에 한 번 평화적 관계를 맺고 2년에 한 번 전쟁을 했다는 사실은, 당나라가 유목민들의 요구를 들어주기보다는 이들의 기를 꺾는 데 더 주력했음을 의미한다.

당나라의 전략은 어느 정도 성공을 거두었다. 서쪽과 북쪽의 위협이 실제로 약해졌다. 이로 인해 민족 이동을 단행한 경우도 있다. 돌궐족(튀르크족)이 바로 그들이다. 이들은 서쪽, 중동으로 옮겨가 셀주크튀르크·오스만튀르크·터키공화국을 세웠다. 돌궐족을 서쪽으로 밀어낼 정도의 압력으로 당나라 때는 9~12시 국가들이 약화됐다. 이것은 당나라 멸망 뒤에 0~3시 방향 국가들이 상대적으로 강해진 원인 중 하나다.

또 다른 원인은 만주 지역의 농업경제 발달이다. 발해가 지배한 698년부터 926년 사이에 만주에서는 농업 경제가 비약적으로 성장했다. 이 점은 발해의 지방 체제가 상급 행정단위에서는 고구려식 부제部制를 띠면서도 하급에서는 중국식 주현제州縣制를 띤 사실에서 드러난다. 고구려식 부제는 사람을 기초로 하는 체계인 반면 중국식 주현제는 땅을 기초로 하는 체계다. 사람을 기초로 행정단위를 만드는 것은 유목 사회의 특성이고, 땅을 기초로 하는 것은 농경 사회의 특성이다. 발해의 하급 행정단위에서 주현제의 성격이 강해진 것은 발해 경제에서 농업적 성격이 좀더 짙어졌음을 뜻한다. 농업이 그만큼 발달했기에 가능한 일이었다.

북한 역사학자 김학철의 《대조영과 발해》에 따르면, 두만강 부근의 콩으로 만든 메주와 해란강 유역에서 재배된 벼가 발해의 특산품이 됐다고 한다. 이는 발해시대 만주에서 농업이 발달했다는 또 다른 증표라고 평가할 수 있다. 또 발해 전기에 매장된 소뼈 중에는 어린 소의 것이 많은 데 후기에 매장된 소뼈 중에는 늙은 소의 것이 많다는 점 역시 동일한 증표가 된다. 후기로 갈수록 소를 농경에 이용하다가 늙은 뒤에 도살하는 일이 많아졌다는 뜻이기 때문이다. 이처럼 발해시대에 만주의 경제력이 상승했기 때문에 발해 멸망 이후 이 지역을 지배한 요나라·금나라·몽골(원나라)·청나라의 역량이 전보다 배가된 것이다. 이들이 중국을 위협하는 단계까지 성장할 수 있었던 원동력 중 하나가 그것이다.

당나라는 그럭저럭 유목민을 제지했다. 그들에게 중국 땅을 내주지는 않았다. 그에 비해 송나라는 북중국을 내주고 말았다. 금나라에게 북중국을 빼앗기고 남쪽으로 내려갔다. 남쪽으로 내려간 송나라는 남송으로 불렸다. 이후 송나라는 중국 전체를 빼앗겼다. 남송의 흔적은 몽골에 의해 지워지고 몽골이 중국 전역을 차지했다. 이렇게 송나라가 유목민에게 밀린 데는 이 왕조의 문치주의가 적지 않게 작용했다. 국가 경영에서 칼을 약화시키고 붓을 강화한 것이 문제가 됐다. 《한국인을 위한 중국사》에 이와 관련된 내용이 있다. 송나라 태조의 왕권 강화 정책을 설명하는 대목이다.

그는 가장 먼저 당(나라) 말 절도사의 할거 아래 황제의 손에서 떠난 병권과 재정권, 민정권에 대한 회수에 나섰는데, 특히 병권의 회수는 필수적이었다. 그는 자신의 경험을 바탕으로 중앙군인 금군禁軍의 통수권을 황제에게 집중토록 했다. 이후 군대와 각 지방의 실권자는 모두 무관이 아닌 문관이 임명되었고, 이에 따라 중앙에서의 황제의 지위가 점차 공고해졌다.

군대 지휘권마저 문관에게 준 것은 무인들을 약화시킬 목적이었다. 중국에서 나타난 이 현상이 같은 시기 한반도에서도 똑같이 나타났다. 고려 강감찬이나 조선 김종서 같은 문관이 군대를 지휘하는 모습은 한국에서는 고려 때 처음 나타났다. 이는 광종이 과거제를 시행한 결과로 출현한 현상이다. 동아시아 농경지대인 한반도와 중국에서 이런 양상은 몽골과 만주의 유목지대를 상대적으로 강화시키는 결과를 초래했다. 10세기 이후로 거란족·여진족·몽골족·만주족이 두각을 보인 또 다른 이유가 여기에 있다.

김함보·권행 부자의 엇갈린 운명
··

몽골 초원과 만주 평야가 부각되던 이 시대에, 여진족이 거란족에 이어 두 번째 주인공으로 등극했다. 여진족은 본래 고구려·발해에 속한 소수민족이었다. 고구려·발해 때 이들은 말갈족으로 불렸다. 발해가 거란에 멸망하자 이들은 거란의 통제를 받았다. 한반도에서는 후삼국, 중국에서는 5대 10국의 혼란상이 이어질 때였다. 이들의 후예인 만주족 청나라가 관찬 사업으로 펴낸 《만주원류고滿洲源流考》에 이런 대목이 있다.

> 금나라의 조상은 말갈족에서 나왔다. 옛 숙신肅愼 땅이었다. 오대 때는 거란에 복속했다.

여진족은 고대 중국인들에게 숙신 땅으로 알려진 만주 지역에서 성장했다. 발해 멸망 후 여진족은 혼란에 빠졌다. 이 점은 이민족 출신이 쉽게 침투하여 주도권을 잡은 사실에서 드러난다. 아무리 소수민족이라도 질서가 안정적일 때는 이민족에 주도권을 쉽사리 내주지 않는다. 혼란을 틈타 그들 사이로 침투한 이민족 가운데 한 사람은 신라 귀족 출신이었다. 왕건에게 협력하는 아버지와 척을 지고 자기 나라를 떠난 김함보가 바로 그다. 그의 정체에 관해 《만주원류고》는 이렇게 말한다.

> 금나라의 시조는 합부哈富(예전에는 함보函普라고 했다)다. 애초에 고려에서 왔다.

합부는 김함보를 지칭한다. 그는 아버지 권행權幸에 등을 돌렸다. 부자 간에 성이 달라진 것은 왕건에 대한 협력 여부를 놓고 두 사람이 갈등을 빚었기 때문이다. 부자가 갈라서면서 성이 바뀌었다면 아들이 아버지 성을 버렸으리라고 생각하기 쉽지만 이 경우는 그렇지 않다. 성이 바뀐 쪽은 아버지다. 아버지는 원래 김행이었다. 안동의 세력가인 그는 930년 안동에서 왕건 군대가 견훤 군대의 주력을 격파할 때 고려 편을 들었다. 이 전투를 계기로 고려는 후백제에 군사적 우위를 확보하고 6년 뒤 통일을 이루었다. 그 공로가 인정돼 김행은 왕건으로부터 권씨 성을 하사받아 안동 권씨의 시조가 됐다.

아버지와 달리 아들 김함보는 고려를 등졌다. 그는 혼란한 말갈족으로 망명해 그곳 지도자가 됐다. 그리고 거기서 말갈족을 여진족으로 재편했다. 김함보의 7대손인 완안 아골타가 금나라 황제가 된 뒤 금나라 시조 황제로 추대됐다. 김행·김함보 두 부자가 저마다 각각의 의미에서 시조가 된 것이다.

동북 9성의 반환과 여진족의 최강자 등극

발해라는 큰 지붕을 잃은 여진족 상당수는 고려나 요나라의 통제를 받았다. 그들은 고려나 요나라에 책봉을 받고 조공무역을 했다. 주샤오러朱曉樂의 논문 〈여진족의 흥기를 통해서 본 고려 외교정책의 변화〉에 이 상황이 간략히 정리돼 있다.

여진족은 대대로 흑룡강 및 송화강 유역에서 생활하다가 나중에 계속해서 남진했다. 요양遼陽 일대로 옮겨가 요나라 호적에 편입된 이들은 숙

여진熟女眞으로 불렸다. 반면에, 송화강 이북에서 생활하거나 영강寧江 이동에 있는 이들은 생여진으로 불렸다. 이들은 요나라 호적에 속하지 않고 요나라에 조공을 했다. 11세기 중엽 이후 생여진의 완안부가 여진 각부를 통일했다. 이 부족 연맹은 요나라나 고려에 신하를 자처했다.

— 가천대학교 아시아문화연구소, 《아시아 문화연구》 제8집, 2004년.

요양은 오늘날의 차도로 압록강 초입인 단둥丹東에서 서북쪽으로 223킬로미터 정도 되는 거리에 있다. 그 일대로 이주해 요나라의 통치를 받은 집단은 숙여진으로 불렸다. 익을 숙熟 자는 동아시아 강대국들이 자국 문명권에 편입된 이민족을 지칭할 때 사용한 글자다. 요나라 때는 그들의 통치를 받는 여진족을 그렇게 불렀다. 생生은 그 반대다. 송화강은 백두산에서 북쪽으로 올라가다가 하얼빈 가까이서 우회전하는 강이다. 영강은 하얼빈 가까이에 있다. 송화강 이북과 영강 이동은 크게 보면 만주 동부다. 이곳에는 생여진이 거주했다. 이들이 11세기 중엽 이후에 완안부의 통제를 받게 됐다. 고려나 요나라를 상대할 정도까지는 못 되었던 이들은 양국을 황제국으로 받들어 책봉을 받고 조공무역을 했다.

이런 관계는 요나라의 패권이 약해진 12세기 초반부터 흔들리기 시작했다. 고려는 요나라의 쇠락을 틈타 고개를 쳐든 이들 여진족을 상대하기 힘들었다. 이들은 고려를 자주 침략했다. 이런 일이 잦아지자 고려는 여진족과 요나라로부터 고려를 방어할 목적으로 천리장성을 축조했다. 평안북도 및 함경남도 남부 이남이 천리장성의 방어권에 들어갔다. 하지만 천리장성도 여진족 문제를 해결해주지는 못했다.

이런 상황에서 전면에 나선 인물이 윤관 장군이다. 1108년 1월 그는 17만 대군을 이끌고 천리장성을 넘어 촌락 135개를 함락하고 동북 9성을 축조했다(교과서나 백과사전에는 윤관의 정벌이 1107년 사건으로 기록돼 있지만《고려사》〈예종세가〉에 따르면 윤관의 정벌이 개시된 시점은 음력으로 정해년 12월이었다. 음력 정해년 12월 1일은 양력으로 1108년 1월 15일이다). 하지만 윤관의 정벌 역시 문제의 근본적 해결에 도움에 되지 않았다. 이 해에 고려는 아골타가 이끄는 여진족과의 전쟁에서 패배했다. 그래서 1년 뒤 동북 9성을 도로 내놓고 말았다. 대신 여진족의 충성 서약이 있었다.

조선 건국의 주역인 정도전이 오랜 야인 생활을 청산하기 위해 처음 이성계를 찾아갔던 그 함주성 앞에서 여진족이 서약을 했다. 〈예종세가〉에 따르면, 여진족은 성문 앞에 제단을 설치한 뒤 서약식을 거행했다. "지금부터는 대대손손 악한 마음을 품지 않고 계속 조공을 바치겠습니다. 이 맹세를 위반하면 저희는 멸망할 것입니다"라고 맹세했다. 전쟁에 승리한 쪽이 이런 서약을 하는 일은 흔히 있었다. 한차례 전쟁에서는 이겼지만 전체적 국력에서 뒤지는 경우에는 상대방과의 평화와 교류를 위해 이런 식의 관계를 맺었다. 여진족이 전쟁에 승리하고도 충성 서약을 한 것은 그 때문이다. 맹세를 위반하면 멸망할 것이라며 철석같이 맹세했지만 그뿐이었다. 맹세를 위반했음에도 여진족이 망하는 일은 벌어지지 않았다. 타격을 입은 쪽은 고려였다. 동북 9성 반환 이후 여진족은 승승장구했고 고려는 기울었다.

동북 9성 반환은 태조 왕건 이래의 북진정책을 사실상 포기하는 조치였다. 왕건은 죽기 전 유언으로 〈훈요십조訓要十條〉를 남기면서 "서경은 수덕水德이 순조로워 우리나라 지맥의 근본이니 만대 왕업의 기지"라고 하고는 후대 임금들에게 1년에 100일 이상 서경에 체류할 것을 당부했다. 평양을 중시하는 이런 태도는 북진정책과 깊이 연관된다. 태조 왕건이 죽음 앞에서도 당부했던 북진정책이 그의 5대손인 예종 때 와서 사실상 폐기된 것이다.

동북 9성 반환은 여진족에게 날개를 달아주는 일이 됐다. 고려가 훼방할 가능성이 낮아지면서 여진족의 통일 운동이 활발해졌다. 결국 김함보의 후예인 완안 아골타에 의해 여진족은 통일됐다. 이로써 고려의 통제를 벗어난 여진족은 1115년에 금나라 수립을 선포했다. 《만주원류고》는 "금나라 시조가 신라에서 왔다는 것은 의심할 나위가 없다"면서 "나라 이름도 당연히 여기서 왔을 것"이라고 말한다. 신라 왕족의 후예인 김함보가 여진족 시조이기 때문에 이 나라가 금金이란 국호를 썼다는 것이 《만주원류고》를 편찬한 청나라 황실과 학자들의 판단이었다(신라는 박혁거세가 세운 나라이지만, 왕실 입양아인 김알지의 후예들이 586년간 왕위를 차지했다. 991년 역사의 59.1퍼센트를 김알지의 후예들이 장식한 셈이다. 그래서 전성기의 신라는 대외적으로 김씨 왕조로 알려졌다). 신라와의 연관성을 국호를 통해 드러낸 금나라는 신라를 멸망시킨 고려를 압박해 들어갔다. 통합된 종족의 힘을 바탕으로 그들은 고려를 신하국으로 전락시켰다. 고구려·발해 때만 해도 소수민족이었던 이들이 고구려의 후예인 고려를 신하국으로 부리게 된 것이다.

그런 뒤 여진족은 동아시아 정상을 향해 맹렬히 돌진해 나갔다. 1125년에는 북송과 연합해 요나라를 멸망시키고 2년 뒤에는 북송마저 멸망시켰다. 명실상부한 동아시아 최강국의 반열에 오른 것이다. 이때만 해도 동아시아는 오리엔트 지역(중동·북아프리카·남동 유럽) 다음

가는 위상을 갖고 있었다. 그래서 동아시아 최강은 세계 2위의 강대국이었다. 여진족이 그런 위상에까지 다가갔던 것이다. 바로 이런 상황에서, 신채호가 조선 역사 1,000년 이래의 최대 논쟁으로 명명한 대격변이 벌어지게 된다.

옛 하인의 출세에 자극받은 평양 사람들

여진족의 대성공은 고려인들을 자극했다. 특히 평양 사람들의 심기를 불편하게 만들었다. 평양은 만주와 한반도 북부를 호령했던 고구려의 도읍지였다. 고구려의 속민인 말갈족의 후예가 고구려 후예인 고려를 굴복시키더니 중국 대륙에까지 밀고 들어갔다. 이런 정세는 옛 고구려 도읍의 거주자들을 불편하게 하고도 남았다.

> 생면부지의 먼 곳 사람은 졸지에 흥하거나 망하거나 이를 심상히(예사롭게) 볼 뿐이지만, 자기 집 행랑채의 하인배가 갑자기 천하제일의 높은 사람이 되었다고 하면, 이를 볼 때 신경이 곤두서는 것은 어쩔 수 없는 일이니, 이는 인지상정이다.
>
> — 신채호, 〈조선역사상 일천년래 제일대사건〉, 《조선사연구초》, 1929.

한민족은 여진족을 자기들에 속한 소수민족으로 간주했다. 그런 여진족이 고구려도 해내지 못한 북중국 정복을 이뤄냈다. 그 상황을 지켜본 고려인들은 어쩌면 하인의 출세를 지켜보는 주인집 사람들의 심정을 느꼈을지도 모른다. 평양 사람들은 특히 더 그랬을 것이다. 그런 평양 사람들 중에 유난히 돋보이는 이들이 있었다. 묘청·백수한·정지상·윤언이가 바로 그들이다.

고구려가 멸망한 668년부터 평양은 황폐해졌다. 약 250년간 그랬다. 발해시대의 평양은 황량한 공간이었다. 그런 평양을 왕건이 적극 개발했다. 평양성을 새로 쌓고 주변 지역을 적극 개발하는 대역사가 벌어졌다. 육군본부 군사연구소가 발행한 《한국 군사사 3》에서는 이 상황을 이렇게 정리했다. 아래 인용문의 연도는 양력이지만 월은 음력이다. 이 책의 필진이 집필 과정에서 음력을 양력으로 제대로 변환하지 못한 결과다.

고려는 궁예 때와 마찬가지로 북쪽 방면으로의 진출을 꾸준히 추진했다. 918년 8월 북쪽 변방 지역을 침탈해온 삭방 골암성의 장수 윤선을 회유하여 항복받는 성과를 거두었다. 그 다음 달에는 평양 재건을 위해 황주·봉주·해주·백주·염주의 인호人戶(주민 가구)를 이곳으로 이주토록 하고 대도호로 삼아 당제(사촌동생) 식렴과 광평시랑 열평을 보내어 지키도록 했다. 다음 해 10월에는 평양에 성을 쌓았고, 동년에 인근의 용강현도 축성했다. 920년 9월에는 평양 인근의 함종현과 평양 북쪽 방면에 위치한 안북 지역에 성을 쌓았다. 이러한 사실은 고려가 평양 일대의 영역화를 군건히 하면서, 동시에 북쪽으로의 진출을 지속적으로 시도했음을 시사한다.

평양은 개경보다 북쪽이지만 고려시대에는 서경으로 불릴 만했다.

개경에서 북쪽으로 가는 길은 두 갈래였다. 압록강 하구인 지금의 평안도로 가는 길이 한 갈래이고, 다른 하나는 지금의 함경도인 두만강 하구로 가는 길로 철원과 철령을 지나는 경로다. 평양은 압록강 가는 길에 있다. 북쪽으로 가는 두 갈래 길 중에서 서쪽에 있었기에 평양을 서경으로 둔 것이다. 또 다른 관점으로 봐도 평양은 서경이었다. 강원도 북부에서 함경도로 넘어가는 길에 있는 철령을 기준으로 고려시대 사람들은 그 동쪽은 관동, 북동쪽은 관북, 북서쪽은 관서로 분류했다. 이 기준에 의하면 평양은 관서에 속했다.

《고려사》〈태조세가〉에 따르면, 왕건은 918년 11월 2일(음력 9월 26일) 평양에 대도호부大都護府를 설치했다. 같은 책 〈지리지〉에 따르면, 그로부터 얼마 뒤 평양대도호부를 서경으로 격상시켰다. 왕건은 이곳에 주민들을 이주시키고 개경과 대등한 위상을 부여했다. 숙명여대 신안식 연구원의 논문 〈고려시대 삼경三京과 국도國都〉는 이렇게 말한다.

태조 왕건의 훈요십조에서는 서경의 중요성을 강조했을 뿐 아니라 이후 재성·내성·나성·왕성·황성 등의 성곽 체제를 정비하여 개경과 대등한 위상을 갖췄다. 심지어 태조 왕건은 후삼국 통일 이후 서경으로의 천도를 의도하였고, 3대 정종은 서경 천도를 시도했다가 실패하기도 하였다.

— 한국중세사학회, 《한국중세사연구》 제39호, 2014.

고려왕조의 열의에 힘입어 서경, 아니 평양은 옛 영광을 되찾기 시작했다. 개경과 어깨를 나란히 할 만한 유력한 정치 거점으로 성장해나갔다. 이에 따라 서경 사람들도 목소리를 높이기 시작했다. 서경 세력의 발언권이 강해진 것은 왕건의 6대손인 제17대 인종(재위 1122~1146) 때다. 이 시기의 국내외 사정이 서경 세력의 부각에 유리하게 작용했다. 여진족의 급부상이 외부 사정이고 허약한 인종의 왕권이 내부 사정이었다. 이런 사정들로 고려는 어수선해졌고 서경의 정치적 비중은 더욱 높아졌다.

이자겸의 쿠데타와 인종의 반격

제17대 주상, 인종의 이름은 왕해王楷다. 17대 왕이지만 왕건과는 대수로 6대 차이밖에 안 난다. 형제 간 왕위 계승이 많았던 까닭에 6대 조와의 차이가 16대나 나게 됐다. 그는 1109년 태어나 14세 때인 1122년에 왕이 됐다.

어린 나이였으므로 태후가 섭정을 할 수도 있었지만, 이때는 그게 불가능했다. 왕과 직접적인 혈연관계가 아니어도 법적으로만 그런 관계가 충족되면 왕의 할머니나 어머니가 수렴청정할 수 있었던 조선과 달리 고려시대에는 친어머니에게만 대리 통치할 수 있는 자격이 부여됐다. 그런데 인종의 어머니인 순덕왕후 이씨는 아들이 왕이 되기 4년 전인 1118년 세상을 떠났다. 그래서 어린 인종 대신 섭정을 할 사람이 없었다. 이 때문에 인종은 불안한 상태로 왕좌에 앉게 됐다. 이것이 조선 역사 1,000년 이래 최대 사건을 촉발시키는 계기가 된다.

인종의 외할아버지는 보통 사람이 아니었다. 그 유명한 이자겸李資

謙(?~1126)이 그의 외조부였다. 이자겸은 정치 기반이 단단했다. 경원 이씨인 그의 집안은 유력한 호족 가문이었다. 이들은 인주 이씨 혹은 인천 이씨로도 불렸다. 경원과 인주 모두 인천의 옛 지명이다. 경원 이씨는 가야에서 기원했다. 가야 시조 부부인 허황옥과 김수로의 열두 아들 중에서 열 명은 아버지를 따라 김씨가 되고 둘은 어머니를 따라 허씨가 됐는데, 허씨 성을 쓰게 된 후손 중 허기란 인물이 양귀비의 남편인 현종을 도운 공로로 당나라 황실 성인 이씨 성을 하사받았다. 허기의 후손들은 그 이씨 성을 갖고 인천에 자리를 잡았다.

이 집안은 이자겸의 조부인 이자연李子淵(1003~1061) 때부터 귀족 가문의 입지를 굳혔다. 이자연의 세 딸이 태조의 4대손이자 인종의 할아버지인 문종에게 시집간 것이 계기가 됐다. 조선시대에는 비妃가 왕의 정식 부인이었지만, 고려시대에는 비보다 한 단계 높은 후后가 정식 부인이었다. 이 시대에는 비가 후궁에 불과했다. 이는 고려가 황제국의 위상을 가졌기 때문이다. 이자연의 세 딸 중 하나는 후가 되고 둘은 비가 되었다. 이를 토대로 경원 이씨는 왕실 외척의 입지를 굳혔다. 이런 지위는 이자연의 아들인 이호李顥 세대로도 이어졌다. 이호의 딸, 그러니까 이자겸의 여동생도 문종의 아들이자 제12대 주상인 순종의 비가 됐다. 이런 기반 위에서 이자겸은 음서로 관직에 들어섰고, 뒤이어 둘째 딸을 순종의 아들이자 제16대 주상인 예종에게 시집보냈다. 이 딸은 예종의 비가 됐다.

이자겸은 정치 기반만 단단한 게 아니었다. 그는 권력욕도 남달랐다. 권력 의지라 하지 않고 굳이 권력욕이라 한 데는 이유가 있다. 오늘날의 야심가들은 대통령도 꿈꾸지만, 왕조시대 야심가들은 왕족이 아닌 한 재상까지만 꿈꿨다. 재상에서 한 단계 위로 올라가려면 엄청난 모험을 감수해야 했다. 대역 죄인이냐 창업자냐의 갈림길에서 목숨을 걸어야 했다. 그래서 새 왕조를 세울 만한 혁명적 능력이 없는 한은 재상까지만 꿈꿨다. 그런 시절에 이자겸은 재상 이상을 꿈꿨다. 왕조를 세울 만한 객관적인 능력을 갖춘 것도, 혁명의 위험을 감수한 것도 아니면서 재상 이상을 꿈꿨기에 권력 의지가 아닌 권력욕의 소유자라 한 것이다.

이자겸은 능력보다 과한 꿈을 꾼 야심가다. 하지만 예종이 있을 때만 해도 이자겸은 가슴 속 야심을 드러내지 못했다. 예종이 정치세력 간 균형을 유지했기 때문이다. 당시에는 외척 대 관료 집단의 대결 구도가 형성돼 있었는데, 예종은 양대 파벌의 균형을 도모할 만한 정치력을 갖고 있었다. 관료 세력의 리더인 한안인이 예종의 스승이라는 점도 이자겸으로 하여금 함부로 나설 수 없게 했다.

그러나 1122년, 예종이 죽고 인종이 즉위하면서부터 상황이 달라졌다. 왕이 어리고 섭정할 태후가 없다는 점을 이용해 이자겸이 나서기 시작한 것이다. 그는 자신이 왕의 외할아버지라는 점을 십분 활용했다. 그는 외척 대 관료의 대결 구도를 무너뜨리고자 한안인을 역모 죄로 몰았다. 한안인이 인종의 숙부인 왕보를 추대하는 역모를 꾸몄다면서 왕보와 한안인을 유배 보냈다. 《고려사절요》에 따르면, 이자겸은 한안인을 전남 순천에 있는 감물도로 귀양 보낸 뒤 바닷물에 빠트려 죽였다고 한다. 《고려사》〈인종세가〉에 따르면, 이 날은 1123년 1월 10일(음력 12월 11일)이었다.

정계를 장악한 이자겸은 굳히기에 들어갔다. 그는 두 가지 작업에 착수했다. 하나는 왕실과의 결혼동맹 강화였다. 그는 셋째, 넷째 딸을 외손자(인종)에게 시집보냈다. 후가 아닌 비의 자격이었다. 둘째 딸은 인종을 낳고, 셋째·넷째 딸은 인종의 첩이 된 것이다. 인종 입장에서는 이모들이 후궁이 된 셈이다. 아무리 왕실 근친혼이 용인되는 시대였다 해도 이 정도까지는 아니었다. 이 일이 당시의 윤리 관념을 심각하게 위반한 사건이었다는 점은, 훗날 이자겸이 몰락한 뒤 신하들이 제시한 인종의 이혼 사유에서도 드러난다. 《고려사》〈폐비이씨열전〉에 따르면, 신하들은 이자겸의 딸이어서가 아니라 왕의 이모이기 때문에 비가 될 수 없다는 이유를 내세웠다. 당시에도 이 정도의 근친혼은 용납되지 않았다. 이자겸의 권세가 그 시대의 도덕관념을 억눌렀던 것이다.

이자겸이 착수한 다른 작업은 군부 실력자 척준경과의 동맹이다. 척준경은 향리 집안 자제였다. 《고려사》〈척준경열전〉에 따르면, 척준경은 집이 너무 가난하여 제대로 공부하지 못해 향리도 되지 못했다. 그런 그를 일으킨 결정적 계기가 숙종이 왕자이던 시절 그의 집에서 심부름한 일이었다. 이 일을 계기로 그는 서리가 되고 무사가 됐다. 전쟁에서 공로도 세웠다. 이렇게 해서 군부 실력자의 길에 들어선 척준경을 이자겸이 탐낸 것이다. 이자겸은 척준경과의 동맹을 성사시킴으로써 왕실에 이어 군부까지 수중에 넣게 됐다. 무소불위의 힘을 갖게 된 것이다.

하지만 인종도 만만치 않았다. 그도 자리를 지키기 위해 발버둥을 쳤다. 그는 임금을 지지하는 무장들을 동원해 친위 쿠데타를 일으켰다. 척준경의 아들인 내시 척순과 동생인 병부상서 척준신 등을 죽여

시신을 궁궐 밖으로 내던졌다(이때의 내시는 조선시대 내시와 달랐다. 내시가 거세된 남자로 인식된 것은 13세기 후반에 몽골의 내시 문화가 들어오면서부터). 친위 쿠데타군은 척순과 척준신을 죽이고 기세를 올렸지만 궁궐을 포위한 이자겸과 척준경 세력을 막지 못해 결국 실패했다. 이때 왕실은 궁궐 상당 부분이 불타는 불행을 겪었다. 아들과 동생을 잃은 척준경이 분을 못 이겨 궁궐에 불을 지른 것이다. 《고려사절요》에 따르면 척준경은 왕궁 동문인 동화문에 방화해 불이 침전까지 번지도록 만들었다. 이자겸·척준경 콤비는 왕실을 이렇게까지 무력화시켰다. 이것이 1126년 이자겸의 난이다.

궁지에 몰린 인종은 외할아버지에게 정권을 이양한다는 조서를 전달했다. 살아남기 위해 왕권을 버리려 했던 것이다. 잠시 뒤 소개할 사료의 분위기를 볼 때, 이자겸은 이 제안을 수락하려 했던 게 확실하다. 이자겸은 십팔자十八子, 즉 이씨李氏가 왕이 될 거라는 예언을 신봉했다. 그는 자신이 왕이 될 수 있다고 믿었다. 이씨 왕실이 이때 열릴 뻔했던 것이다.

왕씨 왕조를 이씨에 넘기면 역성易姓이 되므로 왕조가 바뀌게 된다. 하지만 이런 형식을 피하고 왕조의 연속성을 유지한 사례도 있다. 석탈해는 신라 제2대 군주인 박남해(남해왕)의 사위가 되는 방법으로 왕실의 일원이 됐다. 그는 그 자격으로 처남 박유리(유리왕)의 뒤를 이어 제4대 군주가 됐다. 박혁거세 혈통은 아니지만 사위도 아들이므로 왕위계승권을 확보했던 것이다. 김알지 역시 박씨는 아니지만 신라 왕족이 됐다. 석탈해가 왕일 때 신라 왕실의 양자가 된 결과다. 사위나 양자가 되는 방법이 있었다면, 이자겸도 그 길을 따랐을 것이다.

그랬다면 왕조의 간판을 바꾸지 않고도 외손자를 이어 고려 제18대 주상에 평화롭게 오를 수 있었다.

하지만 두 가지가 이자겸의 앞길을 막았다. 하나는 재상들이다. 《고려사절요》〈인종세가〉는 "이자겸은 양부兩府의 논의가 있을까 두려워 감히 말을 꺼내지 못했다"고 알려준다. '양부'로 통칭되는 중서문하성의 재상들이 반발하지 않을까 우려했던 것이다. 또 다른 장애물은 육촌형 이수李壽였다. 이수는 공개 석상에서 큰소리로 "주상께서 조서를 내리셨다 해도 이 공께서 어찌 이러실 수 있습니까?"라고 고함을 쳤다. 그러자 뜻이 꺾인 이자겸이 울면서 조서를 도로 내놓았다고 《고려사절요》는 말한다. 이자겸은 야심은 컸지만 소심한 면도 있었던 모양이다. 이렇게 해서 인종은 가까스로 왕권을 지킬 수 있었다.

위기가 기회가 될 수 있듯이 기회도 위기로 돌변할 수 있다. 왕이 될 기회를 놓친 이자겸은 인종의 반격에 직면해야 했다. 인종은 이자겸과 척준경의 경쟁 관계를 비집고 들어갔다. 《고려사절요》에 따르면 인종은 척준경에게 사람을 보내 "이자겸은 신의가 없으니 그가 하자는 대로 해서는 안 될 것"이라며 외조부를 험담했다. 군부를 장악했지만 이자겸보다 위상이 낮은 척준경의 경쟁심을 자극했던 것이다.

이자겸은 낌새를 알아챘다. 그는 인종을 죽이기로 결심했다. 그래서 넷째 딸에게 인종 암살을 지시했다. 하지만 딸은 남편을 선택했다. 《고려사》〈폐비이씨열전〉은 이자겸이 독약이 든 떡을 임금에게 선물하자 이씨가 그 사실을 인종에게 귀띔해줬고 인종은 그 떡을 까마귀에게 던져줬다고 말한다. 이로 인해 인종은 목숨을 건졌다. 이자겸은 딸의 배신을 눈치채지 못하고 제2차 독살을 시도했다. 그는 이번에도 독약이 든 사발을 넷째 딸에게 보냈다. 넷째 딸을 철석같이 믿었던 것이다. 하지만 넷째 딸은 또 한 번 이상한 행동을 했다. 약사발을 들고 가다가 일부러 넘어진 것이다.

독살에 실패하자 이자겸은 군사 행동을 결심했다. 그는 숭덕부崇德府 군사들을 동원해 궁궐을 범했다. 숭덕부는 1124년에 그가 조선국 공朝鮮國公에 책봉될 때 그를 보좌할 목적으로 설치된 관청이다. 그러니 사실상 사병을 동원한 것이나 마찬가지였다. 하지만 이 쿠데타는 실패했다. 독살 미수 사건 이후 이자겸을 관찰하고 있었던 인종이 이자겸 부대가 궁을 범하려 하자 척준경을 급히 불러들여 이자겸 부대를 제압한 것이다.

정변 실패 뒤 이자겸은 유배를 떠났다. 이씨가 왕이 될 거라는 예언을 근거로 외손자의 자리를 탐낸 이자겸의 도전은 종결됐고 왕실은 안온을 회복했다. 이듬해 인종은 이자겸의 난을 주도한 죄를 물어 척준경까지 유배를 보냈다. 이때 두각을 보인 인물이 15년 전 장원급제한 정지상이다. 천재 시인으로도 유명했던 그의 탄핵이 척준경 유배에 결정적 역할을 했다. 묘청과 함께 서경파의 핵심이 될 정지상이 이렇게 역사 무대에 등장했다.

14세 어린 나이에 섭정해줄 후견인도 없이 왕좌에 올랐다가 외할아버지와의 권력투쟁으로 산전수전 다 겪은 인종은 18세 때에야 평온을 찾는 데 성공했다. 대단한 일을 해냈지만 이 과정에서 그는 크게 지쳤다. 그는 개경이란 도시에 싫증이 났고 혐오감도 느꼈다. 이런 인종의 심리가 여진족의 패권 장악을 계기로 북진을 꿈꾸게 된

평양 사람들의 정서와 절묘하게 맞물렸다. 이는 인종이 "개경의 왕업은 이미 쇠했습니다!"라는 묘청의 외침에 귀 기울이게 만드는 원인이 됐다.

"서경으로 천도하면 36개국이 고개를 숙입니다!"

묘청은 프로필이 없다. 《고려사》에 〈묘청열전〉이 있지만 기본적인 신상 정보는 나오지 않는다. 이것은 그가 하층민 출신이었을 가능성을 보여준다. 현존하는 역사 기록들은 주로 왕실이나 가문의 보존 작업에 힘입어 오늘날까지 전해졌다. 지금은 기업이나 학교, 정당 등도 자신들의 역사를 기록하지만, 옛날에는 귀족이나 상류층 가문이 기업·학교·정당을 겸했기 때문에 가문과 왕실이 역사 기록의 주체가 될 수밖에 없었다. 묘청이 한 시절을 풍미한 거물인데 기본적인 신상정보조차 남아 있지 않다는 것은 그의 집안이 가문의 역사를 기록할 여건을 갖추지 못했음을 의미한다. 역사를 기록해줄 가문이 없는 인물이 역사에 이름을 남기는 방법은 역사를 기록하는 세력, 즉 왕실이나 귀족들의 주목을 끌 만한 행적을 남기는 길뿐이다.

묘청이 그런 행적을 남기기 시작한 시점은 이자겸의 난이 진압되고 2년이 지난 1128년이다. 인종이 개경에 염증을 느끼고 있을 때였다. 이때는 이자겸의 난으로 불타버린 궁궐 전각들도 복구되기 전이었다. 도읍으로서의 개경이 이래저래 불안정할 때였다. 이런 시기에 묘청은 인종에게 접근할 방법을 모색했다. 그는 온 인맥을 동원해 인종에게 '개경의 왕업은 이미 끝났다'는 메시지를 전달했다.

묘청의 핵심 조력자는 서경 출신의 정지상과 백수한白壽翰이라는 일관日官이었다. 천문 관측기구인 사천감에서 소감少監으로 일하는 백수한은 당시 서경에 파견돼 있었다. 사천감의 직무는 지금의 관점으로 보면 종교 활동과 명확히 구분되지 않는다. 백수한과 묘청 사이에 통할 만한 구석이 있었던 것이다. 백수한과 정지상은 묘청을 스승으로 받들었다. 이들을 중심으로 구성된 묘청 지지자들이 인종의 측근과 대신들을 포섭해 상소문을 준비했다.

〈묘청열전〉에 따르면 상소문에는 묘청을 신비롭게 미화하는 내용이 담겨 있었다. "묘청은 성인이고 백수한은 그 다음가는 성인이니 나라의 일을 일일이 물은 뒤 시행하고 이들이 제기한 사안들을 거부하지 않는다면 정사가 이뤄지고 국가가 보전될 것"이라는 내용이었다. 지지자들은 모든 관원에게 서명을 요구했다. 조정 차원에서 묘청을 영입하려 했던 것이다. 거의 모든 관원이 서명을 했다. 세 명만 더 서명했으면 '거의 모든'이 아니라 '모든'이 됐을 것이다. 그 셋 중 하나가 김부식이다. 관리들의 추천을 받은 뒤 묘청은 연명 형식으로 인종에게 이렇게 건의했다.

신들이 볼 때, 서경 임원역林原驛 땅은 음양가들이 말하는 대화세大華勢·大花勢이니, 이곳에 궁궐을 세우시고 거둥하신다면 천하를 아우르실 수 있으며, 금나라가 예물을 갖고 와 항복하고 36개국이 신하국(원문은 신첩臣妾)이 될 것입니다.

서경은 큰 꽃이 피는 것 같은 대화세의 형국을 지니고 있으니 이곳에 왕도를 설치하면 동아시아 최강인 금나라가 조공을 해오고 36국이 '신첩'을 자처할 것이라고 묘청은 말했다. 여기서 36국은 세계 모든 나라를 지칭하는 표현으로 해석된다(한나라 제후인 회남왕淮南王 유안劉安이 남긴 《회남자淮南子》의 〈지형훈墬形訓〉 편에서는 바다 밖에 백민白民, 여자민女子民, 장부민丈夫民, 나국민裸國民, 흑치민黑齒民 등이 사는 36국이 있다고 말한다. 고대 중국인들이 말하는 해외海外는 중국 천자의 지배력이 미치지 않는 곳이었다. 유안은 제7대 황제 한무제의 대외 팽창으로 중국인들의 세계 인식이 확장되기 전인 기원전 122년에 세상을 떠났다. 주변 세계에 대한 지식이 별로 없었던 시절이기 때문에 중국 밖에 벌거숭이들이 사는 나라나 이빨이 검은 사람들이 사는 나라가 있을 거라는 이야기가 책에 실릴 수 있었던 것이다). 묘청도 서경으로 천도하면 전 세계가 고려 왕실에 복종할 거라는 의미에서 36국을 언급했다. 금나라의 압박을 받고 있을 뿐 아니라 외할아버지의 위협에 시달렸던 인종의 콤플렉스와 야심을 자극하는 진언이었다.

묘청은 천도론에 그치지 않고 금나라 정벌론까지 표방했다. 묘청을 추천하는 상소가 올라간 지 4년 뒤인 1132년, 인종의 서경 행차를 기회로 묘청은 정지상 등을 앞세워 정벌론을 제기했다. 이때 대동강에서 강의 수면 위로 솟아오르는 특이한 기운이 발견됐다. 인종이 행차한 날은 음력으로 2월 20일, 양력으로 3월 9일이다. 봄으로 바뀌는 계절이었으니 강에서 그런 자연현상이 생겼을 수도 있다. 정지상 등은 이를 상서로운 기운으로 해석하면서 인종에게 이렇게 말했다.

대동강에 서기가 어렸으니, 신룡神龍이 침을 토하는 형국입니다. 천 년에 한 번 보기 힘든 일이니, 상감께서 위로 천심에 응답하시고 아래로 백성의 기대에 순응하시면 금나라를 제압하실 수 있을 겁니다.

금나라를 치는 것은 굴종적인 사대관계의 해소를 전제한다. 즉 금나라를 황제국으로 인정하지 않고 고려가 황제국이 되는 것을 의미하는 것이다. 이렇게 칭제稱帝 하면 연호도 우리 것으로 제정하는 건원建元도 하게 된다. 묘청은 금나라에 대한 북벌 분위기를 조성할 목적으로 칭제건원을 제안했다. 서경 천도에 이어 북벌과 칭제건원까지 건의했으니 묘청 등장 후의 고려 정국은 꽤 어수선했을 것이다.

묘청, 술법을 부리다

묘청을 위시한 서경파는 인종의 관심을 끄는 데 성공했지만 곧 한계에 직면했다. 이들은 다수파가 아니었다. 다수파였다면 인종이 이들의 의견을 채택하기도 쉬웠을 것이다. 그렇지 않았기에 인종은 다수파인 개경파의 눈치를 살펴야 했다. 조정 신하들이 묘청을 추천하는 문서에 서명하기는 했지만, 이것이 곧 서경파의 승리를 의미하지는 않았던 것이다.

조선시대에 비해 고려시대에는 왕권이 허약했다. 임금이 관리를 파견하지 않는, 혹은 못하는 지방도 많았다. 국가권력의 한계가 분명했던 것이다. 고려에 비해 왕권이 강하고 시스템이 잘 갖춰져 있던 조선에도 국가의 영향력이 미치지 않는 지역이나 세력이 있었다. 일례로 18세기 정조 때 무관인 노상추가 남긴 일기에 따르면, 한양에서 셋방을 얻은 지방 출신 고관들이 집주인에게 보증금을 떼이는 일이 종종 있었다고 한다. 15세기 후반에 사림파의 정신적 지주로 도승지·한성부윤·형조판서 등을 지냈던 김종직도 《점필재집佔畢齋集》에 "한양 성내에 있는 몇몇 집은 내가 살았던 집이라네 / 때로는 쫓겨나는 바람에 한양 서쪽과 동쪽을 자주 옮겨다녔지"라는 시를 남겼다. 노상추와 김종직의 집주인이 같은 관료거나 양반 명문가 출신이었다면 보증금을 떼먹기 힘들었을 것이다. 관직과 거리가 먼 사람들이기 때문에 정부 고관들의 보증금을 가로챌 수 있었다고 생각하면, 관직과 실질적 관련이 없어도 돈으로 위세를 부리는 사람들이 적지 않았음을 알 수 있다. 국가권력으로 통제할 수 없는 사람들이 조선시대에도 이 정도로 있었다면 지방관조차 제대로 파견되지 않았던 고려시대에는 훨씬 더 많았을 것이다. 이랬으니 소수파인 서경파가 인종의 왕권을 이용해 반대파를 움직이고 고려 사회를 움직이는 데는 한계가 있을 수밖에 없다.

묘청은 정치권 밖의 사회세력을 규합해 기반을 확충하는 대신 인종의 정치적 권위를 활용해 기존 국가권력을 움직이고자 했다. 그러자면 인종의 신뢰를 보다 확실하게 얻어내야 했다. 그런 목적으로 그가 내놓은 비장의 카드가 바로 술법이다.

오늘날에 발행된 역사서들에는 묘청이 불교 승려로 소개돼 있지만, 실제로 그는 불교 겸 신선교 승려였다. 〈제망매가〉로 유명한 신라 승려 월명사가 신선교 수도자를 겸했던 것과 다르지 않았다. 《삼국유사》〈감통편〉에 따르면, 월명사는 불교 음악을 제작해달라는 정부의 청탁을 받고 "저는 국선(신선교)의 무리에 속해 있기 때문에 향가나 알 뿐이지, 불교 음악에는 서툽니다"라고 말했다. 불교 사찰에서 수양했지만, 실은 신선교에 더 가까웠던 것이다.

묘청도 마찬가지였다. 그는 서경에 신축한 궁궐에 팔성당八聖堂이라는 종교 시설을 건립했다. 그가 모신 팔성은 다른 말로 팔선八仙, 즉 여덟 산의 신선들이다. 즉 팔성당은 신선교의 산신 신앙을 받드는 곳이었다. 불교는 신선교 토양 위에서 신선교와 절충하는 방향으로 한국에 정착했다. 오늘날 불교 사찰에 있는 산신각은 신선교의 산신 신앙이 불교에 흡수된 결과다. 이처럼 불교와 신선교가 융합됐기에 묘청처럼 불교와 신선교를 혼합하는 성직자도 나올 수 있다.

고려왕조 역시 마찬가지였다. 이 왕조는 불교를 숭상하면서도 신선교를 소홀히 대하지 않았다. 이 점은 팔관회가 고려의 공식 행사였던 사실로도 증명된다. 팔관회가 신선교 행사였다는 사실은 〈훈요십조〉에 나온다. 〈훈요십조〉 제육조는 "연등회는 부처님을 섬기는 것이고, 팔관회는 천령·오악과 명산대천 및 용신을 섬기는 것이다"라고 말했다. 팔관회의 숭배 대상은 신선교의 숭배 대상과 일치했다. 이는 신선교 역시 고려 정부의 보호 대상이었음을 알려준다. 이런 환경에서 묘청은 불교와 신선교를 겸하는 승려가 됐다.

신선교를 수행한 승려들 중에는 기적을 연출하는 이들이 적지 않았다. 조선 후기에 홍만종洪萬宗이 지은 도사들의 이야기인《해동이적海東異蹟》은 그들에 관한 내용을 담고 있다. 그들 중에는 그런 능력을 타고난 이들도 있었지만, 후천적으로 배웠거나 속임수를 쓰는 이들도 있었다.

〈묘청열전〉에도 묘청이 술법을 부렸다는 이야기가 나온다. 이는 어느 정도는 사실인 듯하다. 묘청의 술법이 속임수였다는 증거가 있었다면 〈묘청열전〉을 반역 열전에 포함시켰던 《고려사》 편찬자들이 그 내용을 집어넣었을 것이다. 그러나 〈묘청열전〉은 어떤 술법은 허위였다고 말하면서도 다른 술법에 대해서는 그렇게 말하지 않았다. 속임수로 단정할 수 없는 부분도 있었던 것이다. 이처럼 묘청은 어느 정도의 도술 능력을 바탕으로 자기 주장의 신뢰도를 높이고 인종의 신임을 굳히고자 했다.

조선사상 일천년래 제일대논쟁

군주제 국가에서는 임금을 자기편으로 만드는 쪽이 집권당이 된다. 인종 시대에는 이런 경향이 특히 강했다. 이자겸이 정적을 제거하고 그 이자겸이 제거되는 과정에서 기존의 정치세력들이 이래저래 약해졌다. 이런 분위기였기 때문에 서경이 꿈틀대며 일어날 수 있었다. 그래서 이 시기에는 어느 누구도 조정을 장악할 수 없는 형세가 조성됐다. 군주권이 비교적 강해질 수밖에 없었다. 그리하여 서경파는 틈만 나면 인종의 귀에 무언가를 주입하고, 개경파도 기회만 생기면 반대 논리를 주입하는 양상이 되풀이됐다. 이 시대의 논쟁은 이런 식으로 전개됐다.

묘청의 제안에 따라 서경에 대화궁이 준공됐을 때였다. 묘청이 등장한 이듬해인 1129년이었다. 준공을 기념해 인종이 서경을 방문한 이후에도 그런 논쟁이 벌어졌다. 〈묘청열전〉은 이렇게 설명한다.

묘청의 무리 중에 어떤 사람은 표문表文(황제에게 올리는 글)을 올려 칭제건원을 권유하고, 어떤 사람은 유제劉齊와 협의하여 금나라를 협공해 멸망시키자고 말했다. 지식인들은 다들 불가능하다고들 말했다.

여기서 유제는 북송을 멸망시킨 금나라가 남송과의 중간 지대에 세운 괴뢰국 대제大齊를 지칭한다. 당시 대제의 군주가 유예劉豫였기 때문에 이 나라는 유제劉齊로 간칭됐다. 바로 이 유제와 동맹해 금나라를 협공하자는 주장이 있었고, 이에 대해 지식인들은 대체로 불가론을 폈다. 금나라가 북송을 멸망시킬 정도의 강대국이 됐으니 불가론이 나오는 것도 당연했다.

인종은 서경파의 주장에 관심은 있었지만 확신은 갖지 못했다. 그래서 비서관인 승선 이지저李之氐(1092~1145)에게 의견을 물었다. 〈묘청열전〉에 따르면, 이지저는 "금나라는 강적이므로 경시할 수 없습니다"라고 대답했다. 이지저는 김부식과 함께 묘청 추천 상소에 서명하지 않은 세 사람 중 하나였다.

개경파는 서경 천도 자체에 대해서는 뚜렷한 반대 논리를 내놓지 못했다. 이자겸의 난 등으로 인해 개경이 혼란스러워진 것을 목격했기 때문이다. 거기다가 인종이 서경에 직접 행차해 천도에 관심을 표시했다. 그래서 개경파는 측면, 즉 곁가지를 공격하는 전략을 선택했다. 서경 천도의 연장선상에 있는 북벌론을 비판한 것이다. 개경파는 북벌론의 비현실성에 관심을 집중시켰다. "지식인들은 다들 불가능하다고들 말했다"는 문장은 그런 분위기를 압축한다.

북벌론과 함께 개경파가 집중 공략한 게 또 있다. 묘청의 초능력 문제다. 개경파는 묘청이 황당한 말로 세상을 현혹하고 있다고 비판함으로써, 묘청에 대한 인종의 인식에 부정적인 영향을 끼치고자 했다. 정치적으로는 유학이 지배하고 종교적으로는 불교가 우세하던 시절이었다. 유학도 합리성을 추구하지만 이 점은 불교도 마찬가지다. 유교 철학인 성리학이 불교의 영향을 받아 발달한 것만 봐도 불교 철학의 깊이를 가늠할 수 있다. 오늘날의 합리성과는 차이가 있지만, 유교나 불교는 초현실적인 것을 부정하고 합리주의를 지향하는 사상이라는 점에서 공통적이었다. 이런 사상들이 지배하는 때였기에 묘청의 초능력을 문제 삼고 비판할 여지가 있었다. 개경파는 이 틈을 비집고 들어갔다.

1129년 대화궁 낙성식에 인종이 행차했을 때였다. 대화궁의 정전, 즉 공식 집무실은 건룡전이었다. 인종이 건룡전에 들어갈 때 갑자기 공중에서 신선의 음악 소리가 들렸다. 자연적으로 생긴 소리인지 서경파가 만들어낸 소리인지는 알 수 없지만 상당히 많은 사람들이 들은 것은 확실해 보인다.

정지상은 이를 상서로운 징조로 해석하고 인종에게 바치는 하표賀表(축하의 글)를 작성했다. 정지상은 재상들의 서명을 받고자 했다. 하지만 개경파 재상들은 끝내 서명을 거부했다. 그들은 의문을 제기했다. 어디서 그런 소리가 났느냐며 사람은 속여도 하늘은 못 속인다고 반박했다. 〈묘청열전〉에 따르면, 정지상은 황당해 했다. 함께 들어놓고 무슨 소리냐고 그는 따졌다. 정지상의 반응을 보면 실제로 소리가 나기는 했던 것 같다. 하지만 개경파는 끝까지 버텼고, 하표 작성은 결국 무산됐다. 개경파로서는 하표가 묘청의 초능력을 공인하는 결과로 이어지지 않을까 염려했을 수 있다.

불운과 조급성이 가져온 실패

인종은 서경파의 주장에 마음이 끌리면서도 쉽사리 단안을 내지 못했다. 서경에 궁궐을 짓고 행차까지 하면서도 천도론을 얼른 수락하지 않았다. 만만치 않은 반론을 의식했던 것이다. 이자겸의 난을 겪는 동안에 인간에 대한 불신이 생겼을 수도 있다. 그래서 더욱더 신중을 기했는지도 모른다. 이런 인종의 태도로 서경 천도는 계속 지연됐다.

묘청에게는 불운도 자주 겹쳤다. 천도를 주장한 뒤부터 이상한 일이 자주 벌어졌다. 서경 중흥사에서 탑이 불타는 사고가 발생해 묘청이 사기꾼임을 입증하는 자료로 거론됐다. 서경이 임금을 모실만한 데라면 왜 이런 일이 벌어지겠느냐는 비난이 나왔다. 인종의 서경 행차 때도 변고가 생겼다. 대낮에 하늘이 어두워지고 비바람이 일더니 호위병들이 쓰러진 것이다. 어수선한 와중에 인종이 말과 함께 잠시 행방불명되기도 했다. 대화궁 건룡전에 벼락이 떨어진 일도 있었다. 오늘날에도 자연재해가 정치적으로 해석되는 일이 왕왕 있는데 옛날에는 훨씬 더 그랬다. 하늘조차도 묘청에게 호의적이지 않았던 것이다.

묘청이 천도를 주장한 최초 시점은 1128년이다. 그의 애간장을 태우는 상황이 7년이나 이어졌다. 참다못한 묘청은 인종의 결단을 기다리지 않고 행동에 나섰다. 직접 나라를 세운 것이다. 1135년 그는 국호를 대위大爲, 연호를 천개天開라 하고, 황해도 중간쯤인 자비령 이북의 관군을 토대로 새로운 나라를 건립했다. 이른바 '묘청의 난'이 벌어진 것이다. 이들 군대가 어느 관청 소속인지는 알 수 없지만 중앙 관청의 서경 지부장인 분사시랑分司侍郞 조광趙匡이 그들을 지휘했다. 반란 세력은 인종에게 서경에 와서 즉위할 것을 촉구했다. 반란을 일으키면서도 인종에 대한 미련이 있었던 것이다.

인종은 김부식을 평서원수平西元帥로 임명하고 진압 책임을 부여했다. 김부식은 본격적인 전투에 앞서 투항을 권유하는 선전전을 펼쳤다. 이 작전이 주효했다. 정부군 편을 서는 성들이 많았다. 이런 분위기가 조광의 마음도 흔들어놓았다. 형세가 불리하다고 판단한 그는 묘청을 배신하기로 결심하고는 묘청의 목을 베어 정부군에 보냈다. 묘청이 허무하게 목숨을 잃은 것이다.

조광은 개경 정부의 호의적 반응을 기대했지만 상황은 그의 기대와 다르게 전개됐다. 묘청의 수급을 보냈음에도 개경 정부는 호의적 태도를 보이지 않았다. 그러자 조광은 서경에 성을 쌓고 다시 결사 항전 태세에 돌입했다. 이 항전은 1년 넘게 이어졌다. 식량 부족으로 아사자가 속출하는 상황에서 1136년, 조광을 비롯한 지도부가 자결을 선택함으로써 묘청의 난은 종결됐다. 고려의 국운을 놓고 벌어진 대논쟁이 막판에는 전쟁으로 비화됐다가 허무하게 막을 내린 것이다.

그 후 천년에 끼친 영향

．．．．．．．．．．．．．．．．．．．．．．．．．．．．

개경파의 승리로 고려 정국은 사대주의 세력을 중심으로 재편됐다. 역사는 승자의 것이라고들 하는데, 실제로 개경파는 자신들의 역사관과 세계관을 담아 《삼국사기》를 편찬했다. 묘청의 난이 진압되고 9년 뒤인 1145년의 일이다.

《삼국사기》의 주제는 '한민족이 어디서 살아야 하는가'이고, 이 책이 제시하는 답은 '한민족은 한반도에서 살아야 한다는 것'이다. 흔히 《삼국사기》는 신라 중심주의에 입각한 책이라고 하지만, 이 책에서 신라 중심주의는 부차적이다. 이 책의 본령은 한반도 중심주의다. 이 책이 만주를 무대로 한 고조선을 서술하지 않은 것, 청나라 정부가 공식 편찬한 《만주원류고》에도 쓰여 있는 신라의 길림성 점령 사실을 언급조차 하지 않은 것, 중국 역사서인 《송서》, 《양서》, 《남사》에도 소개된 백제의 요서 점령을 숨긴 것 등은 《삼국사기》의 1차적 메시지가 신라 중심이 아니라 한반도 중심임을 보여준다. 그러면서도 고구려의 만주 활동을 숨기지 않은 것은 그것이 너무나 명확해 당시 사람들의 뇌리에 깊이 박혀 있었기 때문이다. 고구려사만큼은 함부로 은폐할 수 없었던 것이다.

개경파의 노력은 결실을 거두었다. 한반도에서 북벌을 운운하는 세력이 자취를 감춘 것이다. 약 250년 뒤인 14세기 후반에 정도전과 이성계가 요동 정벌 운동을 전개한 것을 제외하면 개경파가 승리한 뒤로는 북벌을 표방하는 정권이 나오지 않았다. 정도전과 이성계 이후에도 마찬가지였다. 17세기 중반에 조선 효종이 북벌을 준비했다는 주장도 있지만, 실제로는 죽기 2개월 전에 송시열과의 비밀 독대에서 잠시 언급했을 뿐 북벌이 효종 시대의 국가 정책으로 승화되지는 못했다.

10세기 이후로는 0~3시 국가들이 강해졌다. 이 지역의 에너지가 넘쳐흘려 중원 쪽으로 팽창하는 움직임이 이어졌다. 이 흐름은 병자호란 시기인 17세기 중반까지 이어졌다. 그런데 고려는 12세기 전반에 《삼국사기》 편찬을 통해 한반도 중심주의를 표방했다. 대륙을 향한 의지를 단념한 것이다. 0~3시 국가들이 흥기하는 시대에 한반도는 이 기운을 활용하지 못했다. 김부식의 승리와 함께 일찌감치 이 흐름에서 스스로 이탈했기 때문이다.

한편 서경파의 몰락은 신선교 부흥의 기회를 소멸시키는 결과를 초래했다. 불교 공인 뒤로 수세에 몰렸던 신선교는 묘청의 궐기과 함께 부흥의 기회를 맞이했지만 이를 살리지 못했다. 그 뒤로도 명맥은 유지했으나 과거의 영광을 재현할 기회는 다시 만나지 못했다.

1136년 서경파의 몰락은 1170년 무신정변에도 영향을 끼쳤다. 신선교 수행에서는 무예 단련이 중요한 비중을 차지했다. 고구려 조의선인, 신라 화랑, 고려 재가화상 등은 무예 수련을 중시했다. 이들의 무예가 얼마나 뛰어났는가는 제1차 몽골 침략 때의 기적적인 사건에서도 증명된다. 《고려사》 〈김경손열전〉에 따르면, 신선교 수행자인 김경손이 이끄는 12인의 특공대는 몽골 대군을 헤집고 다니며 전투를 벌인 끝에 이들 대군을 두 번이나 퇴각시켰다. 몽골군마저 "사람이 아니다!"라며 감탄할 정도였다. 그런 군사적 역량은 신선교의 산물이었다.

신선교가 크게 몰락한 몽골 침략 때도 신선교의 군사적 역량이 그토록 대단했다는 사실은, 묘청의 실패로 인해 신선교가 타격을 입지 않았다면 고려의 군사적 에너지가 어떠했을까 하는 의문을 갖게 한다. 서경파의 몰락으로 초래된 신선교 군사 전통의 약화는 고려 국정에서 문사들의 입지를 더욱 넓히는 결과로 이어졌다. 958년 과거제 시행으로 서서히 강해지던 문신의 힘은 1136년 서경파의 몰락을 계기로 한층 더 강해지게 됐다. 이는 무신에 대한 과도한 차별을 낳았고 급기야 무신정변으로 이어졌다.

6장

이냐
기냐

생각하는 지배층의
세상을 연 철학 논쟁

사림파의 의외성

....

사림파 하면 당쟁이 연상된다. 당쟁은 논쟁을 수반하는 일이다. 유학, 특히 성리학을 전공한 선비들은 다양한 논쟁을 즐겼다. 그런 논쟁 중에는 이기론理氣論 논쟁과 예송禮訟 논쟁처럼 잘 알려진 것 외에도, 인간과 사물의 본성이 같은가 다른가에 관한 인물성동이론人物性同異論 논쟁 같은 것도 있다. 이들의 논쟁은 현실 문제에서부터 철학 쟁점에 이르기까지 다종다양했다.

사림파는 조선 건국 175주년인 1567년에 선조의 즉위와 함께 정권을 잡고 1910년 멸망 때까지 조선을 지배했다. 500년 역사의 절반 이상을 사림파가 주도했던 것이다. 1567년에 이들은 구시대 기득권층인 훈구파를 밀어내고 정권을 잡았다.

그런 뒤 마치 세포가 분열하듯 분열하기 시작했다. 처음 사림이 서인과 동인으로 갈리고, 동인은 북인과 남인으로, 서인은 노론과 소론으로 갈라졌다. 자세히 보면 더 많은 분파들이 있었다. 그 분파들이 출현할 때마다 논쟁이 벌어졌다. 논쟁의 향방에 따라 새로운 분파들이 생겨났던 것이다.

　이 책에서 살펴보는 것처럼 한국사의 주요 갈림길에서는 대논쟁이 있었다. 역사의 길목에서 승자가 된 세력은 이런 논쟁을 딛고 일어섰다. 그중 사림파만큼 논쟁과 가까웠던 세력도 없다. 이들은 지배층이 된 뒤에도 오래도록 논쟁을 즐겼다. 그 논쟁이 어찌나 치열했던지, 피상적 관찰자인 일본인들의 눈에 조선 멸망의 원인이 당쟁으로 비쳤을 정도다. 물론 그들의 주장처럼 조선이 정말로 사림파의 당쟁 때문에 망한 것은 아니다. 하지만 사림파가 좀 심하다 싶을 정도로 논쟁에 빠졌던 것도 부인할 수 없는 사실이다.

　논쟁에 주력하는 사림파의 태도는 한국사에서 파벌 투쟁, 즉 당쟁의 양상을 바꾸는 데도 기여했다. 어느 경우에나 다 그랬던 것은 아니지만 사림파가 정권을 잡기 전, 일반적인 권력 교체는 창검을 통해 이루어졌다. 군사력이 강한 쪽이 정권을 획득하는 게 일반적인 양상이었다. 여기서 말하는 권력 교체는 왕권 교체가 아니라 집권당의 교체를 말한다. 따라서 사림파 집권 이전에는 정권을 획득하자면 대개 군사력부터 준비해야 했다. 그런데 1567년 이후로는 논쟁을 통해 임금을 자기편으로 만든 뒤 왕명을 빌려 상대방에게 사약을 내리는 방법으로 정권교체가 이루어졌다. 물론 1567년 이후에도 창검을 통한 정권교체가 있었지만 사약을 통한 정권교체가 보다 일반적이었다. 주먹보다는 말로 문제를 해결하려는 지식인의 특성이 이렇게 반영됐던 것이다.

　전에는 사림과 같은 지배층이 없었다. 이들은 역사에서 상당히 희귀한 존재다. 이들의 역사적 의의를 깊이 이해하려면 한국사에 등장한 다른 지배층들과 비교해볼 필요가 있다. 그래서 이번 이야기는 한국사 속 지배층에 대한 이야기에서 시작한다.

역사를 남긴 사람들

경기장에서 스포츠 게임을 관람하는 것과 신문 기사를 통해 경기 내용을 파악하는 것은 전혀 다른 일이다. 기사를 통해 어떤 사실을 접할 때는 글쓴이의 영향으로부터 완전히 자유로울 수 없다. 역사를 이해하는 일도 마찬가지다. 역사서 저자에게 완벽한 공정성을 기대하는 것은 처음부터 불가능한 일이다. 물론 관변 역사가가 아닌 한 대부분의 역사가들은 공정하게 서술하려고 노력한다. 하지만 거의 모든 역사가들은 어떤 형태로든 거짓말을 하게 되어 있다. 예를 들어 민족적 관점에 매몰돼 역사적 사건을 서술하면, 역사가 본인이 의도하지 않더라도 잘못된 관점이나 정보를 독자에게 전달하기 쉽다.

대학 학부 과정 수업을 들을 때의 일이다. 한국 철학을 가르치는 교수가 이런 말을 했다. "예전에는 책을 사면 저자의 프로필부터 봤는데, 이제는 그렇게 안 한다. 그렇게 하니까 선입견 때문에 책의 내용을 있는 그대로 받아들이지 못하게 되더라." 그러나 역사가 에드워드 핼릿 카Edward Hallett Carr(1892~1982)는 이와 정반대로 말했다. 카는 "여러분이 역사책을 집어들 때, 책 표지에 있는 저자 이름을 살펴보는 것으로는 충분치 않다"며 "출간 일자나 집필 일자(그것은 때때로 훨씬 더 많은 것을 누설한다)도 살펴보아야 한다"고 지적했다. 동일한 사건일지라도 저자에 따라, 저자의 집필 시점에 따라 각각 다르게 서술될 수 있다는 이유에서다.

이 같은 문제점은 우리가 접하는 역사서에도 내재돼 있다. 우리가 보는 역사서들은 과거에 생산된 사료에 근거한 것이다. 그런데 사료를 남긴 이들은 거의 다 왕의 신하 아니면 지식인이었다. 이들의 대체적인 공통점은 항상 왕을 의식한다는 점이다. 관직에 연연하지 않고 초야에 묻혀 수행하는 지식인도 마찬가지였다. 그들 중 상당수는 왕의 정치를 비판하며 왕이 이렇게 또는 저렇게 다스려야 한다고 역설했다. 그들이 군주의 문제점을 지적했다는 것은 그들의 의식세계가 왕정 시스템을 중심으로 작동했음을 의미한다. 왕을 조금도 의식하지 않았다면 왕에 대한 글을 쓸 이유도 없다. 이처럼 후세에 사료를 남긴 사람들은 기본적으로 왕을 중심으로 사고하는 이들이었다.

보이는 지배층과 보이지 않는 지배층

군주는 자기 영역 안에서만큼은 스스로를 전지전능한 신의 대리인으로 자리매김했다. 그래서 왕들은 배타적 성격을 띨 수밖에 없었다. 그들은 자신이 관할하는 지역에 거주하는 모든 사람을 자기 백성으로 간주했고, 그 구역 내에서 행사되는 모든 권력의 원천이 자신이어야 한다고 생각했다.

하지만 동서고금을 막론하고 군주와 무관하게 살아가는 사람들도 적지 않다. 군주가 자기 영토로 간주한 영역일지라도 군주의 영향력이 미치지 않는 곳은 많다. 군주로부터 받은 벼슬 없이 재상급 권력을 행사하는 이도 언제 어디에나 존재한다. 고을 원님이 어쩌지 못하는 무관無冠의 지역 유지도 많았다. 태종 이방원을 비롯한 조선 전기의 군주들이 저화라는 지폐를 유통시키고자 했지만 끝내 실패한 것은 임금도 어쩔 수 없는 경제 권력의 존재 때문이었다.

공권력이 미치지 않는 지하세계에는 그곳 나름의 지배층이 있기 마련이다. 이들 중 일부는 정부 관직을 받기도 한다. 지금이나 옛날이나 통치자들은 이들을 공식적으로는 부정하면서도 실질적으로는 공존의 길을 택한다. 그렇기 때문에 지배층 문제를 다룰 때는 눈에 보이는 지배층과 보이지 않는 지배층이 상호 공존하는 가운데서 역사를 움직인다는 관점을 취해야 한다.

고려 향리, 사림의 근간을 이루다

전통적으로 보이는 지배층은 왕실을 비롯한 소수의 대大귀족 집단들로 형성됐다. 이런 집단들은 많아봐야 몇 십 개였다. 신라 말기의 호족 시대에는 이런 지배층 가문의 숫자가 더 많아졌다. 왕건이 호족과의 동맹을 위해서 결혼을 스물아홉 번이나 했다는 것은, 그가 신경써야 할 가문이 그렇게나 많았음을 의미한다.

이런 양상은 소수의 대주주들이 최대 주주와 함께 경영하는 주식회사를 연상케 한다. 실제로 고대 왕국들은 최대 주주인 왕실과 대주주인 고위 귀족들의 공화체제로 운영되는 일이 많았다. 고려 초기의 호족 연합 시대에도 이런 양상의 본질이 남아 있었다. 그런데 1170년 무신정변을 계기로 변화가 싹트기 시작했다. 소액주주들이 경영진(지배층)이 될 가능성이 엿보이기 시작한 것이다.

광종의 개혁으로 호족의 힘이 약해지면서 고려 지배층은 예전처럼 귀족의 형태를 띠게 됐다. 왕실이 부여하는 작위나 벼슬에 의해 지배층이 결정되던 이전 시대로 회귀한 것이다. 귀족들은 과거 시험의 정착과 함께 문치주의 지배층의 모습을 갖추기 시작했다. 여전히 많은 귀족 자제들이 음서를 통해 관직 세계에 입문했지만 과거 시험으로 대표되는 문치주의 정책에 힘입어 지배층은 무사가 아닌 문신의 모습으로 전환됐다. 이런 환경 속에서 강릉 김씨, 광양 김씨, 안산 김씨, 평산 박씨, 파평 윤씨, 경원 이씨, 해주 최씨 같은 귀족들이 지배층으로 자리 잡았다. 고려 전기에 형성된 이들 지배층을 역사학에서는 문벌귀족門閥貴族이라 부른다. 이들은 호족 시대의 종결과 과거제도의 정착을 배경으로 지배층 지위를 공고히 한 집단이다.

그런데 문신 중 상당수가 무신정변 때 살육을 당했다. 《고려사》 〈정중부열전〉에 따르면, "문신의 관冠을 쓴 자는 비록 서리일지라도 죽여서 종자를 남기지 말라"는 구호 아래 문신 숙청이 단행됐다. 하급 실무자인 서리는 서류를 다루는 사람들로 이들 상당수는 관청에 속한 공노비였다. 공노비는 물건으로 취급됐기 때문에 이들에게는 보수를 지급할 필요가 없었다. 국가는 이들을 실무 인력으로 활용했다. 붓을 들었다는 이유로 그런 노비들조차 살육을 당했다. 무신들의 한이 얼마나 강렬했는지 짐작할 수 있다.

하지만 '문신의 종자를 남기지 말라'는 구호는 그렇게 철저히 관철

되지 않았다. 국가 행정을 이끌어가자면 문서를 다루는 관료들이 당연히 필요했다. 무신정권 지도부도 국가 경영에 문신이 꼭 필요하다는 점을 절감했다. 그렇지만 기존 문신들에게 도움을 청할 수는 없었다. 그들에게는 이미 적대감을 드러냈기 때문이다. 물론 무신정권기에 모든 문벌귀족이 몰락한 것은 아니다. 경주 김씨와 정안 임씨는 최충헌 가문 및 왕실과의 혼인을 통해 오히려 세력을 확장했다. 파평 윤씨와 경원 이씨도 어느 정도는 세력을 유지했다.

이런 예외를 제외하고, 무신정권은 새로운 집단에서 문신 관료들을 충원하고자 했다. 그 새로운 집단은 지방 향리층이었다. 이들은 행정 실무에 경험이 있었다. 그래서 향리 집안에서 문신을 발탁한 것이다. 이 덕분에 성장한 가문 중 하나가 지금의 경기도 여주를 본관으로 하는 여흥 민씨다. 태종 이방원의 부인인 민경황후, 숙종의 부인인 인현왕후, 고종의 부인인 명성황후를 배출한 가문이다.

이렇게 무신들에 의해 지방에서 발탁된 문신들이 신진사대부로 성장했다. 이들은 몽골 간섭기에 충선왕의 후원을 받아 입지를 굳히다가 고려 말 공민왕과 신돈의 지원으로 지배층 지위에 오르게 됐다. 지방에 근거지를 둔 이들은 중소 규모의 토지를 보유했다. 그래서 이전 지배층보다 사상적으로 건전했다. 거기다가 이들은 성리학을 통해 철학적 소양을 갖추었다. 이들 중 일부는 이성계, 정도전과 함께 조선 건국에 참여했고, 나머지는 향촌에서 실력을 축적해 나갔다. 이들은 조선 건국 1세기 뒤인 15세기 후반부터 두각을 나타냈다. 이들이 바로 사림파다.

이 같은 사림파의 성장 과정에는 일면 모순으로 비칠 만한 요소들이 있다. 지방 향리 가문의 인재들을 중앙 문신 관료로 발탁한 것은 무신정권이었고 공민왕과 협력해 그들을 지배층으로 밀어올린 것은 불교 승려 신돈이었다. 문신인 이들이 무신의 도움으로 발탁되었고, 유학자들인 이들이 불교 승려의 도움으로 지배층이 됐다. 그들과 대립각을 이루는 집단의 도움을 받은 것이다.

사림파가 집권하기까지

사림파는 연산군의 아버지인 성종(재위 1469~1494) 때 사헌부·사간원·홍문관에 포진했다. 삼사로 통칭된 이 부서들은 이·호·예·병·형·공의 육조처럼 행정 실무를 처리하는 곳은 아니었다. 삼사의 구체적 직무는 달랐지만, 군주에게 진언할 기회가 있다는 공통점이 있었다. 이 기회를 빌려 삼사는 군주뿐 아니라 육조까지 견제했다. 조선 초 의정부와 육조를 장악한 세력은 기득권층인 훈구파였다. 훈구파는 대개 정상적인 승진 절차가 아니라 정변을 통해 권력 핵심부를 차지한 세력으로 주로 한양에 거점을 둔 대토지 소유자였다.

성종 초기에는 대표적 훈구파인 한명회의 권세가 최고조에 달했다. 한명회는 세조(수양대군)의 손자인 성종을 사위 삼고 이를 기반으로 절정의 권세를 구가했다. 그러나 성종 집권 5년 만인 1474년, 한명회의 딸이자 성종의 부인인 공혜왕후가 사망하면서 한명회의 권세는 내리막길을 걷게 됐다. 성종은 한명회 같은 훈구파로부터 왕권을 지키고자 지방 출신 사림파를 끌어올리는 방안을 생각해냈다. 그러고는 과거 급제자 중에서 사림파로 분류되는 관료들을 삼사에 집중 배치했다.

> 성종 7~25년에는 언론 활동이 장려되고 언관이 우용優容(잘 용납됨)됨에 따라 영남 지방이 중심이 된 지방 신진 학자들의 진출이 증대되면서 대거 홍문관과 대간(사헌부·사간원)에 제수되었다. 성종 대에 진출한 영남 출신 사대부에는 영남 지방 중에서도 선산이 중심이 된 낙동강 중류 출신의 진출이 현저하였는데, 성종 1~25년까지 최한후 등 30여 명이 문과를 거쳐 사관仕官(벼슬살이)하였고, 최한후 등 20여 명이 홍문관·사헌부·사간원 각급 관직과 승지 등을 역임하였다.
>
> — 한충희, 〈조선 초기 낙중洛中 사림파의 형성과 전개〉, 《한국학 논집》 40권, 2010.

경상도 선산은 사림파의 정신적 지주인 김종직의 본관이다. 초기에는 그의 제자들을 중심으로 사림파의 중앙 정계 진출이 성사됐다. 이렇게 사림파를 삼사에 배치함으로써 성종은 훈구파 대 사림파의 구도를 만들고 양자의 균형 속에서 군주의 권위를 유지하고자 했다.

하지만 아들 연산군의 판단은 달랐다. 그는 사림파가 너무 강해졌다고 생각했다. 그 정도로 성종 시대에 사림파가 크게 성장했던 것이다. 연산군은 사화士禍를 일으켜 이들을 탄압했다. 1498년 무오사화, 1504년 갑자사화가 대표적이다. 갑자사화는 연산군이 생모인 폐비 윤씨 죽음의 한을 푸는 한편, 국가유공자인 공신들을 죄인으로 몰아 재정을 절감할 목적으로 벌인 사건이다. 이로 인해 훈구파도 타격을 입었지만, 주로 사림파가 위축됐다. 이 때문에 성종이 구축한 권력 균형이 깨지고 말았다. 이로 인한 정치 불안정은 1506년, 훈구파가 중종반정을 일으키는 원인이 됐다.

훈구파의 옹립을 받은 연산군의 이복동생 중종은 처음 10년간 훈구파의 눈치를 살피며 조용히 살았다. 그러다가 1516년부터 35세의 사림파 신진 조광조趙光祖(1482~1519)를 앞세워 훈구파의 힘을 빼는 개혁을 진행했다. 조광조의 등용은 사림파 정권의 수립으로 이어졌지만, 이 정권은 오래가지 못했다. 훈구파가 어느 정도 약화된 1519년 연말에 중종이 조광조를 붕당 결성 혐의로 유배 보낸 뒤 사약을 내렸기 때문이다. 이렇게 사림파 정권도 단명으로 끝나게 됐다. 그런 다음 중종은 한층 약해진 훈구파와 잔존한 사림파를 이끌고 왕권을 강화했다. 사림파는 그 후 약 50년간 훈구파의 탄압을 받았다. 그러면서도 악착같은 생존력을 보이다가 선조의 집권과 함께 집권에 성공했다.

사림파의 집권을 가능케 한 몇 가지 요인이 있다. 그들이 지지한 하성군(선조)이 후사 없는 명종의 뒤를 이어 왕위에 오른 것도 도움이 됐지만, 장기간 이어진 명종 시대의 재정 위기도 그들에게 유리하게 작용했다. 명종 시대에는 전세미田稅米가 부족했다. 농토에서 세금으로 거두는 쌀이 전보다 줄어들었음에도 백성들의 과세 부담은 계속 증가했다. 정부는 정부대로, 백성은 백성대로 힘들어졌던 것이다. 이에 대해 역사학자 김성우 교수는 이렇게 말한다.

성종 대(1469~1494) 전세미 30만 석을 정점으로 한 국가 재정은 연산군 대(1494~1506) 이래 감소 추세를 보여, 명종 대(1545~1567)에 이르면 10만

석 내외로 고정되었다. 1년 평균 경상비 지출이 12만 석 내외였다는 점을 고려하면, 만성적 적자시대가 열린 것이었다. 그런데 문제는 이러한 상황에서도 백성들의 과세 부담은 시간이 흐를수록 증가하고 있었다는 사실이다. 연산군 7년(1501) 잡세액 증액을 목표로 한 국가 재정 수입의 확충이 낳은 결과였다. 이처럼 국가 재정의 만성적인 적자, 농민들의 과중한 부세 부담이 서로 인과를 이루는 가운데 재정 적자폭의 확대, 농민 경제의 파탄이라는 악순환은 반복되었다.

— 김성우, 〈선조대 사림파의 정국 장악과 개혁노선의 충돌〉, 《한국사연구》 제132호, 2006.

세수를 확충하느라 백성들의 부담을 증가시켰지만, 재정적자 해소에 도움이 되지 않았다. 훈구파가 이 오랜 위기를 해결하지 못하자 왕실이 곳간을 불려줄 유능한 경영자를 찾아 사림파 쪽으로 고개를 돌린 것이다.

실권자 문정왕후의 친불교 정책에 대한 지배층의 반발 심리도 사림의 집권에 도움이 됐다. 명종의 어머니로서 정치적 실력을 행사한 문정왕후는 불교 조직 체계화를 위해 선종과 교종으로 교파를 재정립하고 300여 개의 사찰을 공인했다. 또 승려 등록제인 도첩제를 통해 승려 4,000명을 새롭게 충원하고 승과 시험까지 실시했다. 이 승과 시험에서 배출된 인물이 임진왜란 승병장으로 유명한 서산대사와 사명대사다. 문정왕후는 친불교 정책을 위해 보우 대사에게 힘을 실어줬다. 보우는 지금의 서울 강남구에 있는 봉은사의 주지를 지냈다. 이 같은 친불교 정책은 사림파의 목소리를 높이는 요인이 됐다. 집권 세력인 훈구파 역시 유교적 소양을 갖고 있었으므로 불교 문제에 대해서만큼은 사림파와 입장을 같이했다. 그 덕분에 사림파는 훈구파의 과도한 견제를 피하고 역량을 온존하며 다음 시대를 준비할 수 있었다.

문정왕후와 명종의 관계도 사림파에 득이 됐다. 문정왕후는 1545년 12세 나이로 왕이 된 명종을 대신해 수렴청정을 했다. 이 수렴청정은 8년 만인 1553년에 끝났지만 문정왕후는 실권을 내려놓지 않았다. 그렇게 해도 될 만큼 그의 권세는 막강했다. 《명종실록》에 따르면, 문정왕후는 이따금 아들에게 "내가 없었으면 네가 무슨 수로 이렇게 됐겠느냐?"라며 툭하면 호통을 쳤다. 문정왕후의 권세는 명종의 이복형인 인종에게도 영향을 끼쳤다. 인종은 계모인 문정왕후의 괴롭힘 속에 등극한 지 1년도 안 돼 세상을 떠났다.

문정왕후는 친정인 윤씨 가문, 그중에서도 동생인 윤원형이 이끄는 세력을 기반으로 국정을 운영했다. 중종의 두 번째 왕비인 장경왕후의 일족은 대윤大尹, 세 번째 부인인 문정왕후의 일족은 소윤小尹으로 불렸다. 장경왕후와 문정왕후는 7촌 관계다. 장경왕후 입장에서 문정왕후는 재종질녀, 그러니까 6촌 형제의 딸이었다. 문정왕후는 대윤을 억압하면서 소윤과 훈구파를 기반으로 권력을 연장했다.

명종은 어머니 문정왕후를 함께 견제해줄 세력으로 사림파를 생각했다. 그래서 명종은 사림파에 특별한 관심을 보였고 어머니가 죽자 훈구파를 약화시키는 데 착수했다. 명종은 22년의 재위 기간 중에서 20년을 어머니 그늘에서 살다가 34세 때 세상을 떠났지만 그의 치세는 사림파 정권이 등장하는 기반이 됐다. 그리고 마침내 선조 대에 들어 사림은 정권을 잡고 보이는 지배층의 입지를 군히게 됐다.

생각하는 지배층, 철인정치를 구현하다

일본은 조선 강점을 추진하는 과정에서 이를 합리화할 명분을 모색했다. 그들이 찾은 구실 중 하나가 당쟁의 폐해다. 동서고금을 막론하고 당쟁이 없었던 시대나 지역은 거의 없었다. 그런데도 일본은 유독 조선 후기의 당쟁을 문제 삼으며 당쟁 때문에 조선은 망할 수밖에 없었다는 논리를 만들어냈다.

이런 논리의 개발에 참여한 인물 중 하나가 쓰네야 세이후쿠恒屋盛服다. 그는 1894년 청일전쟁 시기에 조선에 대한 내정간섭에 참여하고, 국민동맹회라는 극우단체를 조직해 러시아에 대한 강경 여론을 조성해 1904년 러일전쟁을 촉발시키는 데 기여한 사람이다. 1910년 발행된 《조선개화사》에서 그는 당쟁의 결과물로 왕위 쟁탈전, 살육전, 의옥疑獄 등을 거론했다. 또한 멸망 이전 300년의 조선 역사는 온통 당쟁뿐이었다고 주장했다.

그 시기에 조선을 주도한 세력은 사림파와 그 후예들이다. 일본인들이 부각시킨 당쟁의 부정적 측면은 당쟁의 주역인 사림파의 이미지에 나쁜 영향을 미쳤다. 오늘날 우리 사회에 남아 있는 사림파에 대한 좋지 못한 인상은 이로부터 기원했다.

사림파의 지배 기간에 나라가 멸망했으니, 이들에게 조선 멸망의 책임이 있음은 부정할 수 없다. 하지만 이와 별도로 이들의 역사적 의의가 실제보다 낮게 평가되고 있다는 점도 고려하지 않으면 안 된다. 오늘날 우리는 국회에서 몸싸움을 벌이고 특활비 명목으로 혈세를 함부로 사용하는 일부 국회의원들의 행태와 자질 부족에 탄식을 금치 못한다. 그에 비해 사림파는 이런 비판을 들을 사람들이 아니었다. 그들은 역사에서 보기 드문, 한국사에 최초로 등장한 '생각하는 지배층'이었다.

사림파 선비들은 사서삼경 같은 경전을 술술 암송할 뿐 아니라, 주자의 철학도 거침없이 인용했다. 머릿속 관념을 즉흥시로 표현하는 능력도 뛰어났다. 술을 마시고 여행을 다니면서도 끊임없이 시를 짓는 이들이 많았다. 사림파의 사표인 포은 정몽주도 그랬다. 《포은집圃隱集》에 담긴 〈음주〉라는 시에서 그는 봄 여행을 다녀오느라 돈을 많이 썼지만, 여행 중에 써둔 시가 주머니에 가득해 만족스럽다고 읊었다. 정몽주뿐 아니라 다른 선비들도 이 정도로 시 쓰기를 좋아했다. 즉흥시를 못 지으면 투호 같은 사교 게임에도 참여하기 힘들었다. 화살이 병 구멍에 들어갔느냐 양쪽 귀에 들어갔느냐, 그 화살이 몇 번째 화살이냐에 맞게 적절한 시를 지을 수 있어야 했다. 시를 짓지 못하면 벌주를 마셔야 했다. 이런 경우를 대비해 각각의 경우에 어떤 시를 지을 것인가를 적어놓은 이만수의 《투호집도投壺集圖》같은 참고서도 있었다.

또 이들은 대체로 예의 바르고 겸손했다. 겉치레일 수도 있었지만 외형상으로는 그랬다. 이들은 단순한 학자의 차원을 넘어선, 수행자 혹은 철인이라 할 수 있는 사람들이었다. 그런 이들이 300년간 조선을 이끌었다. 그들의 통치는 플라톤의 《국가론》에 나오는 철인정치를 연상케 한다. 플라톤은 철학자들이 왕이 되어 세상을 다스려야 불행이 없어진다고 말했다. 물론 사림파 인사가 직접 왕이 되지는 않았다. 하지만 1567년 이후로는 사림파가 정권을 잡고 나라를 경영했으므로 《국가론》 속 철인정치와 본질적으로 같다고 할 수 있다. 고대 그리스 철학에서 이상시했던 철인정치가 16세기 후반 이후의 조선에서 구현된 것이다.

이렇듯 사림파는 철학자이기 때문에 자기 시대의 사상적 토양에 유의하지 않을 수 없었다. 최초의 사림파 정권의 리더인 조광조가 도교 제례 기관인 소격서를 폐지하고 유교적 사회 원리인 향약 보급을 추진한 것도 그런 분위기를 반영한다. 자기 시대의 철학적 토양을 개조하는 일에 지대한 열의를 가졌던 것이다.

또 이들은 철학적 관점에서 중앙 정치를 개조하고자 했다. 그러다 보니 이들의 시대에는 다양한 논쟁이 쏟아져 나올 수밖에 없었다. 철학자인 동료 정치인들과의 의견 수렴을 거쳐 새로운 질서를 창출하려다 보니 심하다 싶을 정도로 논쟁에 매몰되었다. 이것이 일본 역사학자들의 눈에는 탁상공론으로 비쳤다. 그러나 사림파 내부의 그 철학 논쟁을 매개로 16세기 후반 이후의 조선 역사가 전개되어 나갔다.

이와 기로 우주 만물을 해석한 이기론 논쟁

사림파의 논쟁은 이들의 제1차 집권과 영구 집권의 중간에 해당하는 조광조 집권기와 선조 즉위 사이에도 활발했다. 대표적인 것이 서경덕徐敬德과 이황李滉의 이기론理氣論 논쟁이다. 이와 기로 우주 만물을 해석하는 이 논쟁을 한국사 교과서에서는 이황과 이이의 대립 구도로 설명하는 경향이 있다. 하지만 이이는 서경덕과 이황의 주장을 절충하는 경향을 보였다. 그러므로 이 논쟁의 본령은 '이이 대 이황'이라기보다는 '서경덕 대 이황'이다.

경기도 개성 출신인 화담 서경덕徐敬德(1489~1546)은 조선 건국 97주년인 1489년에 출생했다. 이때는 연산군의 아버지인 성종이 다스리던 시기였다. 서경덕은 천재 학자로 성장했다. 그런 그를 주목한 곳이 조광조의 개혁 정권이다. 기존 과거 시험을 대체하는 현량과가 실시된 1518년에 조광조 정권은 20세의 서경덕을 추천했다. 현량과는 중앙이나 지방 관청에서 추천받은 사람에게만 응시 자격을 부여하는 시험이었다. 추천 과정에 영향력을 행사해 사림파 지원자가 혜택을 받도록 하고자 한 것이다. 하지만 서경덕은 추천을 고사했다. 관직에 뜻이 없었기 때문이다. 그는 44세 때인 1532년, 어머니의 성화에 못 이겨 생원과에 응시했다. 결과는 장원 급제였다. 하지만 더 나아가지 않았다. 56세 때인 1544년에도 정종 임금 부부의 무덤인 후릉을 관리하는 참봉에 임명됐지만 그는 이때도 몸을 움직이지 않았다.

서경덕이 사양한 것은 관직뿐만이 아니었다. 그는 황진이의 유혹을 사양한 일로도 유명하다. 광해군의 최측근인 어우당 유몽인이 쓴 《어우야담於于野譚》에 따르면, 황진이가 《대학大學》을 옆에 끼고 찾아와 제자 되기를 청하고는 제자에서 이성으로 돌변해 유혹을 걸었지만 서경덕이 넘어가지 않았다고 한다. "황진이가 스스로 원해 침실에서 한 이불을 덮고 며칠이나 잤지만 화담은 조금도 동요되지 않았다"고 전 의령 현감 서유영의 《금계필담錦溪筆談》은 말한다. 30년간 면벽수양을 한 지족선사를 한 번에 꺾어버린 황진이의 집요한 유혹을 무시하고 서

170

경덕은 오로지 우주 만물의 이치에만 몰두했다. 그는 성리학에 미친 남자였다.

서경덕은 기를 중심으로 우주 만물을 해석했다. 삶과 죽음을 논한 《귀신사생론鬼神死生論》에서 "기는 끝없는 허공에 가득 차 있다"면서 "그것이 크게 모이면 천지가 되고 작게 모이면 만물이 된다"고 말했다. 우주가 기라는 기본 단위로 형성돼 있다고 본 것이다. 지금까지 인류가 발견한 가장 작은 소립자는 쿼크quark다. 미국 이론물리학자 머리 겔만Murray Gell-Mann이 1964년에 쿼크의 존재를 발표했다. 쿼크는 1밀리미터의 100만분의 1보다 작다. 현재까지의 과학 지식으로 볼 때, 서경덕이 말한 기는 쿼크 같은 것이라고 말할 수 있다. 그런 기의 상호작용에 의해 우주 법칙인 이가 형성된다는 게 그의 생각이다. 기가 이보다 먼저라는 것이다. 이렇게 기를 중심으로 설명하는 서경덕의 이론을 기일원론氣一元論이라고 부른다.

퇴계 이황李滉(1501~1570)은 오늘날에는 조선시대를 대표하는 위인으로 존경받고 있지만 당대에는 그러지 못했다. 그도 그럴 것이 그의 사상은 1623년 인조 쿠데타(인조반정) 이후 대체로 야당이었던 동인에 의해 계승되었기 때문이다. 그래서 조선 후기에는 이황이 크게 주목받기 힘들었다. 이황이 존경받기 시작한 것은 박정희가 국민 윤리를 개조할 목적으로 국민교육헌장을 반포한 1968년 이후의 일이다. 박정희는 같은 경상도 출신 사상가 이황을 이용해 새로운 국민 윤리를 퍼뜨리고자 했다. 그리하여 1969년에는 이황의 고향인 경북 안동에 도산서원이 중수됐고, 1년 뒤에는 퇴계 사망 400주년을 기념하는 사업회가 설립됐으며, 서울 남산에 동상이 올라갔다. 그 후 각지에서 이황을 위한 기념 강연이 열렸다. 1975년 8월 14일에는 그의 초상과 도산서원 전경이 담긴 지폐도 발행됐다.

당대에는 거의 주목받지 못했지만 이황은 1567년 사림파 집권에 결정적 기여를 했다. 그는 훗날 동인당으로 분류될 사림파의 일부를 이끌고 관계官界에 발을 들여놓았다 빼기를 되풀이했다. 이런 방법으로 그는 개혁파이자 약자인 사림파의 생명력을 온존시키고 결국 사림파의 집권을 성사시켰다.

이처럼 이황은 한국 정치사에서 큰 역할을 했지만 외형상으로는 정치와 그리 긴밀하지 않았다. 을사사화(1545) 직전부터 1558년까지 그는 20여 회나 관직에서 물러나거나 관직을 고사했다. 조광조처럼 확 밀어붙이는 게 아니라 조금씩 입지를 늘려가는 스타일이었다. 또 조광조처럼 자신을 위험한 상황으로 몰아넣기보다는 과도한 견제를 피해갔다. 그렇게 현실 정치와 일정한 거리를 유지한 덕분에 그는 정치활동뿐 아니라 성리학 연구에도 많은 시간을 할애할 수 있었다.

이황은 서경덕의 기일원론을 논박했다. 이황은 이를 중심으로 세상 만물을 설명했다. 기가 있고 이가 있는 게 아니라, 이가 있고 기가 있다고 생각했다.《퇴계선생문집退溪先生文集》제25권에 실린 〈고요하여 조짐은 없지만 만물은 이미 갖추어져 있음을 논함論沖漠無朕萬象已具〉이라는 글에서 이황은 "사물이 있기 전에 먼저 이가 있음을 말한 것이니, 임금과 신하가 있기 전에 이미 임금과 신하의 이가 있었고, 아버지와 아들이 있기 전에 이미 아버지와 아들의 이가 있는 것과 같다"는 주자의 말을 인용했다. 그러면서 이황은 이가 기보다 먼저라고 말했다. 임금과 신하의 도리가 있은 뒤에 임금과 신하가 존재하는 것이므로, 이가 기보다 먼저일 수밖에 없다는 것이었다.

이 같은 논쟁은 학술 차원으로 그치지 않았다. 현실의 정치 문제 와도 연관됐다. 기가 이보다 먼저라는 서경덕의 주장도 그랬다. 나라 로 비유하자면, 기는 백성이고 이는 국가 질서다. 기가 이보다 먼저라 는 주장은 백성이 국가 질서보다 앞선다는 사상과 연결된다. 국가 질 서가 백성을 위해 존재해야지 그 위에 군림할 수 없다는 속뜻을 담은 것이다.

여기서는 백성이 누구냐가 쟁점이다. 서경덕은 선비지만 경제적으 로는 하층민이었다. 그런 인물이 백성이 국가 질서보다 먼저라고 주 장했다면 이때의 백성은 서민일 가능성이 높다. 그래서 서경덕의 주 장은 진보적으로 해석될 여지가 컸다. 하지만 백성에 서민층만 있는 것은 아니다. 양반 지주도 엄연히 백성이다. 서경덕의 주장은 해석에 따라서는 양반 지주층을 대변하는 보수파의 논리로도 활용될 수 있 었다. 실제로 서경덕의 사상을 계승한 서인당은 그런 입장을 대변했 다. 서인당에서 노론당이 나왔고 노론당이 보수 세력을 이끌었다. 이 들은 국가 질서를 대표하는 왕권을 제약하고 양반 지주층의 이익을 높이려 했다.

이황의 사상도 정치적으로 활용되기는 마찬가지였다. 세상이 생 기기 전에 이미 질서가 있었으므로 이 질서를 뒤집어서는 안 된다는 논리는 다의적으로 해석될 여지가 있었다. 당시의 국가 질서는 노비 와 토지를 기초로 한 지주층의 사회 지배를 왕권이 승인하는 것을 전제로 작동했다. 이처럼 질서의 우위를 주장하는 이황의 사상은 지 주층의 이익을 대변하는 쪽으로 해석될 여지가 있었다. 그런데 이황의 사상을 계승한 동인당과 그 분파인 남인당·북인당은 대체로 왕권을 존중하는 입장을 취했다. 이들은 신하의 권력을 군주 권력 아래에 두고자 했다. 뒤에 설명할 예송논쟁에서 이 점이 극명하게 드러난다. 질서의 우위를 주장하는 이황의 사상은 양반 지배층보다는 군주가 주도하는 국가 질서의 우위를 인정하는 동인당의 사상적 바탕이 되었다.

"외척이 원흉의 문객보다는 낫지 않은가?"

···

외부의 적이 사라지면 내부 균열이 일어나기 쉽다. 훈구파가 사라지고 정계를 독차지한 사림파에도 그런 변화가 생겼다. 유명한 사림파의 동서 분당이 바로 그것이다. 동서 분당을 촉발시킨 요인은 이조전랑吏曹銓郞 관직으로 인한 경쟁이었다.

사실 이조전랑이라는 명칭의 관직이 있었던 것은 아니다. 정5품 이조정랑과 정6품 이조좌랑을 합쳐 그렇게 불렀을 뿐이다. 이들은 인사 전형銓衡, 즉 인사권을 담당했기에 전랑으로 통칭됐다. 중국에서는 전국시대 때부터 관직명에 랑郞이 나타났고, 후대로 가면서 실무요직의 명칭에 사용되었다. 고려시대 관직에서도 그랬다. 이런 관행이 조선시대에도 이어졌다. 영조 임금 때인 1751년 발행된 지리지 《택리지擇里志》에서 실학자 이중환은 "관원을 임명하는 권한은 가장 높은 삼정승에게 있지 않고 이조에 있었다"고 하면서 "이조판서의 권한이 너무 커지는 것을 염려해 삼사 관원을 임금에게 추천할 때

판서에게 맡기지 않고 오로지 이조의 낭관에게 맡겼다"고 했다.

이조전랑의 권한은 통청권通清權으로 불렸다. 통청권은 대략 사헌부·사간원·홍문관의 당상·당하관에 대한 추천권과 기타 관청의 당하관 추천권을 가리킨다. 원칙적으로 임금이 거하는 건물, 즉 당堂에 올라갈 수 없는 중하급 당하관堂下官에 대해서 만큼은 어디 소속이든 간에 이조전랑의 추천권이 미쳤던 것이다.

이들의 영향력은 비공식적으로나마 삼사 이외의 당상관에도 미쳤다. 이 점은 〈어부사시사漁父四時詞〉로 유명한 윤선도尹善道(1587~1671)의 상소문에서도 거론됐다. 훗날 남인당의 거두로 성장하지만 1616년에는 진사 출신 성균관 유생에 불과했던 그는 광해군에게 올린 상소문에서 "당상관 추천 역시 완전히 전랑의 손에서 나오는 것은 아니지만, 전랑이 막으면 의망擬望(3배수 천거)을 할 수 없습니다"라고 말했다. 여기서 의망이란 임금에게 3배수의 후보자 명단을 제출하는 일을 말한다. 이조전랑이 당하관 추천권을 발판으로 영향력을 갖게 되다 보니 삼사 이외의 당상관 추천에까지 영향력을 행사할 수 있었던 것이다.

이조전랑은 통청권에 더해 후임자 추천권도 가졌다. 이를 낭천법郎薦法 또는 자천제自薦制라 불렀다. 권한이 이 정도로 컸기 때문에 이조전랑은 재직 중에 조정 인사에 영향을 미쳤을 뿐 아니라 이임 후에도 간접적으로나마 발언권을 행사할 수 있었다. 이들은 품계로는 당하관이었지만 권한이 막강했기 때문에 고위직 승진도 기대할 수 있었다.

하지만 이조전랑의 추천권이 언제나 관철됐던 것은 아니다. 전랑이 추천한다 해도 상관이 강력히 이의를 제기하면 전랑의 뜻이 꺾일 수도 있었고, 전랑이 주변의 압력을 받는 일도 있었다. 군주도 자기 마음대로 신하를 임명하기 힘들었던 시대임을 생각하면 이조전랑의 추천권 역시 완전히 자유롭지는 않았으리라 이해할 수 있다.

고위직이 아닌 이조전랑에게 신하들 간의 위계질서를 해칠 수도 있는 막강한 권한을 부여한 것은 신하들의 뜻이 아니었다. 이런 장치가 그들의 의중에서 나왔을 리 없다. 여기에는 신권을 견제하려는 왕의 고민이 반영돼 있다. 전통적으로 한국 정치에서는 군주권이 약하고 신권이 강했다. 이조전랑의 인사권은 군약신강君弱臣强의 열세를 극복하기 위해 세상 때가 덜 묻은 젊은이들을 앞세워 노회한 대신들을 견제하고자 했던 군주의 의도를 담은 장치라고 할 수 있다. 이중환은《택리지》에서 "이것은 조선조 임금들께서 임금은 약하고 신하는 강했던 고려 때의 폐단을 거울삼아 그런 일을 조용히 예방하고자 한 것"이라고 평했다.

물론 이 제도로 파벌이 더욱 심해져서 왕권이 약해지는 의외의 결과가 초래되었지만, 제도를 만들 당시에는 그 같은 정치 공학적 고려가 작용했다. 그랬으니 신하들 입장에서는 이조전랑의 존재 자체가 불쾌할 수도 있었다. 하지만 그럴지라도 일단은 그 자리를 차지하고 봐야 했다. 그래서 이조전랑 자리를 놓고 서인과 동인이, 심의겸과 김효원이 대립했던 것이다.

선조가 왕이 된 지 5년 뒤인 1572년이었다. 이조정랑 오건이 후임자를 천거했다. 천거된 사람은 장원급제 출신인 정6품 사간원 정언 김효원이었다. 그러자 선왕인 명종의 처남 심의겸이 제동을 걸었다. 실학자 이긍익의《연려실기술燃藜室記述》에 언급된《하담록荷潭錄》에 따르면, 이때 심의겸은 정3품 이조참의로 이조정랑의 상급자였다. 심의겸은 김효원이 명종 시대의 실세이자 훈구파의 거두였던 윤원형의 집에 기거한 적이 있다는 점을 문제 삼았다. 윤원형은 명종의 외삼촌이었으므로 심의겸과 윤원형은 인척 관계였다. 하지만 윤원형이 문정왕후와 합세해 명종을 허수아비로 만들었기 때문에 심의겸과 윤원형은 사이가 나빴다.

심의겸의 반대로 김효원의 임명은 지연됐다. 그 사이에 송강 정철이 정랑에 임명됐다. 김효원은 그해 하반기에 정5품 사헌부 지평이 됐다가 이듬해인 1573년 연말에 이조좌랑이 됐다. 애초에 오건이 추천한 정랑 자리는 아니지만 좌랑에 임명됐으므로, 결국 이조전랑 자리에 들어선 셈이다. 김효원은 1574년에 사헌부 지평에 재차 임명됐다가 다시 이조좌랑이 된 뒤 문제의 이조정랑에 임명됐다. 심의겸의 반대 때문에 돌고 돌아 정랑 자리를 받은 것이다.

이듬해인 1575년 초 김효원에게 복수의 기회가 왔다. 그는 종5품 홍문관 부교리로 옮겨가면서 후임자 추천권을 행사하게 됐다. 이때 심의겸의 동생 심충겸이 이조정랑 후보로 거론됐다. 심충겸도 장원급제 출신이었다. 김효원 외의 누군가, 예를 들어 다른 정랑이나 좌랑이 그를 추천했을 수 있다. 이조에는 각각 세 명의 정랑과 좌랑이 있었다. 이들이 추천하지 않았다면 외부에서 건의나 압력이 들어왔을 수도 있다. 그런 추천 혹은 건의, 압력에 대해 김효원은 거부 의사를 피력했다. 심충겸이 명종의 처남이고 왕실 외척이므로 안 된다는 게 이유였다. 외척의 발호를 막아야 한다는 것이 명분이었다. 심의겸에 대한 복수심이 어느 정도 작용했을 수 있지만, 형식상으로는 외척 정치에 대한 경계심을 명분으로 내세웠다.

김효원의 반대는 논쟁을 촉발시켰다. 이로 인해 사림파는 서인당과 동인당의 양쪽으로 갈라졌다. 심의겸은 지금의 서울시 중구 정동에 살았고, 김효원은 지금의 동대문역사문화공원 쪽에 살았다. 김효원의 집은 심의겸보다 동쪽이었다. 이 때문에 심의겸을 지지하는 쪽은 서인, 김효원을 지지하는 쪽은 동인으로 분류됐다는 게 지금까지의 정설이다.

양쪽의 지역적 기반을 놓고 봐도 서인과 동인의 구분은 유효하다. 심의겸을 지지한 쪽은 기호畿湖 지방에 세력 기반을 뒀다. 한양을 둘러싼 기畿, 즉 경기 지방과 호湖, 즉 제천 의림호 서쪽의 충청권이 그를 지지했다. 때에 따라 전라도가 기호 지방에 포함되기도 했다. 반면 김효원을 지지한 쪽은 영남 지방에 기반을 뒀다. 전국적으로 봐도 심의겸을 지지한 측은 서쪽이고, 김효원을 지지한 측은 동쪽이었다. 이조전랑 자리를 놓고 촉발된 당파 투쟁이 이렇게 지역색을 띠는 전국적 분열로 비화됐던 것이다.

그런데 양측의 경쟁은 단순한 세 대결이 아니었다. 김효원을 이조정랑에 임명할 것인가를 놓고 벌어진 논쟁은 적폐 청산과 관련돼 있었다. 1572년이면 훈구파가 실권한 지 5년밖에 안 된다. 그래서 구시대 청산 문제가 여전히 논의되고 있었다. 심의겸이 김효원을 반대한 것은 김효원이 훈구파와 친분이 있었기 때문이다.

김효원은 경상도 선산에 본관을 둔 선산 김씨의 일원으로 동인당 계열인 조식과 이황의 문인이다. 어느 시점부터인가 그는 오늘날의 퇴계로가 있는 한성부 남부 건천동에서 성장했다. 동인당 출신인 이황·류성룡·이순신 등도 이곳에 살았다.《연려실기술》제13권 '선조조 고사본말'에 따르면, 김효원은 과거 급제 이전부터 명성이 있었다. 선조 1년 1월 1일자(1568년 1월 29일자)《선조수정실록》도 그의 학문적 명성이 대단했다고 전한다. 게다가 그는 문정왕후 집권기인 1564년 소과에 급제하고, 이듬해 상반기에 대과에서 장원급제했다. 훈구파 정권 시절부터 빛을 발한 사림파였던 것이다.

그런 김효원을 심의겸은 윤원형과 관계된 구세력으로 몰았다. 심의겸이 그렇게 한 배경이 선조 8년 7월 1일자(1575년 8월 6일자)《선조수정실록》에 소개돼 있다. 심의겸이 정4품 의정부 사인舍人이었을 때다. 심의겸이 공무 때문에 영의정 윤원형의 집을 방문하게 됐다. 이때 그 집 서재를 둘러보다가 이상한 점이 눈에 띄었다. 책이 있어야 할 방 안에 이부자리가 너무 많았던 것이다. 윤원형의 첩 사위인 이조민에게 그 연유를 묻자 이 집에 기숙하는 문객들의 것이라는 답변이 돌아왔다. 구체적으로 누구의 것이냐고 물었더니, 이조민은 그중 하나가 김효원의 것이라고 답했다. 이때 "의겸은 속으로 추하게 생각했다"고《선조수정실록》은 말한다. 그 뒤 김효원이 과거에 급제하자 심의겸은 "윤 정승 집에서 훈도 일 하던 사람이다"라는 말을 퍼트렸다. 이조전랑 논쟁 당시 심의겸은 '김효원이 출신상으로는 사림파지만 윤원형과 인연이 있으니 배척해야 한다'는 논리를 폈다. 원론적인 적폐 청산 차원에서 그런 주장을 했던 것이다.

동인들은 김효원의 자질을 거론하며 그를 두둔했다. 김효원은 몸가짐이 바르고 직무에 충실하다는 평을 들었다.《선조수정실록》은 "김효원이 몸단속을 깨끗하고 하고 벼슬살이에 충실하니 조정 관료들이 추천했다"고 말한다. 동인들은 김효원과 윤원형의 인연에 대해서는 관대한 입장을 보였다. 과거청산 문제에 대한 서인과 동인의 차이는 그 후의 역사 전개에 영향을 미쳤다. 서인은 타 세력에 대해 대체로 강경한 태도를 고수했다. 강경파인 노론도 이들에게서 나왔다. 동인은 대체로 유화적이었다. 광해군 정권을 창출한 북인도 이들의 분파다.

외척 세력에 대한 관점 차이도 이조전랑 논쟁을 바닥에서 움직였다. 김효원의 후임으로 심충겸이 거론될 때 이 점이 드러났다.《연려실기술》에 따르면 김효원은 "외척은 쓸 수 없다"는 논리를 내세웠다. 이자겸의 사례에서도 나타났듯이 외척에 대한 경계심은 오래 전부터 전해 내려온 것이었다. 김효원은 이런 공감대를 자극했다. 동인 역시 그의 논리를 따랐다.

심충겸의 형인 의겸은 반론을 폈다.《연려실기술》에 따르면, 심의겸은 "외척이 원흉의 문객보다는 낫지 않은가?"라고 말했다. 김효원의 과거사를 환기시킨 것이다. 윤원형을 원흉으로 몰면서 그 문객이었던 김효원이 외척인 자기 동생보다 못하다고 폄하한 것이다. 서인들도 당연히 심의겸을 거들었다. 그들은 "김효원이 원한을 품고 있다"며 "겉으로는 외척이기 때문에 전랑직 임명을 반대한다고 하지만, 실제로는 중상하려는 계책을 품고 있다"고 비난했다. 김효원이 심의겸에 대한 사감 때문에 중상모략을 꾸미고 있다고 힐난한 것이다. 심의겸도 서인도 김효원의 주장을 논리적으로 반박하거나 외척을 이조전랑에 임명해도 되는 이유를 제시하지 못했다. 그저 김효원의 사심만 부각했을 뿐이다. 결국 심충겸은 이조전랑이 되지 못했다.

서인들은 이후에도 외척에 대해 상대적으로 유한 입장을 취했다. 서인은 외척의 정치 간여를 적대하지 않았다. 사도세자가 노론의 미움을 받은 이유 중 하나는 외척을 견제했기 때문이다. 그는 처가인 홍씨 집안과도 사이가 안 좋았다. 장인 홍봉한의 동생인 홍인한은 사도세자가 뒤주에 갇혀 죽는 날 한강에서 뱃놀이를 즐겼다. 바로 이 홍씨 집안도 서인의 분파였던 노론당이었다. 정조 사후인 19세기에 세도정치를 펼친 경주 김씨, 안동 김씨, 풍양 조씨도 노론당이었다. 이런 세도가문들은 왕실과의 혼인 관계를 배경으로 정권을 농단하고 외척 지위를 앞세워 권세를 행사했다. 심의겸과 김효원의 논쟁 때부터 외척에 유화적이었던 서인당의 태도가 조선왕조의 황혼기까지도 그대로 유지된 것이다.

7장

3년이냐
1년이냐

왕과 신하, 권력의 주도권을
둘러싼 상복 논쟁

사림파의 분열과 반전의 세력 다툼

1575년경 이뤄진 동서 분당 이후 1589년, 동인 정여립이 역모 혐의를 받은 기축옥사를 계기로 서인당이 정권을 잡았지만 2년 만에 상황이 다시 뒤집혔다. 1591년에 서인당 거물인 정철이 선조의 의중도 모른 채 광해군을 세자로 책봉하자고 건의한 것이다(건저建儲 사건). 이일로 정철은 선조의 노여움을 샀고, 그로 인한 정계 개편으로 동인당이 정권을 차지하게 됐다. 광해군을 몰아내는 쿠데타(인조반정, 1623)를 실행했던 그 서인당이 1591년에는 광해군을 추대했다가 봉변을 당한 것이다. 1591년에 정권을 잡은 동인당은 1년 뒤에 권력을 다시 내놓았다. 임진왜란 발발 직후 서인당으로 정권이 넘어가 이듬해에 한양으로 환도하기 전까지 서인당이 집권했다.

몇몇 예외를 제외하면 초기에는 대개 동인당이 주도권을 잡았다. 압도적 우세를 누리는 진영은 내부 분열에 직면하기 쉽다. 건저 문제로 재집권에 성공한 동인당 내에서도 그런 일이 있었다. 정철과 서인 세력에 대한 처벌 문제를 놓고 동인당 내부가 갈라진 것이다. 강경과는 북인당이, 온건파는 남인당이 됐다. 북인당은 서경덕과 조식의 사상을 따르는 이들이고, 남인당은 이황의 사상을 추종하는 이들이다. 정철의 엄중 처벌을 주장하는 강경파 영수 이산해의 집이 한양 북악산 밑에 있었기에 강경파는 북인으로 불렸다. 반면 정철에 온건한 입장을 취한 우성전은 한양 남산 밑에 살았다. 그래서 온건파는 남인으로 불렸다. 온건파 영수 류성룡이 남부 지방인 경상도 출신이라 이들이 남인당으로 불렸다고 이야기하는 이들도 있지만 북인과 남인은 모두 동인당의 분파이며, 동인당의 기반이 경상도였음을 감안하면 이는 이치에 맞지 않다.

정철 사건이 수습되는 과정에서 정국을 장악한 쪽은 남인당이다. 이듬해 임진왜란 발발로 서인당에게 정권을 내준 남인당은 1593년 말 다시 정권을 차지했다. 그리고 임진왜란 마지막 해인 1598년까지 정권을 유지했다. 임진왜란 중에 남인당 정권을 이끈 인물은 류성룡이다. 류성룡이 실각하면서 정권은 북인당으로 넘어갔다.

주도권을 차지한 북인당은 선조 시대 후반에 대북大北과 소북小北으로 나뉘었다. 선조의 후계자 문제가 이 분열의 쟁점이었다. 1591년의 건저 사건 때, 선조는 후궁 김인빈(인빈 김씨)의 아들인 신성군 이후李珝를 후계자로 생각하고 있었다. 김인빈과 사이가 좋았기 때문이다. 선조는 중종의 서얼(첩의 아들)인 덕흥군의 아들이다. 왕의 서얼도 아니고 왕 서얼의 아들이었기 때문에, 그는 평생 콤플렉스를 안고 살았다. 그런 이유로 선조는 정실부인이 낳은 아들을 차기 주상으로 만들고자 했지만 뜻대로 되지 않았다. 적자가 생기지 않았던 것이다. 그래서 김인빈의 아들을 의중에 품었다.

하지만 임진왜란이 변수가 됐다. 일촉즉발 위기 상황에서 나라를 건사하려면 유능한 왕자를 세자로 책봉할 수밖에 없었다. 신성군은 믿음이 가지 않았다. 마음에 들긴 했지만 위기의 나라를 맡길 수는 없었다. 이 때문에 아버지의 총애도 받지 못하던 광해군이 후계자가 됐다. 광해군은 오로지 능력으로 약점을 덮었다. 세자가 된 그는 분조 分朝라는 임시 조정을 꾸리고, 이를 기반으로 의병들을 지휘함으로써 일본군의 기를 꺾는 데 이바지했다.

전쟁이 끝나고 4년 뒤인 1602년, 선조는 51세 나이로 19세의 인목 왕후와 재혼했다. 그로부터 4년 뒤 영창대군이 출생했다. 꿈에도 그리던 적자가 태어난 것이다. 이 일은 적자 계승에 대한 그의 미련을 아주 강렬하게 되살려놓았다. 그런 선조의 의중 변화를 간파한 인물이 북인당 거물 중 하나인 유영경(1550~1608)이었다. 유영경은 영창대군 지지를 피력했고 이런 그를 중심으로 소북小北이 형성됐다. 정인홍 등은 광해군에 대한 의리를 고수했다. 이들은 대북을 형성했다. 바로 이 대북당이 광해군 정권의 여당이 됐다.

북인당도 아니고 그 분파인 대북당으로 여당을 세운 광해군 정권의 앞길은 울퉁불퉁한 비포장도로였다. 이 정권은 영창대군 유배 및 살해와 인목대비 폐위로 민심을 잃은 데 이어 중립외교로 지배층의 외면을 받았다. 그에 더해 전후 복구 차원에서 벌인 일들이 백성들의 원성을 사는 악재로 작용했다. 창덕궁·창경궁·경희궁·인경궁을 새로 짓거나 보수하며 경복궁 중건 계획을 추진한 것이 민심을 잃는 원인 이 됐다. 그러다가 결국 1623년에 인조 쿠데타로 몰락하고 말았다.

쿠데타를 주도한 것은 서인당이었다. 이때부터 약 50년간은 서인당의 세상이었다. 동서 분당 이래 내내 밀리기만 했던 서인당은 이로써 우월적 위치를 굳히게 됐다. 이때 확립된 서인의 우위는 그 후로도 계속 유지됐다. 잠시 정권을 빼앗긴 적은 있어도 근본적인 우위는 잃지 않았다. 이들의 세력 기반이 한양을 둘러싼 기호 지방이었다는 점도 장기 집권을 가능케 한 원인이 됐다. 이로써 북인당은 역사 속으로 퇴장했다. 북인 계열 인물들이 모두 다 제거된 것은 아니지만, 이들의 당파 자체는 광해군 폐위와 함께 소멸했다. 서인당은 율곡 이이의 제자들이었다. 이이의 추종자들이 광해군과 북인당을 정계에서 퇴출시킨 것이다.

서인당은 장기 집권하면서도 권력을 독점하지는 않았다. 인조·효종·현종 세 임금의 시대에는 사림파의 정치 시스템이 비교적 잘 작동됐다. 정묘호란·병자호란 같은 굵직한 외침을 겪으면서도, 서인당과 남인당은 서로를 견제하면서 나라를 그럭저럭 잘 운영했다. 서인당의 우위 속에서 견제와 균형이 이루어진 것이다.

이 시기에 양당이 벌인 논쟁이 그 유명한 예송 논쟁이다. 한국사에 두고두고 기억되는 이 사건은 대논쟁이라 불러도 될 만한 것이었다. 예법 문제로 전개된 이 논쟁 중에서 가장 중요한 것은 1659년과 1674년에 있었던 제1·2차 예송이다. 두 차례의 논쟁 모두 효종과 관련해 벌어졌다. 효종을 인조의 장자로 볼 것인가 차자次子로 볼 것인가가 논쟁을 이끈 핵심 쟁점이다. 서인당은 효종을 인조의 차자로 간주했고, 남인당은 장자로 간주했다.

인조와 소현세자의 갈등

....

효종은 인조의 둘째 아들이다. 왕자 시절에는 봉림대군으로 불렸다. 장남인 소현세자가 1645년 5월(음력 4월) 34세의 나이로 세상을 떠난 지 5개월 뒤에 봉림대군이 인조의 후계자로 책봉됐다. 사실 봉림대군은 1순위 후계자가 아니었다. 1순위는 소현세자의 장남인 이백李栢(이석철李石鐵)이었다. 소현세자에게는 당시 10세였던 이백 외에도 이석린李石麟·이석견李石堅이라는 아들이 더 있었다. 소현세자의 아들이 셋이나 있었으므로 봉림대군은 4순위였다. 그런데도 봉림대군이 인조의 후계자가 된 것은 인조와 소현세자의 갈등 때문이었다. 인조가 첫째 아들을 무척이나 싫어했던 것이다.

1637년 소현세자와 봉림대군이 청나라에 인질로 끌려갔다. 병자호란 패전의 결과였다. 이후 조선에서는 왕실을 포함한 사회 전반에 반反청 감정이 만연했다. 병자호란 이후에 조성된 무덤들의 신도비에 유명조선국有明朝鮮國이란 글자가 많이 새겨진 것도 이 같은 분위기를 반영한다. '명나라에 속한 조선국'이라는 뜻의 이 표현은, 이미 망한 명에 대한 의리를 표방하면서 청에 대한 거부감을 표시했다.

그런데 그런 조선의 분위기와는 사뭇 다른 징후들이 소현세자에게서 발견됐다. 세자가 청과 너무 가까웠던 것이다. 청나라에 가 있는 동안 그는 양국 외교 사무를 도맡아 처리했다. 이 덕분에 세자는 청나라의 신임을 받았다. 또 가톨릭 신부인 아담 샬 등과 친교하고, 이들을 통해 서양의 천문학과 수학 등을 접했다. 세자가 이렇게 지내고 있다는 소식은 인조와 조정 대신들의 마음에 의심의 씨앗을 뿌렸다.

어쩌면 인조는 고려 충선왕이 세자 시절 몽골(원나라) 체류 중에 원 황실의 지지를 받아 아버지 충렬왕을 폐위시킨 사실을 떠올렸을 수도 있다. 소현세자가 청나라의 지지를 업고 자신을 몰아낼 가능성을 배제할 수 없었을 것이다.

이런 상황에서 소현세자가 귀국했다. 그는 아버지의 환대를 받지 못했다. 이때 생긴 신조어가 '요녀석'이라는 이야기가 있다. 귀국한 소현세자가 청나라 순치제(재위 1643~1661)에게서 받은 용연龍硯이라는 벼루를 인조에게 선물했다. 그러자 인조가 화를 내면서 이 벼루를 세자에게 집어던지며 '용연석' 하고 소리쳤다고 한다. 이 말이 요년석을 거쳐 요녀석으로 변했다는 이야기다. 이 이야기가 사실이라면, 용연을 내놓은 세자의 행동이 인조의 눈에는 순치제와의 친분을 과시하는 것으로 비쳤을 수도 있다.

아버지의 냉대를 받던 소현세자는 귀국한 지 2개월 만에 의문의 죽음을 맞이했다. 공식 병명은 학질(말라리아)이었지만, 인조 23년 6월 27일자(1645년 7월 20일자)《인조실록》은 그의 시신을 묘사하면서 "온몸이 전부 검은 빛이었고, 이목구비 일곱 구멍에서 모두 피가 흘러나왔다"면서 "마치 약물에 중독되어 죽은 사람 같았다"고 말한다.

그 뒤에 조정에서 후계자를 선정하는 회의가 열렸고, 이때 인조는 봉림대군을, 신하들은 소현세자의 아들들을 내세웠다. 소현세자가 좋아서가 아니라 그쪽에 정통성이 있었기 때문이다. 하지만 인조가 고집을 부리는 통에 결국 봉림대군이 세자로 결정되었고, 그로부터 4년 뒤인 1649년 봉림대군이 제17대 주상으로 등극했다.

효종과 송시열의 독대

효종은 출발 과정에서부터 정통성 문제에 직면했다. 자기가 죽인 것
은 아니지만 형의 의문사 덕분에 등극했으니 개운하게 출발할 수 없
었다. 그래서인지 효종은 왕권 강화에 무척이나 신경을 썼다. 오늘날
한국사 교과서에도 나오는 중앙군 증강 사업을 벌인 것도 왕권 강화
를 위해서였다. 청나라에 복수하고자 북벌을 추진했다는 말이 있지만
공식적으로는 사실이 아니다.

물론 죽기 2개월 전인 효종 10년 3월 11일(1659년 4월 2일), 창덕궁
희정당에서 이조판서이자 서인당 거물인 송시열(당시 52세)과 담판을
벌이며 이 문제를 제기한 적은 있다. 송시열의 글을 모은《송서습유宋
書拾遺》의〈악대설화幄對說話〉편에 나오는 이야기다. 이에 따르면 효종
은 중앙군 확충에 대한 협조를 요청하면서 이것이 북벌을 위한 일이
라고 말했다. 이것이 효종이 북벌론을 언급했음을 보여주는, 현재까
지 확인된 유일한 자료다.

그날의 독대 때 송시열은 효종에게 사심을 없애라고 주문했다. 사
적으로는 송시열이 스승이었다. 1636년 병자호란 발발 전에 17세의
봉림대군이 29세의 송시열에게 약 1년간 지도받은 적이 있었다. 그
런 관계였기에 감히 사심을 없애라는 말까지 할 수 있었던 것이다.
송시열이 그렇게 말한 것은 중앙군 증강 정책이 북벌보다는 왕권 강
화를 위한 일이라고 판단했기 때문이다. 왕과의 독대에서 송시열은
신하답게 행동하지 않았다. 효종의 계획을 반대하며 효종을 심리적
으로 압박하기까지 했다.

충청도 출신인 송시열은 산림 세력의 리더였다. 산림山林은 서원 등
에서 유생들을 가르치는 학자를 지칭했다. 세속적 지위에 관계없이
학문과 수양에만 열정을 쏟는 이들을 산림이라고 불렀다. 일종의 은
사隱士들이었던 것이다. 산림이란 글자 안에서도 은사라는 의미를 찾
아낼 수 있다.

하지만 산림이라고 해서 정치와 전혀 무관하지는 않았다. 그들의
제자들이 중앙 정계와 지역 사회를 이끌었고 산림은 그들의 스승으
로서 본인이 원하든 원치 않든 세상에 영향력을 미쳤다. 군부 정권에
서 장성의 지위만으로도 정치적 영향력을 확보할 수 있는 것처럼 사
림파 정권에서 선비들은 성리학자라는 이유만으로도 정치적 발언권
을 가질 수 있었다.

일례로 성혼成渾(1535~1598)은 산림 정치의 효시로 평가된다. 그는
선조의 숱한 부름을 대부분 고사했지만 현실 정치에 상당히 많은 영
향을 끼쳤다. 조선 당쟁사에 관한 이건창(1852~1898)의 책《당의통략
黨議通略》에 따르면, 서인당 정철의 집권기 때 성혼은 서신을 통해 정
철의 국정 운영에 개입했다. 이런 식으로 정치에 개입하던 서인당 출
신 산림들이 인조 쿠데타 이후 조정의 부름을 받는 일이 많았다.

산림들은 과거 급제 경력 없이도 출사하기 쉬웠다. 정확히 말하면,
대과에 급제하지 않고도 고위직에 진출할 기회가 있었다. 송시열은
소과의 일종인 생원시에 장원급제했을 뿐이지만 그는 이 경력만으로
도 많은 일을 했다. 그는 소과 급제 뒤 봉림대군을 지도하다가 병자
호란 강화조약이 체결된 1637년에 낙향하고, 1649년 효종 등극 뒤
다시 조정에 진출했다. 소과 급제만 한 상태에서 잠시 조정에 있다가

재야 학자 생활을 거쳐 정계에 복귀한 것이다. 그는 처음에는 스승 김장생의 아들인 김집의 영도하에 조정에 진출했다. 1556년 김집이 죽은 뒤로는 송시열이 서인당을 이끌었다. 소과 급제자에 불과했지만 산림이었기에 일개 당파를 영도할 수 있었다.

그 뒤 송시열은 효종의 정책을 반대하고 그를 압박했다. 효종은 대화로 갈등을 풀고자 송시열과 독대했지만 회담은 결렬되었다. 그로부터 3개월도 안 돼 효종은 사망했다. 향년 41세였다. 종기 치료를 받던 중에 어의가 혈맥을 건드리는 바람에 출혈이 멈추지 않아 숨지고 말았다. 침을 잘못 놓은 어의 신가귀는 교수형을 당했다.

효종의 죽음과 상복 논쟁의 시작

효종과 서인당의 갈등은 1659년 효종의 급사 뒤에도 종결되지 않았다. 효종의 사망이 대비의 상복을 무엇으로 하느냐 하는 곤란한 문제를 남겼기 때문이다. 효종의 친어머니인 인렬왕후 한씨는 1635년에 이미 세상을 떠났지만 새어머니인 장렬왕후 조씨(1624~1688)가 살아 있었다. 조씨는 효종이 등극한 1649년에 대비가 되고, 2년 뒤 자의慈懿라는 존호를 받았다. 효종의 죽음으로 바로 이 자의대비가 상복을 입게 되었고, 이것이 상복 논쟁, 즉 예송의 발단이 됐다.

조선왕조에서 대비가 살아 있을 때 임금인 아들이 죽는 일은 제1차 예송 전에 두 차례 있었다. 1469년 세조의 아들인 예종이 사망했을 때 정희왕후 윤씨가 생존해 있었고, 1494년에 예종의 조카이자

연산군의 아버지인 성종이 사망했을 때 소혜왕후 한씨(인수대비)가 살아 있었다.

임금이 죽으면 삼년상을 해야 했다. 그래서 상복도 3년간 입는 게 원칙이었다. 하지만 예종의 국상 때는 상복을 1년만 입었다. 기년복釋年服을 입은 것이다. 기釋는 1년이란 뜻이다. 예종의 국상 때 기년복을 입은 사실을 두고, 힘 없는 예종을 폄하할 목적으로 일부러 그랬다는 견해가 있다. 후사 없이 죽은 예종의 뒤를 조카인 성종이 잇도록 옹립한 인수대비와 한명회가 예종을 깎아내리고자 정희왕후에게 기년복을 입혔다는 것이다. 하지만 이 의견은 타당성을 갖기 힘들다. 당시 성종 추대 세력은 예종의 형이자 성종의 아버지인 의경세자(1438~1457)를 덕종으로 추존했다. 선왕의 혈육을 차기 임금으로 인정하던 세상이었으므로 성종이 예종의 조카인 것보다는 덕종의 아들인 게 유리했기 때문이다. 따라서 이들에게는 굳이 예종을 폄하할 이유가 없었다.

예종의 기년상을 결정한 주체는 어머니인 정희왕후였다. 성종 14년 4월 1일자(1483년 5월 7일자)《성종실록》은 정희왕후의 업적을 설명하는 대목에서 "예종의 초상을 기년상으로 결단하시고"라는 말을 했다. 정희왕후가 그런 결단을 내린 것은 예종이 사망한 시점에 아버지 세조의 삼년상이 아직 끝나지 않았기 때문이다. 세조는 1468년 12월 5일에 사망했고, 예종은 1년이 약간 지난 1469년 12월 31일에 사망했다. 사망 1주기에 소상小祥이라는 제사를 지내고, 2주기에 대상大祥이라는 제사를 지냈다. 대상제를 지내는 날은 만 2년이 지나고 3년째가 시작되는 날이다. 사서오경의 하나로 예법에 관한 지침서인《예기禮

記》〈잡기雜記〉 편에 따르면, 상주는 대상제 전날에 상복(흉복)을 벗고 길복으로 갈아입었다. 이런 상태에서 대상제를 치러야 삼년상이 끝났다. 그런데 세조의 삼년상과 예종의 삼년상이 겹치면, 세조의 삼년상이 끝난 뒤에도 상복을 계속 입고 있어야 하는 모순이 생겼다. 정희왕후는 이런 모순을 없애고자 예종의 국상을 1년상으로 단축했던 것이다.

삼년상이 끝난 뒤에도 상복을 계속 입음으로써 망자에 대한 그리움을 표할 수 있지 않을까 생각할 수도 있다. 실제로 그런 생각을 가진 이가 있었다. 공자의 제자인 자로子路가 그랬다.《예기》〈단궁檀弓〉 편에 따르면, 자로는 누이의 상이 끝났는데도 상복을 벗지 않았다. 공자가 그 이유를 묻자 자로는 "제게 형제가 적어서 차마 벗지 못하고 있습니다"라고 답했다. 이에 공자는 "선왕들이 만드신 예법은 이를 지키는 사람들이 누구라도 어길 수 없는 것"이라고 말했고, 이 말을 듣고 자로가 비로소 상복을 벗었다고 한다. 이처럼 탈상을 하면 상복을 벗는 게 예의였다.

이런 관념은 조선시대에도 이어져 탈상 후에도 흉복을 입는 것은 길과 흉의 혼재로 인식됐다. 예종의 국상 기간에 조정에서도 이런 말이 있었다. 성종 1년 8월 12일자(1470년 9월 6일자)《성종실록》에 따르면, 성종도 그렇게 인식했고 신숙주·한명회 등도 그렇게 생각했다. 그렇지만 신하들은 선왕의 국상을 축소하자는 말을 할 수 없었다. 그래서 정희왕후가 직접 결단을 내렸던 것이다. 그렇지만 이때에도 임금의 국상이 삼년상으로 치러져야 한다는 기본 원칙은 훼손되지 않았다. 부득이한 경우에 예외를 인정할 수 있다는 합의가 있었을 뿐이다.

"첫째 아들이 죽으면 둘째 아들을 세워 장자라 한다"

사림파의 집권은 단순한 정권교체가 아니라 지배층의 교체였다. 이들은 철학자였다. 이들은 이전과는 다른 세상을 건설하고자 했다. 그래서 사림파 집권 이전과 이후를 대하는 이들의 인식에는 커다란 차이가 있다. 예종과 성종이 어머니보다 먼저 세상을 떠난 1469년과 1494년은 훈구파의 시대였다.

사림파의 시대는 1567년에 열렸다. 두 사건은 사림파의 지배 이전에 벌어진 일들이었다. 그래서인지 효종이 사망한 1659년 당시의 조정 대신들은 두 사건을 참고 대상에 포함시키지 않았다. 만약 두 전례를 충분히 살폈다면, 예종 때 기년복을 입은 것이 예외적인 일이었으며 효종의 새어머니인 자의대비는 삼년복을 입어야 한다는 결론을 도출했을 것이다.

대비의 상복 문제가 쟁점화된 것은 효종 사망 직후가 아니었다. 이때는 국상 절차를 진행하기에도 여념이 없었다. 왕족들도 장례에 집중해야 했다. 이 시점에 조정 사무를 처리한 인물은 원상으로 임명된 영의정 정태화鄭太和였다. 원상院相은 선왕 사후에 어린 왕을 대신해 국정을 총괄하는 임시직이었다. 이 경우 최고 권력은 대비나 세자에게 있었다.

원상 정태화는 정광필鄭光弼의 5대손이다. 정광필은 중종 때인 1519년, 몰락 위기에 처한 개혁가 조광조를 구하려 한 일로 미움을 샀던 일종의 양심적 보수파였다. 그는 그 일 때문에 영의정에서 명예직인 영중추부사(정1품)로 밀려났다. 그 정광필의 후손인 정태화는 효종 사망 당시 서인당에 속했지만 당색은 엷었다. 5대조와 비슷한 데가 있었던 모양이다.

정태화가 국정을 맡은 상황에서 상복 논쟁이 터졌다. 논쟁의 물꼬를 튼 이는 남인당 윤휴尹鑴(1617~1680)였다. 당시 43세였던 백호白湖 윤휴는 거의 독학으로 학문을 쌓은 대학자였다. 19세 때는 송시열의 간담을 서늘하게 한 일로 명성을 얻었다. 그의 시문집《백호전서》의 〈윤휴연보〉에 따르면, 윤휴보다 열 살 위인 송시열이 그의 명성을 듣고 그를 방문했다. 윤휴와 3일간 대담을 나눈 송시열은 친척인 송준길에게 "우리가 30년간 공부한 것은 참으로 가소로운 것"이라는 내용의 편지를 띄웠다. 당시 송시열은 20대 후반이었다. 약간의 과장을 보태 윤휴를 극찬했던 것이다. 후생가외後生可畏라는 말로도 부족한 학문적 경외감을 당시 송시열이 느꼈음을 알 수 있다. 그런 윤휴가 효종 사망 직후 목소리를 냈다. 현종 즉위년 5월 5일자(1659년 6월 24일자)《현종실록》에 그의 주장이 소개돼 있다. 자의대비가 참최복斬衰服을 입어야 한다는 게 그의 주장이었다.

윤휴가 제시한 논거는《주례周禮》,《예기禮記》와 더불어 '삼례三禮'로 불리던《의례儀禮》에 대한 당나라 학자 가공언賈公彦의 주석서《의례의소儀禮義疏》였다. 이 책에 "첫째 아들이 죽으면 정실부인이 낳은 둘째아들을 세워 장자라는 이름을 붙인다"는 구절이 있다. 윤휴는 이 구절을 근거로 내세웠다. 장남인 소현세자가 죽었으므로 차남인 효종이 인조의 장남이 됐다는 것이다. 따라서 장남으로 승격된 효종을 위해 자의대비가 참최복을 입어야 한다는 게 그의 요지였다.

衰는 쇠로도 읽지만 최로도 읽는다. 최로 읽을 때는 상복을 뜻한다.

참최복은 참斬한 상복이란 의미다. 주자가 지은 《주자가례朱子家禮》의 〈상례喪禮〉 편은 "참斬은 꿰매지 않는 것"이라면서 "윗옷과 치마에는 모두 굵은 생포를 사용한다. 옆과 아랫단은 모두 꿰매지 않는다"고 말한다. 옷의 소매나 바지 끝에 바느질이 돼 있지 않다면, 옷 끝이 지저분해질 것이다. 참최복은 그렇듯 단을 꿰매지 않아 제대로 완성됐다고 볼 수 없는 옷을 가리킨다. 그런 옷을 입는다는 것은 상주가 다급하고 황망한 처지에 놓였음을 의미한다. 대단히 중요한 사람이 죽어 크게 슬퍼해야 할 상황에 처했음을 보여주는 것이다. 이런 참최복은 일반 가정에서는 할아버지나 아버지 또는 장남의 상을 위해 3년간 입어야 했다.

당시 윤휴는 관직이 없었다. 《현종실록》에서는 "전 지평持平 윤휴"라고 소개했다. 그가 전 사헌부 지평(종5품)이었다는 것이다. 이를 근거로 시중의 역사서들은 윤휴가 전 사헌부 지평 자격으로 예송 논쟁에 참여했다고들 말한다. 하지만, 〈윤휴연보〉에 따르면, 그가 지평 직을 제수받은 것은 효종 사후 4개월 뒤였다. 효종 사망 전년에 윤휴가 받았다가 사양한 관직은 세자시강원 진선進善(정4품)이다. 《현종실록》 편찬자들이 당시 윤휴의 관직을 착각한 모양이다.

자의대비가 참최복을 입어야 한다는 윤휴의 주장은 전 세자시강원 진선 자격으로, 상소 등을 통해 공식적으로 한 게 아니었다. 사적으로 한 말이 원상 정태화를 통해 이조판서 송시열의 귀에 들어간 것이다. 윤휴의 권위가 대단했음을 방증하는 장면이다.

송시열의 반격과 4종설

사반세기 전에 "우리가 30년간 공부한 것은 참으로 가소로운 것"이었다며 윤휴를 극찬했던 송시열은 그때의 충격을 말끔히 잊었는지, 윤휴의 주장을 부분적으로 수용하면서도 일거에 묵살했다. 위 《현종실록》에 따르면 그는 《의례의소》에서 천자로부터 사대부에 이르기까지 장자가 죽고 차장자가 후계자가 되면 그의 상복도 장자와 같이 입는다는 말이 있습니다"라고 함으로써 윤휴의 말을 일단 인정했지만 같은 책에서 윤휴의 말과 모순돼 보이는 대목을 또 인용했다. 그는 "그렇지만 그 아래에 4종의 설이 더 있습니다"라고 말했다.

4종설은 후계자가 죽더라도 참최복을 입지 않는 네 가지 경우에 관한 이야기다. 첫째는 적자이지만 신체적 불구로 조상 제사를 받들지 못한 자가 죽은 경우다. 《의례의소》에 나오는 정체부득전중正體不得傳重이 이에 해당한다. 정正은 적통을 뜻한다. 체體는 몸의 지체라는 의미다. 체에는 연결된다는 뜻도 있어 아버지에서 아들에게로 연결되는 것을 표현한다. 두 번째 체이부정體而不正은 아버지를 잇기는 했지만而 부정不正, 즉 적통이 아닌 아들을 가리킨다. 서자가 그에 해당한다. 셋째 정이불체正而不體는 적통이기는 하지만 아버지를 잇지 않은 경우, 예를 들어 손자로서 할아버지를 이은 적손 등을 가리킨다. 마지막 전중비정체傳重非正體는 조상의 제사傳重를 받들긴 했지만, 적통도 아니고 아버지를 잇지도 않은 사람을 말한다. 할아버지를 이은 서손에 여기에 해당한다. 이 네 가지 유형의 경우에는 참최복을 입지 않는다는 게 4종설이다.

윤휴의 관점으로 《의례의소》를 해석하면, 효종은 차남으로서 장남 지위를 물려받았으므로 자의대비가 3년복을 입는 게 마땅하다. 하지만 송시열의 방식으로 해석하면, 효종은 서자로 간주되어 체이부정에 해당하므로 참최복을 입을 필요가 없다.

장남 이하의 아들을 모두 서자로 불렀던 때가 있다. 《삼국유사》 〈기이〉 편의 단군신화에서는 환웅을 환인의 서자로 부른다. 이는 환웅이 첩의 자식이었다는 의미가 아니라 장남이 아니라는 의미다. 송시열은 이런 용례를 근거로 효종을 서자 범주에 넣었다. 하지만 《의례의소》에서 말하는 서자는 문맥상 첩의 아들이다. 《의례의소》는 정실부인이 낳은 둘째 아들을 서자 범주에 넣지 않고 적자로 인정했기 때문이다. 장남을 이은 차남이 죽으면 장남의 예로 참최복을 입는다는 《의례의소》의 서술이 그것을 증명한다. 따라서 소현세자와 같은 어머니에게서 태어난 효종은 서자가 아니라 적자이며, 그렇기 때문에 송시열이 인용한 내용을 따르더라도 자의대비는 3년복을 입어야 마땅했다.

《현종실록》에 따르면, 원상 정태화는 송시열의 말을 듣고 깜짝 놀라 손사래를 쳤다. 너무 위험한 주장이라고 생각한 것이다. 효종을 적통 군주가 아니라고 하는 데 부담을 느낀 그는 절충안을 모색했다. 송시열의 주장대로 1년복을 입기로 하되 근거만큼은 다른 데서 찾기로 한 것이다. 그가 내세운 근거는 국제國制, 즉 《경국대전經國大典》이다. 《경국대전》 〈예전禮典〉에서는 자녀가 죽으면 장남, 차남에 관계없이 부모가 무조건 1년복을 입도록 했다. 법전에 1년 규정이 있는데도 상복 논쟁이 벌어진 것은 '준법은 백성의 소관'이라는 관념 때문이었다. 이 논쟁에서 중요한 것은 기간이 1년이냐 3년이냐가 아니었다. 효종의 위상을 높일 것이냐 낮출 것이냐가 논쟁의 본질이었다.

결국 조정은《경국대전》에 따라 자의대비의 상복을 1년복으로 결정했다. 효종을 장남으로 볼 것인지 차남으로 볼 것인지에 대한 논쟁을 피하면서 집권당 영수 송시열의 손을 들어주는 우회적인 방식으로 마무리된 것이다. 자의대비의 상복을 빨리 결정하지 않으면 안 된다는 급박함도 작용했을 것이다. 논쟁은 그렇게 끝나는 듯했다. 남인당 진영에는 송시열이 효종을 폄훼하려 했다고 수군대는 이도 있었지만, 논란이 확산되지는 않았다. 그리고 이때만 해도 서인당과 남인당의 논쟁 구도가 명확하지 않았다. 남인당 중에도 송시열을 편드는 이가 있었고, 서인당 중에도 윤휴를 편드는 이가 있었다.

허목과 윤선도, 꺼져가던 논쟁에 불을 지피다
....

논쟁의 불씨가 꺼져 가고 있을 때였다. 자의대비가 상복을 입은 지도 거의 1년이 다 되어가고 있었다. 기년복을 입기로 했으므로, 사망 1주기에 소상을 지내고 상복을 벗어야 했다. 이때 남인당에서 뜻밖의 문제 제기가 튀어나왔다. 66세 된 허목이 상소를 올린 것이다. 남인당 거물이지만 벼슬은 사헌부 장령(정4품)에 그쳤던 그의 상소가 꺼져가던 불씨에 기름을 끼얹는 역할을 했다. 이로 인해 예송은 뒤늦게 본격화의 길로 들어서게 됐다.

현종 1년 3월 16일자(1660년 4월 25일자)《현종실록》에 따르면, 허목은 《의례의소》가 말한 서자는 첩의 아들을 가리킨다"면서 "효종은 적자로 태어났고 소현세자의 사망으로 제2의 장자가 됐으므로, 자의 대비가 3년복을 입어야 한다"는 의견을 제시했다. 허목이 상소를 제기한 것은 자의대비가 소상 이후에도 계속해서 상복을 입도록 하기 위해서였다.

그러자 송준길이 반박하고 나섰다. 윤휴를 칭찬하는 송시열의 편지를 받았던 바로 그 송준길이다. 현종 1년 3월 21일자(1660년 4월 30일자) 《현종실록》에 따르면, 의정부 좌참찬(정2품·장관급)인 송준길은 "서자는 차남 이하를 가리킨다"면서 "장남을 계승하는 적자를 위해 3년복을 입어야 한다면, 장남이 된 아들들이 죽을 때마다 3년복을 입어야 한다는 논리가 된다"며 반대 의견을 개진했다. 적통이 둘일 수는 없으므로 장자를 위한 3년복은 한 번만 입어야 한다는 것이었다. 그는 효종을 첩의 아들로 격하시키지는 않았지만 효종이 적통임은 부인했다. 송시열에 이어 송준길도 효종의 위상을 깎아내리는 데 가담했던 것이다.

논쟁은 격렬해졌다. 허목이 반박에 나섰고, 현종은 대신들의 의견을 수렴했다. 이 와중에 송시열이 송준길을 거들었다. 송시열은 '차남 이하는 서자'라고 주장하면서 '서庶는 비칭·천칭이 아니라 둘째 아들 이하를 가리킬 뿐'이라고 말했다. 이 말은 사적인 의견이 아니라 예조가 의견을 수합할 때 공식적으로 나온 말이었다. 서인당 지도자가 공식적으로 효종을 서자 취급했던 것이다. 송시열의 발언은 현종 1년 4월 16일(1660년 5월 24일) 현종에게 보고됐다.

논란이 뜨거워지던 이때, 메가톤급 상소 하나가 올라왔다. 상소의 작성자는 남인당의 풍운아 윤선도였다. 그는 26세에 진사가 됐지만 당쟁의 파고에 휩쓸려 생애 대부분을 유배지에서 보냈다. 정철과 더불어 조선시대 문단에서 쌍벽을 이룬 윤선도는 윤휴와 성은 같지만 본관은 달랐다. 윤휴의 본관은 남원이고 윤선도는 해남이다. 그는 봉림대군 시절의 효종을 가르친 일이 있어 효종과도 인연이 깊었다.

윤선도의 상소문은 송시열의 발언이 보고된 지 이틀 뒤 제출됐다. 현종 1년 4월 18일자(1660년 5월 26일자)《현종실록》에 따르면, 윤선도는 상소문에서 "지금 우리 효종대왕은 인조대왕의 차장자次長子입니다.《의례의소》에서 '차장자를 세운 경우에도 3년복을 입는다'는 명문이 있으니 대왕대비께서 3년복을 입으셔야 하는 것은 실로 털끝만큼도 의심할 바가 없습니다"라면서 "그런데도 효종이 적통이 되지 못하고 적통이 타인에게 있다고 한다면, 이는 가세자假世子입니까, 섭황제攝皇帝입니까?"라고 말했다. 효종이 적통이 아니라면, 효종이 세자 생활을 했을 당시 정식 세자가 아니었다는 말이 되고, 그렇다면 효종이 진짜 군주가 아니라 섭정 군주였다는 말이 된다는 주장이었다. 1년복은 효종의 권위를 폄하하는 것이라는 뜻을 그렇게 표현한 것이다.

윤선도의 말은 언뜻 기년복을 주장하는 서인당을 몰아세우는 것처럼 들리지만, 서인당의 주장을 배척하지 않는 현종을 자극하는 말이기도 했다. 대비가 1년복을 입으면 효종이 가세자·섭황제가 된다는 논리는 효종을 계승한 현종의 정통성에도 영향을 미칠 수 있었다. 물론 현종 역시 마음이 편했을 리 없다. 당시 현종은 19세였다. 가슴 끓는 19세 청년이 아버지를 깎아내리는 서인당을 보면서 분노를 품지 않았을 리 없다. 아버지를 격하하는 것은 곧 자신을 깎아내리는 것이었다. "그렇다면 효종이 섭황제였다는 말이냐?"는 윤선도의 주장은 '아버지가 섭황제로 격하되도록 놔두는 당신은 대체 뭐하는 사람이냐?'라는 말로 들릴 수도 있었다. 제1차 예송 때 제기된 주장 가운데서 이보다 강력하고 매서운 폭탄은 없었다. 윤선도는 그런 폭탄을 쏘아 현종의 각성과 용기를 촉구했다.

하지만 현종은 그 폭탄을 공중에서 폭파시켰다. 정확히 말하면 자기에게 날아오지 않도록 조치했다. 위《현종실록》에 따르면, 현종은 승정원에 "상소문을 도로 내주라"고 지시했다. 임금이 상소 내용을 모르는 상태에서 승정원이 기각한 것처럼 처리한 것이다. 그런 뒤 현종은 삭탈관직과 유배를 명함으로써 윤선도에게 또 한 번의 시련을 안겨주었다. 서인당이 국정을 장악한 상황이라 이들의 뜻을 거스르는 조치를 내릴 수 없었던 것이다.

윤선도의 상소가 일으킨 파장은 엄청났다. 윤선도에 동조하는 사람들이 계속해서 나타났고 그들은 모두 불이익을 받았다. 이 논란은 계속 확산되어 전국적인 대결 양상으로 번져갔다. 윤선도의 상소가 올라간 지 6년 뒤인 1666년 경상도 유생 1,400여 명이 윤휴·윤선도를 옹호하고 송시열·송준길을 규탄하는 상소문을 올렸다. 이에 맞서 충청·전라도 선비들은 서인당에 대한 지지를 표시했다.

시간이 흘러도 논란은 가라앉지 않고 점점 더 확산되는 경향을 보였다. 그러자 현종이 결단을 내렸다. 상복 문제로 더 논란을 일으키는 자가 있으면 형벌을 내리겠다는 왕명을 내린 것이다. 이때가 현종 7년 3월 25일(1666년 4월 28일)이다. 효종이 세상을 떠난 지 7년 만에 상복 논쟁이 공식 종결된 것이다.

서인의 오류가 불러온 2차 예송

효종이 죽은 지 15년 뒤이자 제1차 예송이 종결되고 8년이 경과한 1674년, 이번에는 효종의 부인인 인선왕후 장씨가 세상을 떠났다. 이 때문에 시어머니 자의대비가 또다시 상복을 입게 됐다.

자의대비 조씨는 1638년, 15세의 나이로 인조의 두 번째 왕후가 됐다. 당시 인조는 44세, 소현세자는 27세, 봉림대군(효종)은 20세였다. 그는 고생을 많이 했다. 결혼 7년 만인 1645년에 간질을 이유로 경덕궁(경희궁)에 유폐되어 인조가 죽을 때까지 갇혀 살았고, 효종 부부의 장례 때마다 예송 논쟁의 중심에 강제로 올려졌다. 그는 풍파를 많이 맞은 왕실 여인이었다.

제1차 예송 막판에 현종이 상복 논쟁을 금하는 왕명을 내렸기 때문에 인선왕후 사망 당시에는 전과 같은 격렬한 논쟁이 재현되지 않았다. 하지만 어찌 보면 소소하다 할 수 있는 작은 실수가 제2차 논쟁에 불을 당겼다. 이 실수는 집권 서인당에서 나왔다. 자의대비의 상복을 1년복으로 정했다가 곧바로 9개월복으로 변경한 예조의 조치가 문제의 원인이 됐다.

인선왕후는 현종 15년 2월 23일(1674년 3월 29일)에 눈을 감았다. 그로부터 닷새 뒤인 2월 28일(4월 3일)에 자의대비가 상복을 입기로 돼 있었다. 예조는 2월 26일(4월 1일) 기년복을 입는 방안을 현종에게 건의해 재가를 받았다. 이때 예조는《경국대전》을 근거로 내세웠다. 맏며느리가 죽으면 1년복을 입는다는《경국대전》〈예전〉 규정이 그것이었다. 이것은 서인당 정권의 실수였다. 효종은 인조의 서자로 격하해

놓고 효종의 부인은 맏며느리로 인정한 것이다.

기년복으로 결정한 다음날, 예조는 전날 결정을 취소하면서 9개월 복인 대공복大功服으로 변경했다. 현종 15년 2월 27일자(1674년 4월 2일 자)《현종실록》에 따르면, 예조는 "다급한 사이에 자세히 살피지 못해 이처럼 경솔하게 잘못된 결정을 했으니, 황공함을 금치 못하겠습니 다"라고 현종에게 사죄했다. 이날 예조가 제시한 근거는《주자가례》 상복도喪服圖와 시왕지제時王之制였다.

'지금 왕의 제도'라는 의미인 시왕지제는 당시에는 주로 중국의 제 도를 가리켰다. 오늘날의 한국인들이 대화 중에 자기주장의 권위를 높이고자 '요즘 외국에서는' 혹은 '국제적으로 보편적인 기준은'이라 는 말을 쓰는 것처럼, 조선시대 사람들도 그와 같은 목적으로 시왕지 제라는 표현을 사용했다. 요즘 중국에서는 이렇게 하고 있다는 말로 현종의 입을 막고자 했던 것이다. 현종은 "알았다"고 대답했다. 이에 따라 자의대비는 9개월복을 입게 됐다.

제1차 때는 당시 법전인《경국대전》을 근거로 삼았다가 제2차 때 는 옛 문헌과 중국 제도가 근거가 됐다. 사실《경국대전》〈예전〉을 근 거로도 9개월복을 주장할 수 있었다.《경국대전》〈예전〉에 따르면, 맏며느리 이외의 며느리가 죽으면 9개월복을 입도록 돼 있었기 때문 이다. 예법 전문가가 많지 않은 데다 문헌을 쉽게 찾아볼 수 없어서 인지 아니면 국상 일정에 따른 촉박함 때문인지, 서인당은《경국대 전》〈예전〉을 거론하지 않았다. 그럼에도 현종은 알았다고 답변했고 이때도 별다른 문제가 되지 않았다.

그대로 문제가 종결되는 듯했지만 이번에도 어김없이 허목 같은 인물이 출현했다. 자의대비가 상복을 착용한 지 4개월이 넘은 시점에 도신징都愼徵(1604~1678)이라는 재야 학자가 등장한 것이다. 제1차 예송 당시 허목은 66세였고, 제2차 때 끼어든 도신징은 71세였다. 그역시 남인당이었다.

현종 15년 7월 6일자(1674년 8월 7일자)《현종실록》에 따르면, 도신징은 하루 사이에 기년복을 대공복으로 뒤집은 서인당의 태도를 신랄히 비판했다. 상소문에서 그는 "처음에는 기년복으로 정했다가 곧바로 대공복으로 고친 것은 어떤 전례를 따른 겁니까?"라며 "기해년 국상 때는 대왕대비께서 국제國制(《경국대전》)에 따라 기년복을 입으셨는데, 지금은《경국대전》 밖에서 대공복의 근거가 나오니 어찌 이리도 앞뒤가 맞지 않습니까?"라고 말했다. 도신징은 인선왕후가 서자의 아내라면 인선왕후의 아들인 현종도 서손이 된다면서, 그 경우 현종의 정통성에 문제가 생긴다고 지적했다. "대통을 계승하신 분은 종사宗社(종묘사직)의 주인이 되는 법이거늘, 그런데도 적장자가 될 수 없다는 겁니까?"라며 효종을 적장자 반열에 올려놓았다.

이전까지 현종은 소극적 태도를 견지했다. 아버지의 위상과 직결된 사안이니 분명 감정의 동요가 있었을 텐데도, 그는 서인당의 결정을 묵묵히 따랐다. 제1차 예송 때는 19세였던 데다가 갓 즉위했기 때문에 그럴 수도 있었다. 하지만 제2차 때는 재위 15년 된 34세 군주였다. 그런데도 그는 가만히 있기만 했다.

51년 만의 정권교체

....

그랬던 현종을 도신징의 상소문이 바꿔놓았다. 이 상소문을 본 뒤로
현종의 태도가 달라졌다. 상복 문제를 거론하지 말라는 왕명을 어기
고 상소문을 올렸는데도, 현종은 도신징을 문제 삼지 않았다. 현종은
서인당을 향해 몸을 돌려 그들의 태도에 이의를 제기했다.

도신징이 상소한 지 8일 뒤인 7월 14일(양력 8월 15일), 현종은 송시
열의 제자인 영의정 김수흥을 비롯한 대신들을 불러놓았고 제1·2차
예송의 논거가 서로 다른 이유를 캐물었다. 상당히 뒤늦은 질문이었
다. 이 질문을 내밀며 현종은 논쟁에 발동을 걸었다. 서인당과 남인
당 간에 논쟁이 오고간 제1차 때와 달리 이때는 현종이 도신징의 상
소를 거론하면서 서인당과 논쟁하는 상황이 벌어졌다. 판관이 변론
무대로 내려온 것이다. 김수흥은 시원한 대답을 내지 못했다. 서인
당의 논리는 힘의 우위에 기반한 것이어서 체계적이고 정치하지 못
했다. 논리가 허술해도 야당인 남인당 앞에서는 힘으로 밀어붙일 수
있었지만, 갑자기 돌변한 군주 앞에서는 그렇게 하기 힘들었다.

그런 서인당을 보고 현종은 짜증과 노여움을 냈다. 그런 뒤 이를 명
분으로 서인 정권을 무너뜨리기 시작했다. 7월 15일(양력 8월 16일) 상
복 문제를 주관한 예조의 판서·참판·참의·정랑을 일거에 투옥하고,
16일에는 영의정 김수흥을 춘천에 중도부처中途付處하는 조치를 내렸
다. 중도부처는 유배형의 하나로, 죄인을 일정한 장소에 머물도록 하
는 형벌이다. 일반적인 유배형인 안치安置보다는 가벼운 벌이었다.

현종은《경국대전》을 근거로 자의대비의 상복을 대공복에서 기년

복으로 수정했다. 《경국대전》은 맏며느리 상에는 기년복을 입도록 규정했으므로 현종의 조치는 인선왕후를 맏며느리로, 효종을 장자로 인정하는 일이었다. 15년 전의 조치를 정면으로 뒤엎은 조치였다.

한편 현종은 이를 명분으로 정권교체를 단행했다. 서인당을 내몰고 그 자리에 남인당을 채웠다. 영의정 김수흥을 파면한 7월 16일(양력 8월 17일)에는 판의금부사(종1품)에 권대운을 기용하고, 예송의 주무 장관인 예조판서에 장선징을 기용했다. 사간원 사간(종3품)에는 이하진이 임명됐다. 열흘 뒤인 7월 26일(양력 8월 27일)에는 허적을 영의정에 임명하고, 오시수를 동지의금부사(종2품)에 임명했다. 이 외에도 남인당 인사들을 주요한 자리에 배치했다. 1623년 인조 쿠데타로 서인당이 집권한 이래 최초로 발생한 정권교체였다. 상복 논쟁이 권력 변동으로 연결된 것이다.

오늘날의 내각은 연립내각이 아닌 한 특정 정당 출신이나 중립 성향의 인물로 채워진다. 하지만 옛날에는 내각에 여러 당파 출신들이 혼재했다. 허적 역시 서인당 정권 때 영의정을 역임한 적이 있다. 지금은 야당이 내각이 아니라도 의회에 들어갈 수 있지만 옛날에는 의회가 없었기 때문에 여든 야든 정부로 모일 수밖에 없었다. 만약 야당의 내각 진입 가능성을 봉쇄하면 그들이 반체제 세력으로 돌변할 수도 있었다. 그래서 과거에는 정부 관직을 야당과 공유하는 게 불가피했다. 따라서 조선시대 내각의 정치 성향을 파악할 때는 영의정이 어느 쪽인가만 볼 게 아니라 내각의 주류가 어느 당으로 채워져 있는가를 살펴야 한다. 제2차 예송 때 현종은 허적을 영의정으로 불러들였다. 그런 뒤 허적의 동지들을 중심으로 새로운 진용을 짰다. 인조 쿠데타 이후 최초로 비非서인 내각이 꾸려지는 순간이었다.

그런데 현종은 정계 개편을 마무리하지 못했다. 정권교체 도중에 세상을 떠났기 때문이다. 허적을 영의정으로 임명하기 2일 전인 7월 24일(8월 25일)부터 현종은 복통을 앓았다. 뜸 치료를 받았지만 차도가 보이지 않았다. 열이 오르고 헛배가 불렀다. 맑은 대변이 자주 나오고 소변이 좋지 않았다. 결국 8월 18일(양력 9월 17일) 숨을 거두고 말았다. 향년 34세였다.

바통은 14세 된 후계자 숙종에게 넘어갔다. 정권교체의 책임을 넘겨받은 것이다. 14세 어린아이가 무슨 일을 할 수 있을까 갸우뚱할 수도 있지만, 숙종은 놀라운 정치력을 보여줬다. 송시열과 서인당을 몰아세우며 정권교체를 성공적으로 수행한 것이다. 현종이 시작한 퍼즐 맞추기는 숙종에 의해 완성됐다. 조선 왕실 영재교육의 위력을 느끼게 하는 일이다.

근기 남인의 등장과 달라진 정치 지형

여기서 음미해볼 대목이 있다. 1659년 1차 예송 때 서인당이 논리적 모순을 보였는데도 현종은 왜 묵인했을까 하는 점이다. 이는 단순히 현종이 어렸기 때문은 아니었다. 당시 현종은 19세로 성인으로 인정되는 나이였다. 만약 그의 통치가 불안해 보였다면, 할머니인 자의대비나 어머니인 인선왕후가 수렴청정하거나 종친부 어른들이라도 팔을 걷고 나섰을 것이다. 비슷한 예로 세조의 아들인 예종이 19세에 왕이 됐는데도 어머니 정의왕후가 수렴청정한 사례가 있었다. 그러므로 현종이 수렴청정을 받지 않은 것은 그가 얼마든지 대신들을 상대할 수 있을 것으로 보였기 때문이다. 따라서 현종이 1차 예송 때 수동적 자세를 유지한 것은 나이가 어려서도 주변에 어른이 없어서도 아니었다. 집권당인 서인당의 억지 주장을 꺾고 자기 뜻을 관철할 힘이 없었기 때문이다.

제2차 예송 때 현종은 34세였다. 연륜과 경험이 훨씬 많아졌지만, 이것만으로 왕권이 강해졌다고는 볼 수 없다. 나이가 많고 경험이 많아도 힘이 없으면 허수아비가 되기 마련이다. 2차 예송 때 현종이 서인당의 모순을 논박하며 정권교체를 이룬 것은 그럴 만한 힘이 있었기 때문이다. 그렇다면 현종은 서인 정권하에서 어떻게 힘을 키웠을까?

왕이 힘을 기르는 방법으로는 내시나 궁녀를 늘려 수족을 강화하거나 군대를 확충해 무력을 강화하는 방법 등을 들 수 있다. 하지만 1674년 현종이 행사한 권력은 이런 데서 나오지는 않았다. 이 시기에 현종을 강하게 만든 것은 달라진 정치 지형이었다. 서인당과 남인당의 대결 구도에 변화가 생긴 것이다. 현종은 이 지형을 잘 활용함으로써 힘을 얻었다.

서인당이 광해군을 몰아낸 1623년, 동인당은 치명적 타격을 받았다. 남명 조식의 고향인 합천을 기반으로 경상도 서부에 근거지를 둔 북인당은 이 일로 제도권에서 재야로 밀려났다. 이황의 고향인 안동을 기반으로 경상도 동부에 근거지를 둔 남인당은 그 정도 타격을 입지는 않았지만 이들 역시 상당히 약화됐다. 광해군 실각으로 사림파의 최대 근거지인 경상도가 전반적으로 타격을 입었다.

만약 남인당이 이 상태로 머물렀다면 1674년에도 현종은 서인당의 억지를 참고 넘겨야 했을 것이고 정권교체도 힘들었을 것이다. 하지만 사정이 달라졌다. 과거와 달리 남인당이 강해져 있었던 것이다. 남인당의 세력 변화를 이해하려면, 1623년 전후의 역사부터 살펴봐야 한다. 역사학자 이근호의 논문 〈석전 광주 이씨 가문과 근기近畿 남인의 제휴〉는 인조 쿠데타 전후의 남인당에 대해 이렇게 설명한다.

선조대 중반 이후 모습을 드러내기 시작한 남인 세력은 17세기 전반까지는 영남 남인을 중심으로 했다. 당시까지 영남 남인은 재경 관인官人과 재향 사림을 다수 확보한 상태였다. 그러나 인조반정 이후 서인의 장기집권 과정에서 영남 남인이 거의 배제되면서, 영남 세력은 근기 남인과의 제휴가 필요하게 되었다.

- 《한국학논집》 제57권, 계명대학교 한국학연구원, 2017.

위 논문 제목에 근기近畿라는 표현이 사용됐다. 고대 중국에서 기畿는 천자의 직할지를 지칭했고 조선시대에는 한양 주변을 가리키는 표현으로 사용됐다. 기호 지방은 한양 주변과 제천 의림호 서쪽의 충청권을 통칭했으며 경우에 따라서는 전라도까지 포함했다. 근기 남인은 기호 지방 중에서도 한양과 경기에 거주한 남인들이다. 이들은 인조 쿠데타 전까지 제대로 된 세력을 구축하지 못했다. 물론 전에도 한양과 경기에 남인이 있었지만, 지역 정치세력으로서의 정체성을 형성하지는 못했다. 영남대 이수건 교수의 논문 〈조선 후기 영남학파 연구〉는 이렇게 말한다.

17세기 초까지는 영남이 재경 관인과 재지향 사림을 확보한 데다가, 그때까지는 영남을 제외한 경남京南이란 별개의 정치세력이 아직 독자성을 나타내기 전이었다. … 인조반정 후 서인 정권의 확립에 따라 영남 출신 당국자가 없게 되자, 영남은 별도의 재경 남인들과 손을 잡을 필요성이 절실했다. 그래서 나타난 것이 영남과 경남의 긴밀한 제휴다.

- 영남대학교 민족문화연구소, 《민족문화논총》 제21권, 2000.

경남은 근기와 같은 표현이다. 지금의 경기도 남양주시에 기반을 둔 다산 정약용이 수도권 남인이란 뜻으로 이 표현을 사용했다. 이들이 정치적으로 조직된 것은 영남 남인들의 '구애'의 결과였다. 경상도 남인들이 세를 구축할 목적으로 이들을 적극 끌어들였던 것이다.

근기 남인 혹은 경남 남인의 대표적 인물로는 인조 때의 명재상인 오리 이원익, 제1차 예송 때 논쟁의 불씨를 되살린 미수 허목 등을 들 수 있다. 나중 시대 사람이기는 하지만, 정조 시대 재상인 채제공도 이에 포함된다. 영남 남인은 이런 경남 남인을 적극 수혈해 세를 확대했다. 그 결과 남인당은 수권 정당의 능력을 갖추었고, 이는 제2차 예송 때 현종이 서인당을 상대로 큰소리칠 수 있었던 기반이 됐다.

예송이 바꾼 역사의 흐름

예송은 철학자들의 정치투쟁이었다. 이 논쟁은 비현실적인 듯하면서도 지극히 현실적이고 정치와 무관한 것 같으면서도 지극히 정치적

7장 3년이냐 1년이냐_왕과 신하, 권력의 주도권을 둘러싼 상복 논쟁 213

이었다. 사림파의 정치투쟁 방식을 반영하는 전형적인 사례다.

반면 인조 쿠데타는 사림파다운 정치투쟁이 아니었다. 무기를 들고 정권을 뒤엎는 일은 사림답지 않았다. 현실적 목표를 숨긴 채 다분히 관념적으로 투쟁하는 게 사림파다웠다. 이런 투쟁 방식에는 현실적 이점도 있었다. 외형상으로는 정치투쟁 같지 않았기 때문에 패배하는 쪽의 피해가 적었다. 대개는 패배한 쪽의 지도자 몇 명이 귀양 가거나 사약을 마시는 선에서 마무리됐다.

두 차례 예송은 서인당의 장기 집권을 종결시키고 환국換局이라는, 숙종 시대의 새로운 정치 상황을 여는 계기가 됐다. 문자 그대로 국면 전환을 뜻하는 환국 정치의 주체는 신하들이 아니라 군주였다. 종래의 사림파 정치에서는 당파들의 역학 관계가 정권을 좌지우지했다. 그에 비해 환국 정치에서는 군주의 결단이 핵심 요소가 됐다. 숙종은 서인당이 너무 강해진다 싶으면 남인당에 힘을 실어줬고 남인당이 세졌다 싶으면 서인당을 밀어줬다. 이 같은 정권교체를 통해 숙종은 여야 균형을 도모했다. 환국 정치가 가능했던 것은 숙종이 역량을 갖췄기 때문이기도 하지만, 정권을 잃은 뒤에도 금세 다시 수권 정당이 될 수 있을 정도로 당파간의 균형이 유지됐기 때문이다.

숙종은 환국 정치를 통해 당파들을 군주의 통제권 안에 두었다. 환국 정치의 결과 남인당이 도태되기는 했지만, 이는 숙종이 서인당을 통제할 수 있게 된 뒤의 일이다. 이를 통해 강화된 군주권을 행사한 두 인물이 영조와 정조다. 영·정조가 각 당파를 골고루 등용하는 탕평책을 실시할 수 있었던 것은 숙종 시대에 왕권이 그만큼 강화된 결과였다. 전통적으로 왕권보다 신권이 강했던 한민족 역사에서 탕평

시대 76년은 매우 독특한 시기였다. 강력한 군주권 아래에서 당파들이 공개 활동을 자제하며 숨을 죽인 것은 이때가 거의 유일했다.

강력한 군주권을 반영하는 탕평정치는 군주 못지않게 백성들에게도 유리했다. 귀족이 강해지면 서민의 삶이 힘들어진다. 탕평은 양반 귀족을 억누르는 정치였다. 영·정조의 탕평은 조선의 정치를 근본적으로 혁신하지는 못했지만, 국가권력이 서민층을 위해 작동하도록 하는 데는 어느 정도 기여했다. 이런 탕평 정치가 가능했던 것은 두 차례 예송을 통해 서인당의 힘이 꺾였기 때문이다. 서인당 독점체제의 붕괴가 숙종의 환국 정치로 이어지고 이것이 다시 탕평으로 이어졌다. 예송 논쟁은 조선 정치를 새로운 시대로 이끄는 데 기여한 역사적 대논쟁이었다고 평가할 수 있다.

8장

동양이냐
서양이냐

자주독립의 방향을
둘러싼 논쟁

서세동점의 전야

예송 논쟁 뒤 조선 정치는 환국이라는 신국면으로 접어들었다. 숙종은 서인당의 장기 집권은 물론이고, 남인당의 장기 집권도 불허했다. 한쪽이 강해질 것 같으면 다른 쪽에 힘을 실어주는 방법으로 균형을 유지했다. 1674년에 14세 나이로 왕이 된 그는 68세의 송시열을 귀양보내는 배짱을 보여주며 정치권을 제압했다. 그런 뒤 양당의 투쟁에 적극 개입해 정권교체의 향방을 좌지우지했다. 1674년에 남인당으로 넘어간 정권은 6년 뒤 경신환국(경신대출척)으로 서인당에 되돌아갔다. 1689년 기사환국 뒤에는 정권이 다시 남인당으로 넘어갔다가 1694년 갑술환국(갑술옥사)으로 서인당이 집권했다.

한국 정치에서는 전통적으로 귀족층이 강했다. 중국처럼 평원이 많은 곳에서는 지방 세력이 중앙으로부터 스스로를 보호하는 데 한계가 있지만 국토의 대부분이 산지인 한반도에서는 산지를 배경으로 중앙 권력에 맞서는 게 가능했기 때문이다. 그래서 이 땅의 군주들은 귀족들의 이익이 침해되지 않도록 주의했다.

따라서 숙종처럼 귀족을 강하게 휘어잡는 군주는 우리 역사에서 매우 특이한 존재다. 그가 장희빈과 인현왕후의 치마폭에 싸여 무능하게 살았다는 대중의 오해는 김만중의 소설《사씨남정기謝氏南征記》가 만들어낸 허구에 불과하다.

경종 즉위년 6월 17일자(1720년 7월 19일자)《경종실록》에 따르면, 숙종 사후 7일 뒤 2품 대신들이 모여 숙종肅宗이라는 묘호를 올렸다. '강직하고 덕스럽고 승부 기질이 강하며 진취적인 군주'라는 뜻이었다. 숙종을 가장 잘 아는 신하들의 평가가 그러했음은 그가 강력한 군주였음을 시사한다.

숙종이 주도한 환국 정치에서 남인당은 갑술환국(1694)을 계기로 현저히 힘을 잃었다. 1701년 남인당과 연계된 전 왕후 장희빈이 사사되면서 이들은 제도권 정계에서 밀려났다. 서인당은 남인당이 퇴출되기 전 분열을 겪었다. 1680년 경신환국이 원인이었다. 51년 만에 빼앗긴 정권을 6년 만에 되찾은 서인당은 두 번 다시 정권을 잃지 말아야 한다는 생각에서 임술고변(1682)을 일으켰다. 남인당을 완전히 퇴출시킬 목적으로 조작한 역모 사건이었다.

이 과도한 역모 조작에 윤증을 비롯한 서인당 소장파가 반감을 드러냈다. 이들은 역모 조작을 눈감아주는 노장파 송시열에 반기를 들었다. 그리하여 서인당은 노론과 소론으로 갈라지게 됐다. 남인당의 퇴출 이후 정계는 서인당의 분파인 이들 노론당과 소론당이 주도했다. 노론과 소론 모두 시초는 보수 정당이었지만, 양당이 정계를 주도하게 되면서 이들의 정치 성향이 다시 진보와 보수로 나뉘었다. 이에 따라 소론은 진보, 노론은 보수의 역할을 맡았다.

노·소론은 숙종의 후계자 문제를 놓고 대립했다. 노론당은 숙종의 후계자로 최숙빈의 아들인 연잉군(훗날의 영조)을 지지한 반면, 소론당은 장희빈의 아들인 경종을 지지했다. 그러다가 장남이자 세자인 경종이 1720년에 왕이 되면서 소론당이 승리를 거두었다. 하지만 이 승리는 오래가지 못했다. 노론당의 등쌀에 시달리던 경종이 1724년 37세 나이로 세상을 떠났기 때문이다.

뒤이어 등극한 영조는 부왕이 다져놓은 왕권을 기반으로 탕평 정치를 표방했다. 탕평 정치에서는 특정 당파의 집권도 여야 이원법도 인정하지 않는다. 다 똑같은 왕의 신하일 뿐이다. 이 시스템은 제1정당을 억누르지 않고는 성립할 수 없다. 그래서 강력한 왕권이 필요했다. 영조 시대에 탕평 정치가 가능했던 것은 숙종이 환국 정치를 통해 당파들의 힘을 빼놓았기 때문이다.

탕평 정치하에서는 공식적인 당파 활동이 규제됐다. 제도권 밖으로 밀려났던 당파들도 조정으로 들어와 구색을 맞췄다. 이 시스템은 영조의 손자인 정조 시대로 이어져 약 70년간 유지됐다. 하지만 탕평은 완벽하지 않았다. 제1당인 노론당을 완전히 제압하는 데 실패했기 때문이다. 노론당의 집권은 막았지만, 이들이 수면 밑에서 때를 기다리는 것까지 막지는 못했다.

1800년에 정조가 급사하고 11세의 순조가 등극하면서 왕실은 강력한 군주를 잃게 됐다. 이에 따라 탕평 정치도 일순간에 옛일이 되고 말았다. 노론당을 억누르고 정치적 균형을 유지하기에는 순조가 너무 어렸다. 순조를 옹호하고 정조의 유지를 실현시킬 세력도 없었다. 정조의 죽음과 함께 탕평은 끝나고 말았다. 그리고 탕평을 가능케 했던 강력한 왕권은 독이 되어 돌아왔다.

당파 정치에 이어 탕평이 시행되다가 중단됐으니 당파 정치가 부활하는 게 자연스러웠지만 당파 정치는 부활하지 못했다. 한두 해도 아니고 무려 70년이라는 긴 세월 동안 억제돼 있었던 탓에 하루아침에 제 기능을 회복하기 힘들었던 것이다.

탕평도 중단되고 당파 정치도 기능하지 못하는 이 틈을 왕실 외척이 비집고 들어왔다. 정조의 새할머니인 정순왕후 김씨의 친정, 경주 김씨 일문이 그들이었다. 그들은 정순왕후가 대왕대비 자격으로 수렴청정하는 기회를 놓치지 않았다. 이른바 세도勢道정치가 시작된 것이다. 이와 함께 순조 시대, 조선의 19세기 전반이 열렸다. 이 시대에는 세도 가문에 의해 권력이 독점됐다. 이들이 제1당뿐 아니라 제2당, 제3당까지 겸했다. 전과 달리 권력이 한 가문에 의해 독식되는 양상이 나타났다.

경주 김씨의 세도는 정순왕후의 수렴청정이 끝나면서 3년 만에 종결됐다. 뒤이어 안동 김씨와 풍양 조씨가 번갈아가며 정권을 잡았다. 이들 역시 외척 지위를 활용했다. 이런 상태로 순조·헌종·철종 시대가 지나고 흥선대원군 시대가 도래했다. 이때가 1864년이다. 정조 사후 약 60년간이나 세도정치가 이어진 것이다.

세도정치가 낳은 부조리는 특정 가문이 집권당 역할을 하고 권력을 독차지하는 정도에 그치지 않았다. 국정 운영의 시야가 협소해진 것도 큰 문제였다. 세도 가문은 그들과 왕실의 연결고리를 유지하는 데만 치중할 뿐, 전 백성을 고루 살피지는 못했다. 그들은 왕비나 세자빈을 지속적으로 배출하는 데 온 신경을 기울였다. 그러다 보니 보다 많은 계층을 포용하는 정책이 나오기가 힘들었다. 일시적이나마 평안북도를 점령했던 홍경래의 난을 비롯해 19세기 전반에 수많은 민란이 발생한 것은 바로 이 세도정치의 부조리 때문이었다.

지배 집단의 시야가 협소해지고 민란이 이어지다 보니 조선은 세계사의 조류를 관찰하기 힘든 나라가 되어 갔다. 청나라가 1840년 아편전쟁에 패해 시장을 개방한 데 이어 일본이 1854년 미국에 굴복해 문호를 개방하는 사태를 보고도 조선은 그 의미를 제대로 간파하지 못했다. 서세동점의 상황에 어떻게든 대응했어야 하는데도 세도가문들은 거기에 주의를 기울이지 않았다. 그래서 조선은 제대로 된 준비도 없이 서양 열강을 맞이할 수밖에 없었다.

서양 열강이 노크하는 급작스런 상황에서 조선의 국론은 크게 둘로 갈렸다. 일단 막자는 쪽이 그 하나였고 들여놓고 보자는 쪽이 다른 하나였다. 전자가 위정척사론, 후자가 개화론이다. 이제 조선왕조는 새로운 대논쟁으로 진입한다.

위정척사파의 두각, 서양은 기氣다

서양 세력이 거침없이 몰려오는 가운데, 가장 먼저 주목을 끈 것은 외세에 맞서자고 주장하는 쪽이었다. 위정척사衛正斥邪론자들이 바로 그들이다. 정正을 보위衛하고 사邪를 배척斥해야 조선을 지킬 수 있다는 이 논리는 주로 선비들에 의해 주장됐다.

대표적 인물은 화서華西 이항로李恒老(1792~1868)다. 출생지가 경기도 양평 청화산青華山 서쪽이라 화서라는 호를 썼다고 한다. 원래 그의 이름은 항로가 아니었다. 제자들이 간행한《화서선생문집華西先生文集》부록 제9권에 수록된 연보年譜는 "초명은 광로光老였다"고 말한다. 초명이라고 하니까 인생 초년까지만 이 이름을 쓴 것 같지만 그가 광로라는 이름을 쓴 것은 58세 되던 1849년까지였다. 광이 항으로 바뀐 것은 철종의 즉위 때문이었다. 왕이나 왕의 부모와 같은 이름을 쓸 수 없는 피휘避諱 제도가 있던 시절이었다. 철종의 생부인 전계대원군全溪大院君 이광李曠 때문에 이광로는 개명을 결심했다. 광光과 광曠은 다른 글자지만 이광로는 光을 버리고 '항상'을 뜻하는 항恒'을 취했다. 그는 이 이름으로 생의 나머지 19년을 살았다. 그래서 1849년 이전 실록에서는 이광로로, 그 이후 기록에는 이항로로 등장한다.

연보에 따르면, 이항로는 17세 때인 1808년에 반시泮試를 보러 한양 성균관으로 출발했다. 반泮은 학교를 뜻하는 글자로 조선에서는 주로 성균관을 지칭했다. 당시 성균관에 입학하려면 원칙상 소과에 급제해 진사나 생원이 돼야 했지만 그렇지 않은 유생들에게도 별도의 시험 기회가 주어졌다. 그 시험을 반시라고 불렀다. 연보에 따르면, 이항로는 어버이의 명령 때문에 억지로 반시에 응시했다고 한다.

반시 응시 전부터 이항로는 이미 문학적 소질로 유명했다. 그런 그가 성균관 시험을 보러 한양에 나타나자 한 재상이 "우리 집 아이와 친하게 지내면 금년도 합격이 가능하다"고 제안했다. 그 말을 들은 이항로는 "선비가 발 딛고 다닐 데가 아니구나"라면서 집으로 돌아가 버렸다. 그 사건으로 과거 시험을 마음에서 완전히 지운 이항로는 오로지 공부에 전념했다. 그의 학문적 명성이 널리 퍼져 조정에 천거되고 관직도 내려졌지만 그는 그저 공부에 몰두할 뿐이었다. 그런 그에게 충격을 안긴 사건이 벌어졌다. 동아시아를 강타한 제1차 아편전쟁(1840)이었다.

아편전쟁 뉴스가 조선에 전해진 것은 전쟁 발발(양력 1840년 6월 28일) 직후였다.《승정원일기》에 따르면, 그해 9월 20일(음력 8월 25일), 헌종은 청나라에서 돌아온 사신 이시인李時仁을 접견하고 "그곳에 요즘 난리가 일어났다는 말을 들어보았느냐?"라고 물었다. 헌종이 이미 전쟁 소식을 들었음을 짐작케 하는 대목이다. 이에 이시인은 "신이 올 때 그런 말이 있기는 했지만, 정말인지는 모르겠습니다"라면서 "귀국하는 도중에 군대를 소집하는 것 같은 움직임은 있었습니다"라고 답했다.

아편전쟁 발발 소식에도 선비들은 대수롭지 않게 여겼다. 그들은 영국과 프랑스 등이 조공 형식으로 청나라와 무역해왔음을 알고 있었다. 형식상으로나마 청나라를 떠받들어온 서양 열강이 청나라를 꺾을 수 있으리라고는 생각하지 못했던 것이다. 이런 인식은 1842년에 청나라의 패전으로 전쟁이 종결된 뒤에도 여전히 존재했다.

하지만 이항로는 달랐다. 그는 사태의 심각성을 감지한 몇 안 되는 선비 중 하나였다. 장바오윤(장보운) 중국 루둥魯東대학 교수의 논문 〈아편전쟁을 바라보는 조선의 다중 시선〉에 이런 대목이 있다.

전쟁 소식이 조선에 알려진 후에도《화서집華西集》의 기록에서 볼 수 있듯 화서 이항로 등 일부 지식인을 제외한 많은 사람들은 제1차 아편전쟁이나 그 이후의 상황에 대해 위기 인식을 그다지 느끼지 못했고, 무덤덤하거나 낙관적인 반응을 보였다. … 제1차 아편전쟁 소식이 조선에 알려진 지 한참 지난 후임에도 불구하고 《화서집》에서 기록했듯, 소음 이경우李絅愚는 여전히 이항로의 서양 침략 염려에 어이없어 하며 웃으면서, 서양이 서쪽 끝에 있고 조선이 동쪽 있는데 서양이 조선과의 거리가 너무 떨어져 있어 조선에 직접적인 해를 끼치지는 않을 것으로 전망하였으며 … 청의 여러 학인學人들과 폭넓게 교유하며 제1차 아편전쟁 등 해외 정보에 쉽게 접근할 수 있는 위치에 있던 추사 김정희도 제1차 아편전쟁에서 청의 패배를 충격이나 위기로 인식하지 못했고 낙관적인 서양관은 계속 견지하고 있었다.

- 한국사상사학회, 《한국사상사학》 제56집, 2017년.

선비들이 서양을 과소평가한 데는 그럴 만한 이유가 있었다. 당시까지만 해도 청나라를 중심으로 세계가 돌아가고 있었다. 유럽과 중국의 무역 거래에서도 중국이 일방적 우위에 있었다. 이런 우위를 기반으로 중국은 오랫동안 세계 최대의 무역흑자를 향유했다. 경제학자 안드레 군더 프랑크의 《리오리엔트》(이산, 2003)에 따르면 이런 대목이 있다.

1800년까지 두 세기 반 동안 중국은 유럽과 일본으로부터 4만 8,000톤, 마닐라를 통해서 1만 톤 이상의 은을 들여왔다. 그 밖에 동남아시아 대륙부·중앙아시아에서 수입한 은, 중국 내에서 생산된 은도 있었다. 이것을 전부 합하면 6만 톤이나 되는데, 이는 1600년 이후 전 세계에서 생산된 은 12만 톤, 1545년 이후에 생산된 13만 7,000톤의 절반에 육박하는 수치다.

구로다 아키노부 도쿄대 교수가 한 학회에서 발표한 〈유라시아 은 銀의 세기, 1276~1359(The Eurasian Silver Century, 1276-1359)〉라는 논문에 따르면, 몽골이 세계 제국을 수립한 1200년대 중후반부터 유라시아 대륙에서는 은이 국제 거래 통용화폐로 사용됐다. 은본위제라 불리는 이 시스템은 1900년대 들어 금본위제로 대체됐다. 따라서 1800년까지 전 세계 은의 절반 혹은 그에 육박하는 양이 중국에 유입됐다고 하면 아편전쟁 이전에는 중국이 세계 경제의 중심이었다고 해도 과언이 아닐 것이다.

오늘날의 세계사 교과서들은 서유럽이 오래전부터 세계사의 중심이었던 것처럼 말한다. 하지만 이는 서유럽이 아편전쟁에서 승리하고 동아시아를 능가한 뒤에야 유포된 이야기다. 안드레 군더 프랑크는 《리오리엔트》에서 유럽 중심의 세계관이 '발명'된 것은 1800년대라고 말한다. 아편전쟁 승리에 힘입어 유럽인들이 자신들의 관점에 입각해서 세계사를 새로 썼다는 것이다. 《간결한 세계 경제사》(에코피아, 2008)의 저자로 한국에도 알려진 미국 경제학자 론도 캐머런은 "16세기 이전만 해도 서유럽은 고립된 몇몇 지역의 하나에 불과했다"고 말했다. 그랬던 서유럽이 그 뒤 300년간의 성장과 발전에 힘입어 청나라를 제압하고 세계를 주도하게 됐던 것이다.

이같이 아편전쟁 이전만 해도 세계는 중국을 중심으로 돌아갔다. 그래서 조선인들 입장에서는 중국과의 관계만 잘 유지하면 서양과의 교류 없이도 잘 살 수 있었다. 그런 분위기에서 이항로는 일찍부터 서양의 침략 가능성을 우려했다. 상당한 선견지명이었다.

서양의 위험을 남보다 일찍 깨우친 이항로는 서양관 역시 일찍 수립했다. 그는 이기론에 입각해 서양을 바라봤다. 저서인 《화서아언華西雅言》제1권 '형이形而'에서 그는 "이를 중심에 세우고 기를 이끌면 어디를 가도 길하지 않음이 없고, 기를 중심에 세우고 이와 반목하면 어디를 가도 흉하지 않음이 없다"고 말했다. 이 문장에서 알 수 있듯이 그는 이의 우위를 주장하는 주리론자였다.

주리론자였다고 하면 이황과 조식의 사상을 계승한 동인당 계열이 아니었나 생각할 수도 있지만 이항로는 학통상 서인당 계열이었다. 박한설 강원대 명예교수는 〈화서학파의 계통적 특이성〉이란 논문에서 "화서학파의 학자들은 성리학으로 볼 때에 철저한 주리론자들이었다"고 한 뒤 "그럼에도 불구하고 이들은 주기론자의 정맥인 율곡학파·기호학파·서인 계열과 강력한 유대를 가지고 있었다"고 말했다(화서학회, 《화서학 논총》 제5권, 2010).

이항로는 서인 계열이면서도 이이의 이기론으로부터 자유로웠다. 이는 당시 학파들의 자유로운 분위기에 기인했다. 유지웅 전북대 교수는 〈한말 기호학파의 전개와 특징〉(한국공자학회, 《공자학》 제30호, 2016)이라는 논문에서 "이들은 학맥상 기호학파에 속하지만 뚜렷한 사승관계가 없다는 점이 특징"이라면서 "이항로와 기정진은 기호학파의 전통적 입장에 얽매이지 않고 자유롭게 자가설을 수립할 수 있었다"고 설명했다. 세도정치 시대에도 서인당 분파인 노론당이 우세했음을 상기하면 서인 계열이었던 이항로 역시 주류 진영 학자였음을 알 수 있다.

이항로는 조선은 이, 서양은 기로 인식했다. 조선을 중심에 놓고 서양을 바라봤던 것이다. 그는 중화의 정통성이 공자에게서 주자로 계승됐다고 생각했다. 그가 말한 중화는 혈통이 아니라 문화를 기준으로 한 것이다. 공자와 주자의 도를 이어받은 쪽이 그가 말하는 중화였다. 이항로는 명나라 멸망 이후로 중국에서는 이 정통성이 약해졌고 조선이 그 정통성을 잇고 있다고 생각했다. 이런 인식은 당대 다른 성리학자들에게도 공히 발견된다. 그런 생각에서 그는 '서양이 조선을 위협하면 조선 역시 맞서 싸워야 한다'는 결론을 내렸다. 이것이 정正을 보위하고 사邪를 배척하는 길, 위정척사의 길이었다. 그런 생각은 흥선대원군 집권기인 고종 3년 9월 12일(1866년 10월 20일)의 상소문에도 잘 드러나 있다.

> 이른바 양적洋敵, 서양 적을 치자는 쪽은 나라의 입장에 있는 사람들이고, 양적과 화합하자고 하는 쪽은 적의 입장에 있는 사람들입니다. 이쪽을 따르면 나라가 오랜 문물을 지킬 수 있고, 저쪽을 따르면 인간을 금수의 영역으로 빠지게 하는 것입니다.

이항로가 이 상소를 제출한 시점은 1866년 프랑스 함대가 한강 양화진에 도착하기 1개월 전, 즉 병인양요 발발 직전이었다. 그가 이 상소를 올린 것은 그해 9월 2일(음력 7월 24일) 발생한 제너럴셔먼호 사건으로 위기감을 느꼈기 때문이다. 제너럴셔먼호 사건은 상선으로 가장한 미국 선박 제너럴셔먼호가 서해에서 대동강으로 진입한 뒤 시장개방을 요구하며 조선을 향해 공격을 퍼부은 일이다. 이 배는 결국 평양 백성과 군인들에 의해 격침됐지만 이로 인해 국제적으로 긴장감이 고조되고 있었다. 그런 상황에서 이항로가 '양적'을 치자며 위정척사론을 제기한 것이다. 그의 위정척사론은 당시 집권자였던 흥선 대원군의 대외정책을 지지하는 측면이 있었다.

이항로의 주장은 훗날의 의병 투쟁으로 이어져 우리 역사에 큰 영향을 끼쳤다. 그는 서양을 두려운 상대가 아니라 만만한 상대로 봤고, 조선을 천하의 중심으로, 외세를 주변부로 인식했다. 이런 사상을 이어받았으니, 의병들 또한 두렵고 높은 적을 상대하는 게 아니라 하찮고 만만한 적을 상대하는 마음으로 궐기할 수 있었을 것이다. 이항로의 사상은 조선인들에게 항전의 용기를 북돋웠다.

최익현, 실천하는 지식인

이항로의 사상은 단기적으로는 제자들에게 영향을 줬다. 대표적인 문하생이 면암 최익현崔益鉉(1833~1906)이다. 그는 스승과 다른 면이 있었다. 스승 이항로는 현실 정치와 거리를 뒀지만 제자 최익현은 관직과 인연이 긴 편이었다.

최익현은 22세 때인 1854년 성균관에 입학해 이듬해 과거 시험에 급제했다. 일반 유생들은 소과를 거쳐 대과에 응시했지만, 성균관 학생은 봄가을에 성균관 유생들을 대상으로 실시하는 춘도기春到記와 추도기秋到記라는 별도의 시험을 통해서도 대과에 응시할 수 있었다. 최익현 또한 춘도기를 통해 대과로 나아갔다. 그리고 철종 임금을 만났다.

많은 사람들이 철종이 19세로 즉위할 당시 까막눈이었다고 알고 있다. 제대로 공부한 적 없이 강화도에서 농사만 짓던 비주류 왕족이 안동 김씨의 간택을 받아 허수아비 임금이 됐다고 생각하는 것이다. 하지만《면암선생문집俛庵先生文集》에 실린 최익현의 연보를 읽어보면, 그것이 사실이 아님을 알 수 있다. 최익현이 대과에 응시한 날, 시험관은 25세였던 철종이었다. 당시 철종은 유생들과 일대일로 마주한 상태에서《서경》에 관한 문제를 내고 성적을 매겼다. 그날 시험에서 최익현은 마지막 차례였다. 연보는 최익현의 차례 직전까지 "임금께서 즐겁지 않은 기색"이었다고 말한다. 자신의 질문에 제대로 대답하는 학생이 별로 없었기 때문이다. 그런 그의 표정을 바꾼 것은 마지막 면접자였다. 최익현이 막힘없이 술술 대답하자 철종은 감탄사를 연발하면서 "순통順通이로다"라고 말했다. 수석 합격이었다.

즉위 당시 철종은 일종의 수학 능력 테스트를 받았다. 철종 즉위년 6월 9일자(1849년 7월 28일자)《철종실록》에 따르면, 대왕대비 순원왕후(안동 김씨)와 전·현직 대신들이 그의 학업 수준을 체크했다. 이때 철종은 "《자치통감資治通鑑》2권과《소학小學》1·2권을 읽었지만, 근년에는 읽은 게 없습니다"라고 대답했다. 그랬던 철종이 불과 6년 뒤인 1855년에는 성균관 유생들에게 직접 문제를 내고 최익현 같은 인재를 가려냈다. 그 사실만으로도 철종의 학업 수준을 가늠할 수 있다. 어쩌면 철종은 세도 가문의 견제를 피하고자 즉위 전까지 지적 능력을 감추고 살았던 것일지도 모른다.

최익현은 종9품 승문원 부정자로 관직 생활을 시작해 종4품 사헌부 장령이 된 직후부터 조선 정치사에 중대한 영향을 미치기 시작했다. 36세 되던 1868년, 그는 흥선대원군의 경복궁 중건을 비판하는 상소를 올렸다. 승정원 동부승지(정3품)가 된 1873년에는 흥선대원군 정권의 실정을 비판하는 상소를 올림으로써 시대의 획을 그었다. 이 상소를 계기로 대원군이 실각하고 고종이 친정에 성공했기 때문이다.

하지만 그 후로는 관운이 좋지 않았다. 고종이 대원군 비판 상소를 가납한 것은 자신의 이익에 부합했기 때문이다. 고종은 최익현이 올린 다른 상소들은 용납하지 않았다. 고종의 처가인 민씨 일족을 비판하거나 1876년 강화도조약 체결을 반대하는 내용이었기 때문이다. 고종의 뜻에 배치되는 상소를 올린 그는 이후 유배자의 삶을 살았다.

최익현의 위정척사 사상은 강화도조약 반대 상소 때부터 공식 표출됐다. 그것은 1895년 을미사변(명성황후 시해 사건) 때와 1905년 을사늑약(을사보호조약) 때의 상소로도 이어졌다. 그는 스승의 정신을 이어받아 위정척사 사상의 핵심 인물로 부각됐다. 그가 올린 상소들이 잇따라 기각되자 그는 붓을 내려놓고 칼을 잡았다. 의병 항쟁에 뛰어든 것이다. 1906년 그는 의병을 일으킴으로써 신념을 실천으로 옮기는 모범을 보였다. 그간의 글들이 그냥 나온 게 아님을 그렇게 보인 것이다.

새로운 조일 관계의 수립과 경제 자주

최익현의 위정척사론은 이항로를 계승한 것이지만 스승의 그것보다 좀더 구체화된 면들이 있었다. 1876년 강화도조약 체결 전에 '상소

를 가납하지 않으시려거든 내 목을 치시라'는 뜻을 담아 올린 지부持
斧 상소에 그 점이 나타났다.

1868년 메이지유신으로 일본에서는 막부의 통치가 종식되고 천
황의 위상이 회복됐다. 그 전까지 대외적으로 일본을 대표한 것은 막
부 지도자인 쇼군將軍이다. 국제사회에서는 쇼군이 일본 국왕으로 통
했다. 그런데 메이지유신으로 천황이 위상을 되찾자 일본 정부는 천
황을 앞세우는 새로운 외교관계를 표방했다. 이런 맥락에서 일본은
조일 관계 역시 바꾸고자 했다. 천황을 일본 최고 지도자로 인정하는
전제하에 양국 관계를 새로 수립하고자 한 것이다.

조선은 이를 거부했다. 일본을 황제국으로 인정하기 꺼려졌기 때
문이다. 조선이 새로운 조일 관계의 형식을 담은 일본의 국서를 거부
한 시점은 고종 6년 12월 13일, 즉 1870년 1월 14일이다. 이로 인해
양국 관계는 중단되고 말았다. 대부분의 책에는 이 사건이 1869년
12월 13일의 일로 기록돼 있지만, '고종 6년 12월 13일'의 12월 13
일은 음력이므로 양력으로는 1870년 1월 14일이 된다.

그렇게 단절된 관계를 재개하고자 일본은 운요호雲揚號 사건을 일
으켰다. 한국어로는 운양호로 발음되는 이 군함은 서해안을 북상하
며 조선 연안을 측량했다. 그러다가 영종도 쪽 난지도에 상륙한 데
이어 강화도를 침공했다. 그러고는 적반하장 격으로 조선군의 반격
을 빌미로 시비를 걸었다. 이렇게 트집을 잡다가 1876년 2월 27일
(음력 2월 3일) 강화도조약을 체결하는 데 성공했다. 6년 전까지와는 달
리 이때는 일본의 우월을 전제로 조일 관계가 수립됐다. 이 조약에서
조선은 일본에 시장을 개방하고 치외법권을 인정했다. 이로써 불평등한 조일 관계가 규범화됐다. 1854년 선진 자본주의 국가인 미국이 군함을 앞세워 일본을 강제 개항시킨 일을 모방해 조선을 강제 개국시키고 자국의 하위에 두는 데 성공한 것이다.

최익현이 상소를 올린 날은 강화도조약 체결 11일 전인 1876년 2월 16일(음력 1월 22일)이다. 상소문에서 그는 일본과의 조약 체결을 반대했다. 《면암선생문집》 제3권에 실린 상소문에 따르면, 그는 조선이 열세에 처한 지금 상태에서 체결하는 조약은 믿을 수 없다고 말했다. 일본이 주도권을 쥔 상태에서 조약을 체결하면 앞으로도 계속 끌려다닐 것이라는 우려였다. 또 조일 양국이 무역을 하면 조선이 손해 볼 수밖에 없다고 지적했다. 조선은 유한한 농산품을 수출하는 데 반해 일본은 무한한 공산품을 수출했기 때문이다. 그러므로 시간이 흐르면 조선 사람과 조선 땅만 피폐해진다는 게 그의 예측이었다. 그 당시의 제한된 경험과 정보 등을 감안하면 상당히 수준 높은 인식이었다. 2차 생산품을 수출하는 자본주의 국가와 1차 생산품을 수출하는 식민지 간의 무역에서는 착취 구조가 생길 수밖에 없다는 점을 간파한 것이다.

최익현의 상소는 이번에도 배척됐고, 그는 흑산도로 유배를 떠나야 했다. 그 뒤 최익현은 을미사변과 을사늑약 때도 상소를 올렸지만 유생들의 마음만 흔들었을 뿐 정책 결정에 영향을 미치지는 못했다. 대개의 지식인들과 달리 이 단계에서 그는 새롭게 변모했다. 세상이 자기 생각과 다른 방향으로 흘러갈 때, 그는 붓을 꺾고 세상을 등지는 대신 칼을 들고 세상을 향해 달려드는 길을 택했다. 74세 되던 1906년, 전라도 태인에서 그는 의병을 일으켰다. 80여 명으로 시작한 병력이 며칠 만에 수백 명으로 늘어났다. 하지만 관군의 공세를 견디지 못했다. 관군에 체포된 그는 일본에 인계돼 대마도로 끌려간 뒤 순국했다.

"러시아나 미국이나 일본이나 다 똑같은 오랑캐입니다"

최익현의 사상은 유림들의 반외세 운동을 자극했다. 고종이 미국에 시장을 개방하려는 움직임을 보이자, 선비들은 시장 개방이 경제적 수탈로 이어질 수 있다며 강력한 반대 운동을 전개했다.

　이때 선비들의 가슴에 불을 끼얹은 사건이 있었다. 고종이《조선책략朝鮮策略》을 국책 방향으로 채택한 것이다.《조선책략》은 주일 청국 공사관 황준헌黃遵憲 참찬관(참사관)이 방일 중인 수신사 김홍집에게 선물한 소논문이다. '러시아의 남하를 막기 위해 조선이 친중親中·결일結日·연미聯美해야 한다'는 메시지를 담은 이 논문은 청나라와 일본뿐 아니라 미국과도 협조 체제를 구축할 것을 권유했다. 고종은 귀국한 김홍집으로부터 이 논문을 전달받고는 불과 9일 만에《조선책략》을 토대로 국가정책을 세웠다. 이날이 고종 17년 9월 8일(1880년 10월 11일)이다.

　고종이 일본에 이어 미국에까지 문호를 개방할 조짐을 보이자 선비들은 이를 막기 위해 뭉치기 시작했다. 이런 분위기가 하나로 모인 사건이 고종 18년 2월 26일(1881년 4월 8일) 경상도 선비 1만여 명이 상소를 올린 '영남 만인소 사건'이다. 이 상소 운동을 주도한 인물은 퇴계 이황의 후손 이만손李晩孫(1811~1891)이었다.

영남 만인소에서 선비들은 "러시아나 미국이나 일본이나 다 똑같은 오랑캐입니다. … 오랑캐 종자들은 그 본성이 탐욕스러운 것이 예나 지금이나 한결같습니다"라며 고종의 재고를 촉구했다. 선비들은 대미 시장개방이 몰고 올 국가적 재앙을 우려했다. 그들은 이렇게 경고했다.

저들이 풍랑을 몰고 험한 바닷길을 건너와 우리나라 관료들을 괴롭히고 우리 재산을 쉴 새 없이 빼앗아 가거나, 또 우리의 허점을 엿보고 우리의 빈약함을 업신여겨 들어주기 어려운 청을 강요하거나 감당하지 못할 책임을 지운다면 전하께서는 장차 어떻게 대응하시겠습니까?

시장개방의 의지가 열렬했던 고종은 영남 만인소를 기각했다. 그는 청나라의 도움과 중재로 고종 19년 4월 6일(1882년 5월 22일)에 대미 개방을 끝내 관철시켰다. 이날 시장개방을 골자로 하는 조미수호조규(한미수호통상조약)가 체결됐다. 미국에 일방적으로 유리한, 불평등 조약이었다. 이에 따라 미국 상인이 조선에서 치외법권을 누릴 수 있게 됐고, '양국의 시장'이 아니라 '조선의 시장'만 개방됐다. 조선 시장이 일본에 이어 미국에도 개방된 것은 위정척사 운동이 조선이라는 나라를 움직이는 데 실패했음을 의미한다. 미국과 수교한 그해에 조선은 영국·독일과도 국교를 체결했다. 조선의 시장개방은 돌이킬 수 없는 흐름이 되었다.

허수아비 임금의 권력 의지

····················

위정척사론은 '쇄국정책'이라는 부정적 이미지로 표현되는 시장 보호 정책이 조선의 국가정책이었을 때 힘을 발휘한 사상이다. 그래서 흥선대원군이 물러나고 고종이 전면에 나선 뒤로 위정척사론은 힘을 잃을 수밖에 없었다.

고종은 1864년 13세로 왕이 됐다. 많은 책에 고종의 즉위 연도가 1863년으로 적혀 있지만《고종실록》에 따르면 고종은 철종 14년 12월 13일, 즉 1864년 1월 21일 즉위했다. 이때 고종에게는 두 명의 간섭자가 있었다. 한 사람은 추존왕 익종(효명세자)의 부인인 조 대비(신정왕후)였고, 또 한 사람은 아버지 이하응(흥선대원군)이었다.

본관이 풍양인 조 대비는 라이벌 가문인 안동 김씨를 견제하고 왕실 위상을 회복할 목적으로 고종을 효명세자의 아들로 입양했다. 왕실 종친 관리 기관인 종친부에서 높은 위상을 갖고 있던 흥선군과 연대해 안동 김씨 천하를 종식시키고자 했던 것이다.

즉위 당시에는 고종이 어렸기 때문에 조 대비가 수렴청정을 맡을 수밖에 없었다. 조 대비는 이 권한의 일부를 대원군에게 위임했다. 이를 근거로 대원군은 섭정 자격을 얻게 됐다. 조 대비의 수렴청정과 대원군의 섭정이 공존하게 된 것이다. 이 시스템을 바탕으로 대원군은 숨겨둔 정치적 포부를 펼쳤다. 주상의 아버지이기 때문에 조정 관직에 취임할 수 없었던 흥선대원군은 법제상 의정부보다 상급인 종친부를 장악하고 이를 통해 의정부와 삼군부에 입김을 행사하는 방법을 구사했다. 그는 텔레비전 사극에서처럼 일상적으로 궁궐에 나가 국정을 지휘하는 대신 운현궁에 앉아서 세상을 움직였다. 현안에 대한 입장을 발표해야 할 경우에는 조 대비의 입과 글을 빌려 조 대비를 존중하는 모양새를 취했다.

당시 고종은 허수아비 임금이었다. 아버지 흥선대원군은 왕실 강화, 왕권 강화를 목표로 했지만, 힘 없는 고종에게는 남 일처럼 생각됐을 수도 있다. 아버지가 이룩할 왕권 강화가 자기에게 득이 될지 확신할 수도 없었을 것이다. 즉위 2년 만인 고종 3년 2월 13일(1866년 3월 29일), 조 대비의 수렴청정이 끝났다. 이로써 고종은 친정을 하게 됐지만 실권을 갖게 된 것은 아니었다. 그저 형식에 불과했다. 이때 고종은 15세였다. 수렴청정을 더 받을 수도 있는 나이였다.

고종은 권력 행사에 의욕을 보였지만 신하들은 '학문에 전념하시라'며 왕의 뜻을 무시해버렸다. 형식적 친정이 개시되고 6개월이 지난 고종 3년 8월 18일(1866년 9월 26일) 오후 다섯 시, 창덕궁 중희당에서 고종이 대신 및 군영 대장들과 자리를 함께했다. 경강(한강)에 이양선이 출현한 일 때문에 대책을 논의하는 자리였다.

이날 작성된 《승정원일기》를 보면, 고종은 대책 회의를 오래 갖고자 한 반면 신하들은 적당히 끝내려 했음을 알 수 있다. 판중추부사(종1품) 조두순은 "수라와 침수는 물론 강학에 이르기까지 평상시와 다름없이 하시는 게 백성을 진정시키는 첫 번째 방법입니다"라며 그만 끝내자는 메시지를 보냈다. 이 일에는 '적당히' 신경 쓰라는 의미였다. 고종은 '눈치 없이' 회의를 계속 이어가려 했다. 이번에는 좌의정 김병학이 "침수와 수라 등을 편안히 하시는 것이 신들의 구구한 바람입니다"라고 말했다. 대신들이 이렇게 한 것은 흥선대원군의 눈치를 봤기 때문이다. 어느 누구도 함부로 고종과 진지하게 국정을 의논할 수 없었던 것이다.

병인양요(1866)와 신미양요(1871)를 거치면서 흥선대원군의 권력은 계속 강력해졌고, 그럴수록 고종의 권력욕도 커졌다. 아버지에 대한 고종의 경쟁심은 결국 겉으로 모습을 드러냈다. 그는 아버지를 몰아내기 위해 동맹국인 청나라 상황까지 이용하려 했다. 아버지처럼 그도 권력욕이 대단했던 것이다.

고종은 동치제에게 동병상련을 느꼈다. 청나라 동치제同治帝는 고종보다 3년 앞선 1861년에 즉위했다. 동치제의 이름은 재순載淳이다. 고종은 아명이 명복命福이었지만, 임금이 된 뒤 재황載晃으로 개명했다. 고종은 자신과 이름 한 글자가 같은 동치제에게 연민을 느꼈다. 그래서 청 황실의 정보를 계속 수집했다. 자신의 운명에 대한 관심이 동치제에 대한 관심으로 연결된 것이다.

즉위 당시 동치제는 고종보다 네 살 어린 다섯 살이었다. 이 때문에 그는 법적 어머니인 자안황태후(동태후)와 생모인 자희황태후(서태후), 삼촌인 공친왕恭親王의 섭정을 받았다. 3인 공동 섭정이었다. 그가 동치제라고 불린 것은 두 태후가 황제와 공동으로 통치했다 하여 붙여진 연호를 따른 것이라는 이야기가 통설이다.

3인 섭정 중에서 초기에 실질적 주도권을 행사한 쪽은 두 태후가 아닌 공친왕, 즉 애신각라 혁흔이었다. 그는 의정왕대신議政王大臣 명의로 권한을 행사했다. 조 대비가 수렴청정하고 흥선대원군이 섭정하는 상황과 비슷한 구도가 동시기의 청나라에도 존재했던 것이다. 그런데 공친왕은 1865년, 3인 내부의 권력투쟁에서 밀려 의정왕대신에서 물러났다. 그렇다고 권력 핵심부를 벗어난 것은 아니지만 동치제에 대한 영향력은 전보다 약해졌다. 공친왕은 서태후의 권력을 능가하지 못했다.

고종은 동치제의 삼촌인 공친왕의 동향에 특히 관심을 가졌다. 공친왕이 아버지 흥선대원군과 비슷하다는 생각에서 그랬던 듯하다. 고종은 공친왕이 의정왕대신에서 물러난 1865년 이후로도 그를 계속 주시했다. 고종 9년 4월 30일자(1872년 6월 5일자) 《승정원일기》에 따르면, 고종은 이날 오후 5시 경복궁 자미당에서 청나라를 방문하고 돌아온 서장관 박봉빈과 대화를 나눴다. 이 자리에서 고종은 공친왕의 문제점을 거론하고 동치제의 친정이 필요하다는 쪽으로 대화를 이어갔다. 고종 눈에는 서태후는 안 보이고 공친왕만 보였던 모양이다.

동치제는 결국 동치 12년 1월 26일(1873년 2월 23일) 형식적으로나마 친정을 하게 됐다. 고종은 동치제의 처지가 나아진 일에 크게 고무됐다. 이에 고종은 형식적 친정에서 실질적 친정으로 넘어갈 방안을 강구했다. 그러던 중에 최익현의 대원군 비판 상소가 올라왔고, 고종은 이를 명분으로 아버지를 약화시키는 데 성공했다.

아버지의 힘을 빼기 위해 고종이 특별히 세력을 확대한 것은 아니다. 그는 자신의 처가이자 아버지의 처가인 여흥 민씨 세력을 승정원 등에 배치하여 친위 세력을 구축해나갔다. 아버지 쪽 사람들을 자기 쪽 사람으로 만든 것이다. 그는 최익현의 상소를 비판하는 신하들을 몰아내고 그 자리에 신진 인사를 배치했다. 이런 식으로 고종은 결국 실질적 친정에 도달했다. 주상이라는 유리한 지위와 아버지에게도 배우고 독학으로도 배운 정치력을 무기로 결국 자기 시대를 만들어낸 것이다.

신기선과 동도서기론

고종은 아버지와 정반대 방향으로 국정을 운영했다. 대외관계에서도 마찬가지였다. 아버지처럼 대결적 자세를 취하지 않고 문호를 개방하는 정책을 펼쳤다. 하지만 밀려오는 외세의 압박으로부터 조선을 지키겠다는 대의에서는 두 부자가 조금도 다르지 않았다. 차이점이 있다면 대원군은 외세를 담벽 밖에서부터 막으려 한 데 반해, 고종은 외세를 마당 안으로 끌어들인 뒤 자기들끼리 경쟁시켜 힘을 소진시키려 했다는 것이다. 아들이 아버지보다 훨씬 더 대담했다.

그런 고종의 의중에 부합한 사상이 동도서기론東道西器論이었다. 말 그대로, 동양을 도道로 활용하고 서양을 기器로 활용하는 사상이다. 도와 기는《주역周易》해설서 중 하나인《계사전繫辭傳》에 나오는 개념이다.《계사전》은 "형이상인 것을 도라 하고, 형이하인 것을 기形而上者謂之道 形而下者謂之器"라고 말한다.

동도서기론은 청나라의 중체서용中體西用론과 일본의 화혼양재和魂洋才론과 궤를 같이한다. 중체서용론은 중국의 것을 몸통으로, 서양의 것을 도구로 삼는다는 주의다. 이것은 제2차 아편전쟁(1856~1860) 이후의 개혁·개방 운동인 양무운동을 이끈 핵심 사상이다. 화혼양재의 화和는 일본을 가리킨다. 왜倭나 대화大和는 일본 최초의 통일 왕조인

야마토 왕국의 거점을 지칭했다. 일본의 것을 영혼으로, 서양의 것을 기술로 삼는다는 화혼양재론은 1854년 일본의 문호 개방을 전후한 시절에 영향력을 행사했다.

동도서기론은 성리학의 도와 기 개념을 활용해 문호 개방의 명분을 제공한 논리다. 이 논리의 대표자는 신기선申箕善(1851~1909)이라는 관료 겸 학자다. 신기선은 신채호의 인생에 큰 영향을 끼친 인물이기도 하다. 어려서부터 공붓벌레였던 신채호는 17세부터는 더 읽을거리가 없어 아쉬워했다. 집에 있는 책들은 몇 번씩 읽은 후였다. 집이 가난했기 때문에 책을 구입할 여력도 없었다. 이를 딱하게 지켜본 사람이 할아버지 신성우였다. 전 사간원 정언인 신성우는 손자를 데리고 선책을 빌릴 목적으로 선비들의 집을 찾아다녔다. 그러던 중에 신승구라는 유학자를 만났다. 신승구는 시 쓰기로 신채호를 테스트한 뒤 그를 천안에 사는 유명인에게 소개했다. 신승구가 소개해준 유명인이 바로 신기선이다. 신채호는 신기선 집에서 수만 권의 장서를 독파했다. 이때의 독서가 훗날의 신채호를 만드는 밑거름이 됐다. 신채호를 높이 평가한 신기선은 책을 보여주는 것으로 그치지 않고 그를 성균관 학생으로 추천하기까지 했다. 신채호의 성균관 및 한양 입성을 도왔던 것이다.

신기선이 동도서기론을 펼친 시점은 고종 19년 8월 23일자(1882년 10월 4일자)《고종실록》에 따르면, 1882년 전반기 이전이다. 1877년 27세 나이로 과거에 급제한 그가 통리기무아문 주사로 재직하고 있을 때였다. 통리기무아문은 고종이 새로운 세계정세에 대응하고자 1880년에 설치한 기구다.

위 날짜《고종실록》에는 종두법으로 유명한 지석영의 상소문이 나온다. 이 상소문에는 안종수(1859~1896)가 일본에서 들어온 서양 농서들을 근거로 엮은 조선 최초의 근대적 농서《농정신편農政新編》을 전국적으로 홍보하게 해달라는 요청이 담겨 있다. 안종수는 김옥균과 같은 개화파의 일원으로 1881년에 일본을 시찰한 인물이다. 1882년 전반기 이전에 완성된《농정신편》은 1885년에 간행됐는데 1905년에 재판이 나오고 1931년 조선총독부에 의해 다시 간행됐다. 그 정도로 파급력이 대단한 책이었다. 이 책에 서문을 써준 인물이 바로 신기선이다. 서양 농법을 조선에 소개한 이 책의 서문에 신기선의 동도서기론이 등장한 것이다.

《농정신편》서문에서 신기선은 "동서고금을 막론하고 바뀔 수 없는 게 도道이고, 수시로 바뀌어 고정할 수 없는 게 기器"라면서 "무엇을 도라 하는가?"라는 질문을 던졌다. 그런 뒤 "삼강오상三綱五常과 효제충신孝悌忠信이 이것"이라면서 "요임금·순임금·주공의 도는 해와 별처럼 빛나서 비록 오랑캐 땅에 가더라도 버릴 수 없다"라고 말했다. 삼강오상과 효제충신 같은 전통 윤리는 도의 범주에 속하며, 이는 어느 땅에서도 결코 변할 수 없는 고정불변의 것이라고 강조한 것이다.

그런 다음 "무엇을 기라 하는가?"하고 묻고 "예악禮樂·형정刑政·복식服食·기용器用이 이것이다"라는 답을 던졌다. 신기선이 기에 포함시킨 예악의 예는 앞에 언급된 삼강오상, 효제충신과 같은 범주가 아닌 의식이나 의례 사무 외에 외교나 교육 등을 관장했던 예조禮曹의 예와 같은 범주에 속한다. 즉 신기선이 말한 예는 외교나 교육 같은 구체적 사무에 가까웠다.

오늘날에는 법이란 용어가 민법도, 행정법, 형법 등을 모두 연상시키지만, 과거에는 형법과 가장 관계가 깊었다. 옛날에는 형刑과 법法이 지칭하는 범위가 크게 다르지 않았다. 그래서 옛날 사람들은 형정이란 말을 들으면 법과 정치를 떠올렸다.

기용에는 다양한 의미가 있지만, 신기선이 사용한 기용과 가장 가까운 의미는 고려시대 관청인 제전기용조성색諸殿器用造成色에서 찾을 수 있다. 이 관청은 궁전 기물을 제작하는 곳으로 여기서 말하는 기용은 기물이었다. 예악·형정·복식·기용처럼 구체적 상황에 따라 가변성을 띠는 것들이 그가 말하는 기였다.

신기선은 "당唐·우虞·삼대三代 때조차 덜하고 더함이 있는 법이니, 수천 년 후에는 오죽하랴"라고 말했다. 당·우·삼대는 요임금·순임금·주공의 시대를 달리 표현한 말이다. 당은 요임금, 우는 순임금, 삼대는 하나라·은나라·주나라다. 그런 시대에도 기의 덜함과 더함이 있었다고 했다. 기가 상황에 따라 수시로 바뀌었다는 것이다. 따라서 지금 같은 시대에도 기를 바꿀 수 있다는 것이 신기선의 논리였다. 전통적인 사회윤리만 보존한다면 서양 문물을 받아들여도 문제 없다는 메시지였다.

위정척사 사상은 흥선대원군 시절의 국가정책과 일치했기에 별다른 논쟁을 거치지 않고 당시의 지배적 사상으로 자리잡았다. 같은 맥락에서 동도서기론은 고종의 국정 목표와 일치했다. 덕분에 동도서기론 역시 특별한 저항을 받지 않고 지배적 사상으로 올라설 수 있었다. 고종은 신기선의 동도서기론을 국가정책으로 끌어올렸다. 이때가 1882년 하반기다.

고종 19년 8월 5일자(1882년 9월 16일자)《승정원일기》에 따르면, 이 날 고종은 서양 문물 수입에 관한 전교傳敎를 발표했다. 전교에서 고종은 "그들의 종교는 사교邪敎이므로 음란한 이야기나 미색美色처럼 멀리해야겠지만, 그 기器는 유익하므로 만약 이용후생을 할 수 있는 것이라면 농잠(농업과 양잠)·의약·무기·운송 수단의 제도를 기피하고 쓰지 않을 이유가 있겠는가?"라고 말했다. 또 "그들의 종교는 배척하되 그 기를 본받는 것은 병행할 수 있는 것이며, 잘못된 일이 아니다"라고 말했다. 도는 동양에서 취하고 기는 서양에서 취한다는 동도서기론을 채용해 신기선의 사상에 국가정책의 위상을 부여한 조치였다. 조선이 위정척사론에서 동도서기론으로 전환하는 순간이었다.

고종은 확고한 의지를 보여주고자 했다. 전교 말미에서 그는 척화비를 뽑아버리라는 지시를 내렸다. 아버지가 세운 위정척사의 상징물인 척화비를 제거하는 방법으로 그는 시장개방에 대한 강한 의지를 천명했다. 1880년에《조선책략》을 채택하여 개화의 방향을 정한 고종은 1882년에 동도서기론으로 개화의 명분을 마련한 것이다.

당시 신기선은 서른을 갓 넘긴 신진 관료였다. 이때만 해도 신기선은 경력이 일천했을 뿐 아니라 사상적으로도 덜 성숙해 있었다. 고종이 그의 사상을 국가정책으로 채택한 것은 그것이 깊이 있고 심오해서가 아니다. 뾰족한 대안이 없었기 때문이다. 신기선의 사상은 1890년에 저술한《유학경위儒學經緯》에서 좀더 발전된 모습을 보였다. 당시 그는 갑신정변의 여파로 전라도 여수 서쪽의 여도라는 섬에서 유배 중이었다. 갑신정변 직후에 화를 면했던 신기선은 '김옥균 일파'로 몰려 공격받다가 정변 2년 뒤인 1886년에 이곳으로 유배됐다. 이곳에서 신기선은 동도서기 사상을 더욱 더 성숙시켰다. 동국대 노대환 교수의 논문 〈19세기 후반 신기선의 현실 인식과 사상적 변화〉에 이런 설명이 있다.

> 1884년 갑신정변이 일어나자 그에 연루되면서 파란을 맞았다. 신기선이 갑신정변에 개입했는지는 불명확하다. 갑신정변 직후 그는 승지에 임명되었으며 정변파가 구상한 내각에 이조판서 겸 홍문관 제학으로 이름이 올랐다. 신기선과 김옥균이 동갑내기로 20대 초반부터 교유해 왔음을 생각하면 신기선이 갑신정변에 관여했을 가능성을 배제할 수 없다. 하지만 갑신정변 실패 직후 처벌을 받거나 망명하지 않았던 것으로 볼 때, 그러한 가능성은 낮아 보인다.
>
> – 동국역사문화연구소,《동국사학》제53권, 2012.

《유학경위》에서 그는 한층 더 세련된 동도서기론을 내놓았지만, 그때는 이미 그가 힘을 잃은 뒤였다. 사상의 힘을 키워줄 본체가 약해진 것이다.

법을 바꿔 스스로를 굳건히 한다

위정척사론과 동도서기론은 개방이냐 아니냐로 상호 대립을 노정했다. 그러나 한 가지 면에서는 공통적이었다. 둘 다 전통적인 정치체제 만큼은 건드리지 않았다. 위정척사론은 기존 체제를 지키기 위해 문호 개방을 부정하는 주의였고, 동도서기론은 기존 체제를 지키되 문호 개방은 하자는 주의였다. 이들과 궤를 달리하는 입장이 변법자강론變法自彊論이다. '법을 바꿔 스스로를 굳건히 한다'는 글자 자체에서 표출되듯이, 변법자강론은 기존 체제까지 바꿀 것을 전제로 했다. 체질의 전면적 쇄신을 기도했던 것이다.

변법자강론 하면 떠오르는 것은 1898년 무술변법이다. 무술년에 청나라에서 발생한 이 정변은 변법자강 운동으로도 불린다. 허수아비 황제인 광서제가 캉유웨이와 손잡고 청일전쟁(1894) 패전의 늪에 빠진 청나라를 되살릴 목적으로 일으킨 운동이다. 1860년대부터 추진된 양무운동은 청일전쟁 패배로 실효성을 의심받게 됐다. 이에 대안으로 등장한 것이 변법자강운동이다. 양무운동의 핵심 사상인 중체서용론으로는 청나라를 살릴 수 없다는 각성에 입각한 운동이었다.

변법자강론자들은 일본의 메이지유신을 본따 입헌군주제를 추구하고 의회를 창설하고자 했다. 군주가 의회와 헌법의 견제를 받는 체제를 지향한 것이다. 물론 이것은 궁극의 목표였고 무술변법 당시에는 실현하지 못했다. 과거 및 조세 제도와 경제체제를 개혁하고 탐관오리를 혁파하는 데 그쳤다. 무술변법의 수명은 오래가지 못했다. 광서제의 이모이자 실권자인 서태후에 의해 이 운동은 무산됐고 주모자 캉유웨이는 해외로 망명했다. 개혁 개시 약 100일 만의 일이었다. 그래서 '100일 변법'이라고도 부른다.

변법자강론은 개혁·개방의 필요성을 인정했다는 점에서 중체서용론이나 동도서기론과 입장을 같이했다. 하지만 전통 시스템을 어떻게 할 것이냐에서는 궤를 달리했다. 변법자강론은 그것마저도 수술

대 위에 올려놓고자 했다. 그래서 기득권 세력의 반발을 살 수밖에 없었다. 광서제가 변법을 시도한 것은 그가 진정한 황제권을 갖지 못했기 때문이다. 서태후가 가진 권력을 빼앗을 목적으로 모험을 감내했던 것이다.

실권자 서태후의 반응에서 알 수 있듯이 변법자강론은 권력을 쥔 세력의 거부감을 불러일으켰다. 조선 고종의 경우도 마찬가지였다. 고종도 개혁을 원했지만 왕권 상실은 원치 않았다. 기득권에 해가 되지 않는 범위에서 개화를 추진했을 뿐이다.

임오군란과 갑신정변의 한끗

흥미로운 것은 조선의 변법자강론이 고종의 측근에게서 나왔다는 사실이다. 조선의 변법자강론자들은 캉유웨이康有爲보다도 훨씬 먼저 두각을 나타냈다. 1884년에 갑신정변을 일으킨 김옥균·박영효·홍영식·서광범·서재필 등 급진개화파가 바로 그들이다.

흔히 갑신정변의 주역 하면 김옥균을 떠올린다. 물론 김옥균이 갑신정변을 일으킨 것은 분명한 사실이지만 김옥균을 움직이는 '어른'이 따로 있었다. 바로 고종이었다. 김옥균 회고록인《갑신일록甲申日錄》에 따르면, 정변 직전 고종은 향후 발생할 일을 김옥균에게 위임한다는 언질을 주었을 뿐 아니라 정변 자금으로 쓰라며 어음까지 건네줬다. 또 김옥균이 거사를 일으키자마자 신속히 승인을 내렸다. 이만하면 고종이 갑신정변의 배후라고 말해도 무리가 없을 것이다.

고종 입장에서는 정변이 필요했다. 왜냐하면 당시에는 정권이 그의 손에 없었기 때문이다. 정변 2년 전인 1882년부터 고종은 정치적 식물인간으로 살고 있었다. 그는 임오군란으로 약 1개월간 왕권이 정지되는 수모를 당했다. 임오군란은 구식 군인의 월급이 13개월이나 체불된 데다가 13개월 만에 나온 1개월치 월급이 겨와 모래, 썩은 쌀로 지급된 데 불만이 폭발한 사건이다. 홧김에 쌀 배급소 공무원들을 구타한 군인들이 구속되고, 구속자 석방을 요구하는 평화적 시위가 공권력에 의해 강경 진압된 것이 불에 기름을 끼얹는 역할을 했다. 이 때문에 구식 군인들과 그들의 가족들이 무력 항쟁을 벌이면서 한양은 무정부 상태로 돌변했다. 그 결과 고종은 왕권을 정지당했고, 대원군은 군란 세력의 지원으로 9년 만에 정계에 복귀했다.

임오군란은 외형상 우발적인 사건처럼 보이지만, 실상은 구조적 원인에 기인한 사건이다. 이것은 고종의 시장개방 정책, 즉 강화도조약 이래 일본 상인들이 판매하는 영국산 면포 등으로 조선 상권이 흔들리는 데 대한 불만이 투영된 민란이었다. 시위대가 시민군으로 신속히 전환될 수 있었던 것은 한양 여론의 지지를 업었기 때문이다.

시민군이 대원군을 옹립하는 장면은 대중이 국가 운영의 주체가 될 수 있음을 예고하는 그림이었다. 이 상황을 도저히 받아들일 수 없었던 인물은 다름 아닌 고종이다. 그는 명성황후 쪽과 협의해 상황을 역전시키기 위한 작업에 돌입했다. 그가 꺼내든 비장의 카드는 청나라에 대한 파병 요청이었다. 고종은 청나라 군대의 힘을 빌려 한 달 만에 정변을 진압하는 데 성공했지만 청나라 군대가 돌변해 내정 간섭을 하리라고는 미처 예견하지 못했다. 그때부터 고종은 힘 없는 군주로 살 수밖에 없었다.

청나라의 내정간섭을 물리치기 위해 고종은 이런저런 시도를 했다. 우선 조미수호조규 제1조를 근거로 미국에 지원을 요청했다. 여기에는 조미 양국 중 한쪽이 제3국의 침해를 받을 때는 다른 한쪽이 신속히 도움을 제공해야 한다고 규정돼 있었다. 하지만 미국은 고종의 요청을 거부하고 조약을 지키지 않았다.

고종은 러시아로 고개를 돌렸다. 이는 매우 위험한 시도였다. 당시 러시아는 영국과 더불어 세계 최강국이었지만 외교적으로 만만치 않은 과제에 직면해 있었다. 러시아의 남진을 막기 위한 세계적 연대가 광범하게 형성돼 있었던 것이다. 청나라와 일본은 서로 경쟁했지만 러시아에 대해서만큼은 공동 전선을 형성했고 영국과도 보조를 맞췄다. 그 정도로 러시아에 대한 국제적 반감 혹은 공포심이 대단했다.

이런 상황에서 고종은 김옥균·박영효·민영익·김관선 등을 몰래 파견해 러시아와 수호통상조약을 체결했다. 고종 21년 윤5월 15일(1884년 7월 7일)의 일이었다. 이 사건은 세계에 충격을 안겼다. 영국의 반反러시아 전선에 구멍이 뚫렸음을 입증한 것이다. 그 결과 이듬해 3월 1일, 영국 함대가 제주도와 전라도 사이의 거문도를 점령하는 사건이 벌어졌다. 러시아의 한반도 활동을 견제하기 위한 조치였다.

이처럼 고종은 세계 최강 영국을 자극하면서까지 러시아를 끌어들였지만, 러시아는 고종에게 별다른 도움을 주지 못했다. 저 멀리 유라시아 서쪽에 중심을 둔 러시아가 청나라의 내정간섭으로부터 조선을 꺼내주는 데는 한계가 있을 수밖에 없었다. 러시아로서는 힘이 부치는 일이었다. 러시아와의 비밀 교섭에 투입됐던 김옥균도 이 점을 모르지 않았다.

갑신정변은 수교 후 러시아의 위세를 등에 업은 상태에서 청나라를 몰아내기 위해 벌인 일이다. 하지만 러시아 군대가 조선까지 와서 청나라 세력을 몰아내는 것은 쉽지 않은 일이었다. 김옥균이 갑신정변 때 일본군을 이용하려 한 것은 그 때문이다. 일본이 좋아서가 아니라 러시아 군대를 데려올 수 없어서였다. 러시아의 위세로 청나라를 몰아내겠다는 전략을 세우고서는 러시아를 싫어하는 일본을 이용한 것이다. 처음부터 실패할 수밖에 없는 정변이었다.

정변 세력의 지향점, 변법

갑신정변의 목표는 고종의 왕권 회복이었으며, 정변의 주체는 고종의 측근이었다. 이 사실은 갑신정변 발생이 고종의 구상에 합치하는 일이었음을 보여준다. 그런데 이 정변은 발생 직후부터 엉뚱한 방향으로 튀어나갔다. 정변 발생 1년 전, 김옥균은 차관급인 호조참판에 임명됐다. 지위가 이러했기 때문에 당시의 김옥균은 고종의 복심이기는 해도 국정 전반을 좌지우지할 입장은 아니었다. 정변 전까지 김옥균은 고종의 뜻을 충실히 실현했다. 고종이 그에게 일을 맡긴 것은 정변 후에도 그가 자기 뜻대로 움직여줄 것이라는 기대가 있었기 때문이다.

고종의 기대감은 정변 직후 산산조각이 났다. 정변이 발생하고 얼마 지나지 않은 때였다. 김옥균은 전혀 새로운 모습을 보이기 시작했다. 정변 2일째인 고종 21년 10월 8일(1884년 12월 5일), 김옥균은 개혁 요강 14개조를 발표했다. 여기에는 고종의 두 눈이 휘둥그레질 만한 내용들이 많았다.

개혁 요강 제2조는 문벌 폐지에 관한 것이었다. 조선의 법률상 신분은 양인(자유인)과 천인 둘뿐이었지만, 사족士族이라 불리는 양반 가문에는 특혜가 인정됐다. 납세나 병역뿐 아니라 형사법적 특권도 있었다. 일반인 같으면 사형을 받을 만한 경우에도 양반 사대부는 유배형을 받는 때가 많았고 사형을 받을 경우에도 참수형이나 교수형 대신 사약을 내렸다. 분명한 차별이었다. 《갑신일록》에 수록된 개혁 요강에는 문벌을 폐지해 인민이 평등권을 갖도록 하겠다는 의지가 천명됐다.

제4조는 내시부 혁파에 대한 것이다. 내시와 궁녀는 기본적으로 군주 편이다. 군주들이 내시와 궁녀의 숫자를 늘리고자 했던 것은 이들이 왕권 강화에 도움이 됐기 때문이다. 이들은 귀족들과의 연고가 거의 없어서 왕의 수족으로 왕의 의지를 집행하게 하는 데 유용했다. 그런 내시부를 없애겠다고 선포한 것이다. 김옥균이 왕권 강화에 높은 가치를 두지 않았음을 보여주는 대목이다.

제13조와 제14조는 국정 운영의 주도권에 관한 내용이다. 제13조는 육조와 의정부의 주요 신하들이 회의를 통해 국정을 운영할 것을 규정했고 제14조는 육조와 의정부 외에 불필요한 관청을 혁파할 것을 규정했다. 이는 국정 운영의 주도권을 임금이 아닌 신하들이 갖도록 하는 동시에 군주의 수족이 될 관료제 기구들을 축소하는 것이었다. 군주의 신성성을 부정하고 군주의 권한을 제약하는 제한군주제

에 대한 지향성을 나타내는 일이었다.

제13조는 내각제 추진을 위한 사전 포석이었을 가능성도 없지 않다. 갑신정변 주역들은 내각제에 관심을 갖고 있었다. 이 점은 박영효가 정변 뒤 일본 망명 중에 고종에게 올린 상소문에서도 나타난다. 정변 4년 뒤인 1888년에 쓴 이 상소는 일본 외무성이 편찬한《일본외교문서》제21권에 '조선국 내정에 관한 박영효 건백서朝鮮國內政二關スル朴泳孝建白書'라는 제목으로 수록돼 있다. 이 상소의 정치개혁 편에서 박영효는 "폐하께서 모든 정무를 직접 처리하는 것은 옳지 않으므로, 관원들에게 각각 맡기"고 "어진 재상을 선택해 정무를 전담케" 하라고 건의했다. 국방부 군사편찬연구소가 1997년 펴낸《군사》제 34호에 수록된 김현철 도쿄대 연구원의 논문〈박영효의 정치사상에 관한 연구〉는 "위의 건백서는 박영효 개인만의 생각으로 보기보다는 당시 일본에 체류 중인 개화파들의 생각을 정리한 것으로 볼 수 있다"고 말한다. 즉 재상에게 정무를 일임하라는 건의는 개화파가 내각제를 염두에 두었을 가능성을 보여준다. 이 같은 생각이 갑신정변 개혁요강 제13조·제14조에 반영된 것이다.

아버지 흥선대원군을 밀어내면서까지 친정을 관철시킨 고종이다. 그 정도로 권력욕이 대단했던 고종의 눈에 개혁 요강 제13·14조가 어떻게 비쳐졌을지를 상상하기는 그리 어렵지 않다. 고종의 눈에는 김옥균이 임금의 뜻을 받드는 게 아니라 김옥균 자신의 뜻을 추구하는 것처럼 비쳤을 것이다. 김옥균이 고종의 왕권을 되찾아올 목적이 아니라 정치 체제를 뜯어고칠 목적으로 정변을 준비해왔다고 판단했을 수도 있고 김옥균에게서 변법자강에 대한 지향성을 읽어냈을 수도 있다.

개혁 요강에는 고종의 심기를 뒤틀어놓을 만한 내용이 더 있었다. '대원군을 불일不日 내로 모셔올 것'이라는 제1조가 그것이다. 2년 전 임오군란 시기 고종의 요청을 받고 들어온 청나라 군대는 대원군을 납치해 갔다. 대원군 없는 조선은 고종에게 안전한 곳이었다. 실제로 고종 19년 7월 13일자(1882년 8월 26일자) 《고종실록》은 대원군이 납치 되는 이 상황을 "대원군이 천진天津(톈진)으로 행차했다"고 짤막하게 서술한다. 불법적 '납치'가 공식적 '행차'로 기록된 것은 '행차'가 고종 의 의중에 부합했음을 보여준다. 그렇게 끌려간 대원군을 김옥균이 '불일 내에 모셔'오겠다고 선언한 것이다. 고종으로서는 김옥균의 의 도를 의심할 수밖에 없었다. 고종의 지시하에, 고종의 돈을 받고 일을 벌인 김옥균이 고종을 위협하는 조치들만 발표했으니 충분히 그럴 만도 했다.

고종이 김옥균에게 불만을 품었다는 점은 여러 가지 사실에서 증 명된다. 개혁 요강이 발표된 뒤 경기도 관찰사 심상훈을 통해 청나라 군대의 개입을 승인하고 정변 실패 이후 김옥균을 역적으로 규정한 사실, 김옥균 암살을 추진한 것과 김옥균이 상하이에서 암살되자 대 단히 기뻐하면서 대대적인 사면령을 내린 사실 등이 그것이다. 충신 인 줄로만 알았던 김옥균이 뜻밖에도 '변법'을 추진했으니, 고종의 배 신감은 이루 말할 수 없었을 것이다.

김옥균 등의 변법 개혁은 3일 천하로 끝났지만, 그들의 지향점은 생명력을 잃지 않았다. 그의 개혁안은 청일전쟁 중에 벌어진 1894년 갑오경장(갑오개혁) 때 부분적으로 성취됐다. 갑오경장은 일본군이 경복궁을 장악한 상태에서 진행된 개혁이라는 한계가 있기는 하지만, 조선 내에 개혁 열망이 있었기에 가능했던 일이다.

갑신정변 때 거론됐던 제한군주제는 갑오경장의 개혁 지침인 홍범 14개조에 또 다시 등장했다. 제4조에서 "왕실에 관한 사무와 나라 정사에 관한 사무는 반드시 분리하고 서로 뒤섞지 않는다"고 규정한 것이 그것이다. 왕실 사무라면 몰라도 국가 사무만큼은 군주가 함부로 처리할 수 없도록 하는 규정이었다. 군주권 축소에 대한 의지를 보여주는 대목이다.

홍범 14조에 들어간 개혁안 중에서 변법과 관련된 또 다른 사항으로 신분제 철폐를 들 수 있다. 신분제 철폐와 관련한 내용은 같은 해에 동학 농민군이 표방한 폐정개혁안에도 있었다. '노비 문서는 불태워버릴 것'이라는 폐정개혁안의 조항이 갑오경장에 와서 노비제를 폐지하고 천민 해방을 단행하는 조치로 실현된 것이다.

하지만 갑오경장 때의 변법은 미진했다. 특히 정치체제가 그랬다. 왕권을 제한하려는 취지가 충분히 실현되지 않았다. 왕실 사무와 조정 사무를 분리하는 조치만 있었을 뿐이다.

변법자강을 향한 마지막 기회, 독립협회

조선은 체질을 바꿔야만 살 수 있었다. 그러자면 변법자강을 어떻게든 실현시켜야 했다. 조선인들의 개혁 열망은 입헌군주제를 향한 투쟁으로도 이어졌다. 이런 시도는 1896년부터 나왔다. 서재필을 필두로 한 독립협회 활동이 바로 그것이다.

서재필은 1864년에 어머니 쪽 고향인 전라도 보성에서 출생했다. 1882년 대과에 급제하고 문서 교정 기관인 교서관의 정9품 부정자가 됐다. 1883년에는 그보다 열세 살 연상인 김옥균의 권유로 도야마 육군 유년 학교에 유학하고 이듬해 귀국했다. 육군 유년 학교는 일본 육군 사관학교의 전 단계다. 귀국 이후 그는 궁궐 수비대에서 일하다가 신식 사관학교인 조련국의 책임자인 사관장이 됐다. 이 상태에서 휘하 생도들을 이끌고 갑신정변에 참여했다. 이때 나이가 21세였다.

서재필은 7촌 삼촌뻘인 서광하의 양자로 들어간 뒤 안동 김씨 세도가 출신인 양어머니의 배려로 양외삼촌 김성근 밑에서 수학했다. 김성근은 고종 때 이조판서를 지냈고, 일제강점기 때는 자작 작위를 받아 민족문제연구소가 펴낸《친일인명사전》에 등재된 인물이다. 당시 양반가 사람들은 나이를 뛰어넘는 대우를 받았다. 안동 김씨의 후원을 받으며 성장한 서재필이 21세에 정변 핵심부에 끼는 것은 당시로서는 이상할 게 없는 일이었다.

갑신정변 때 병조참판이 된 그는 일본에 망명했다가 미국으로 건너갔다. 그곳에서 주경야독하며 영어를 공부하던 그는 독지가의 도움으로 고등학교를 졸업했다. 그런 뒤 1889년 26세 나이로 컬럼비아 대학(지금의 조지워싱턴대학) 의과대학에 들어가 1893년 의사 면허를 취득했다. 미국 시민권은 그 3년 전인 1890년에 취득했다. 대학 졸업 후 모교에서 강사 생활을 하던 그는 인종차별에 실망해 병원을 개업했다. 그런 뒤 조선에서 갑오경장이 일어나고 역적의 굴레를 벗게 되자 귀국을 선택했다. 돌아와서 한 일이《독립신문》창간과 독립협회

창설이었다. 1884년에 못다 한 개혁에 재시동을 걸기 시작한 것이다.

서재필은 전 백성이 국정에 참여하는 정치 체제를 추구했다. 소수의 위정자들이 국정을 결정하는 게 아니라 세상 사람들이 다 알 수 있도록 나라를 운영해야 한다는 게 그의 신념이었다. 1896년 6월 30일자 《독립신문》에서 그는 이렇게 말했다.

> 만사가 공평·정직하게 행해진 다음에야 그늘진 일이 없을 것이요. 그늘진 일이 없으면 나 하는 일을 남이 알아도 부끄러울 게 없을 것이니 문을 열어놓고 일을 해도 방해되는 일이 없는 법이요. 그늘진 데서 하는 일은 매양 남이 알까 두려워하는 일이니 남이 아는 것을 두려워하는 것은 다름이 아니라 그 일이 공평·정직하지 않은 까닭이라. 그런 고로 나랏일을 의논한다든지 상회 일을 의논하더라도 문을 열어놓고 만민이 보는 데서 일을 행해야 그 일이 정당하게 되는 법이요, 남이 보아도 부끄러울 게 없는 법이다. … 백성들이 정부에서 무슨 일을 하는지 알아야 가부 간에 말도 하고 나랏일에 전국 백성이 힘도 쓸 것이다.

나랏일을 온 백성에게 활짝 개방하자고 제안한 것이다. 그는 나랏일은 왕실과 신하들의 전유물이라는 전통적인 관념에서 벗어나 있었다. 또 그는 지방에 한해 공직자를 백성이 뽑게 하자며 지방자치제도 제의했다. 1896년 4월 14일자 《독립신문》에서 그는 이와 관련하여 서양의 사례를 소개하고 조선에도 적용할 것을 건의했다.

외국에서는 관찰사와 원님 같은 것과 정부 속에 있는 관원들을 백성을

시켜 뽑게 하니, 설령 그 관원들이 잘못하더라도 백성들이 임금을 원망

아니하고 자기가 자기를 꾸짖고 그런 사람은 다시 투표하여 미관말직

도 시키지 아니하니, 벌을 정부에서 주기 전에 백성이 그 사람을 망신

시키니 그 관원이 정부에서 벌 주는 것보다 더 두렵게 여길 터이요. …

내각대신과 협판은 임금이 친히 뽑으시는 것이 마땅하고, 외임外任은

그 도와 그 고을 백성으로 시켜 인망 있는 사람들을 투표하여 그중에

표 많이 받은 이를 뽑아 관찰사와 군수들을 시켜주면 백성이 정부를

원망함이 없을 것이요.

중앙의 장·차관은 종전대로 군주가 직접 뽑되 외직의 선출은 지방

자치에 맡기는 게 바람직하다는 의견이다. 지방자치에 한해서라는

단서를 달기는 했지만, 인민 참정권을 주장한 것은 당시로서는 혁신

적인 변법론이 아닐 수 없었다.

　서재필과 독립협회는 의회 설치도 요구했다. 군주가 입법·행정·사

법을 총괄하던 군주제 시대의 상식에 도전했던 것이다. 다만 이들이

주장한 것은 하원이 아닌 상원의 설치였다. 1898년 7월 27일자《독

립신문》은 〈하의원은 급치 안타〉라는 기사에서 조선 민중은 아직 지

식이 부족하므로 하원 설치는 시기상조라고 주장하고 "어느 나라든

지 하의원을 설치하려면 먼저 백성을 흡족히 교육"시켜야 한다고 말

했다. 대신 중추원을 상원으로 개편하고 독립협회 회원들이 의원 피

선거권을 가져야 한다는 게 이 신문의 주장이었다. 종래에 고위직 공

무원들의 대기소 역할을 하다가 관선 의회 겸 자문기관으로 변한 중

추원을 상원으로 개편하자는 것이었다. 하원이 아닌 상원의 설치를

목표로 했다는 점에서 한계를 띠기는 했지만, 입법권을 군주로부터 분리하려 한 것은 군주제 국가에 타격을 가하는 '변법'이었다. 독립협회가 상원으로 개편하고자 했던 중추원은 훗날 일제강점기에 총독부 자문기관으로 바뀌었다.

독립협회는 민중의 인기를 누렸다. 이에 당황한 고종은 독립협회의 요구를 들어줄 듯한 태도를 보였다. 그러나 이들의 인기가 더 높아지자 고종은 태도를 바꾸어 보부상 단체인 황국협회를 이용, 독립협회 활동을 조직적으로 방해했다. 그러던 중에 뜻밖의 사건이 발생했다. 독립협회 간부 윤치호를 대통령으로 옹립하자는 의문의 대자보가 붙은 것이다. 이를 계기로 고종은 독립협회를 탄압하고 간부들을 구속했으며 1898년에 결국 이 단체를 해산시키는 데 성공했다. 고종은 동도서기론 정도의 개혁은 받아들일 수 있어도 변법자강까지는 받아들일 마음이 없었다. 독립협회 탄압은 그런 고종의 태도를 반영하는 일이었다.

독립협회는 동학혁명이 진압된 뒤 등장했다. 동학 농민군은 인내천人乃天·인즉천人卽天 구호를 내세워 민중의 호응을 받았다. 독립협회도 만민평등론을 내세워 지지를 받았다. 두 조직이 똑같이 왕조국가의 사회체제를 거역하는 구호를 내걸어 인기를 끌었던 것이다. 이를 통해 당시 민중들이 정치 혁신을 얼마나 갈망했는지를 알 수 있다. 위정척사론이나 동도서기론보다는 정치체제 자체를 뜯어 바꾸는 변법자강을 더 선호했던 것이다.

하지만 이 시대의 요구는 현실 정치에 구현되지 못했다. 아직 그만한 역량이 성숙돼 있지 않았다. 고종의 권력욕을 꺾을 힘이 없었기 때문이다. 고종은 대한제국 선포를 통해 권력을 강화하려고만 했지 민중의 참정을 허용하고 새 나라를 만드는 데는 관심이 없었다. 이로 인해 조선은 독립과 자주를 위해 스스로를 변화시킬 마지막 기회를 잃고 말았다. 그 결과는 1910년의 국권 침탈이었다.

9장

찬탁이냐
반탁이냐

민족 통합을 가로막은
끝나지 않은 논쟁

아직 우리는 신탁통치 논쟁의 그늘 아래 있다

이제까지 전개된 대논쟁 중에서 한국 현대사에 가장 직접적인 영향을 끼친 것은 지금 이야기할 신탁통치 논쟁이다. 1945년 해방 뒤에 벌어진 이 논쟁은 완전한 의미의 '과거형'이라고 보기 힘들다. 아직도 한국 사회는 이 논쟁에서 완전히 벗어나지 못했다. 촛불을 끄기 위한 맞불이 타오르는 데서 알 수 있듯이, 한국은 좌우 대결에서 해방되지 못했다. 아직 우리는 신탁통치 논쟁의 그늘 아래 있다.

신탁통치는 제2차 세계대전 중 카이로선언으로 암시됐다. 장제스 중화민국 주석, 루스벨트 미국 대통령, 처칠 영국 수상이 1943년 11월 22일부터 5일간 이집트 카이로에서 전쟁 수행과 전후 처리를 논의했다. 카이로회담으로 불리는 이 모임에서 카이로선언이 발표됐다. 이 선언은 향후 일본 식민지를 어떻게 처리할 것인지를 중점적으로 다루었다. 한국 문제는 "한국민이 노예적인 상태에 놓여 있음을 상기하면서, 한국을 적당한 시기에 자유롭고 독립적인 국가로 만들 것을 굳게 다짐한다"는 문구에 들어갔다.

이 문구만 보면 신탁통치를 하겠다는 것인지 안 하겠다는 것인지 알 수 없다. 하지만 다른 부분과 비교하면 그 속뜻을 짐작할 수 있다. 다른 식민지 처리 방안과 한국의 처리 방안을 비교해보면 확연히 다르기 때문이다. 선언문은 "세 연합국은 일본의 침략을 제지하고 응징하기 위해 이 전쟁을 치르고 있다"고 한 뒤 이렇게 말했다. 아래 글 속 '그들'은 중·영·미를 지칭한다.

그들의 목적은 1914년 제1차 세계대전이 발발한 이래 일본이 강탈했거나 점령해온 태평양의 모든 섬들을 몰수하는 데 있으며, 또 일본이 중국으로부터 탈취한 모든 영토들, 예를 들면 만주·대만·팽호열도澎湖列島 등을 중국에 반환하는 데 있다. 일본은 또한 폭력과 탐욕으로 탈취한 다른 모든 영토로부터도 추방될 것이다.

제1차 대전 이후 일본이 빼앗은 태평양 섬들을 몰수하고 일본이 중국에서 탈취한 영토를 중국에 반환할 것이라고 명시한 반면 한국과 관련해서는 "한국을 적당한 시기에 자유롭고 독립적인 국가로 만들 것"이라고 했을 뿐이다. 이는 일제 패망 후에 한국이 즉각 독립하지 못할 수도 있음을 예고했다. '적당한 시기'까지의 신탁통치를 암시하는 말이었던 것이다.

최종안에는 '적당한 시기'라는 표현이 들어갔다. 하마터면 '적당한 시기'에 더해 '적절한 절차를 거쳐'도 들어갈 뻔했다. 카이로선언이 마무리되기 전날인 11월 25일이었다. 영국은 '적절한 절차를 거쳐'라는 문구를 추가할 것을 요구했다. '적당한 시기'만 규정할 경우 그 시기가 지나면 한국은 자동적으로 독립할 수밖에 없었으므로 이를 막고자 '적절한 절차'를 덧붙이려 했던 것이다. 영국은 한국의 독립이 자국의 식민지에 영향을 주지 않을까 우려했다. 한국의 독립을 지연시킬 필요가 있었던 것이다. 윤영휘 국방부 군사편찬연구소 선임연구원의 논문 〈카이로회담에서 연합국의 군사전략과 전후 국제질서 구상〉에 이런 설명이 있다.

> 영국은 기본적으로 한반도 문제에 무관심하였으며, 더 나아가 루스벨트의 국제신탁통치를 통한 식민지 처리 방안이 자국 식민지가 산재한 아프리카·아시아에 적용되는 것에는 민감한 반응을 보였다.
>
> – 국방부 군사편찬연구소, 《군사》 제105호, 2017.

영국은 식민지배 체제가 신탁통치 체제로 전환되는 것을 원치 않았다. 그래서 신탁통치에 소극적이었다. 하지만 미국의 프랭클린 루스벨트가 신탁통치를 열렬히 추진하고 나섰다. 그랬던 데에는 그럴 만한 이유가 있었다. 프랭클린 루스벨트는 전임 대통령인 시어도어 루스벨트와 우드로 윌슨을 존경했다. 이 두 사람이 프랭클린 루스벨트의 사고에 영향을 끼쳤다.

"부드럽게 말하되 큰 곤봉을 휴대하면 성공할 것이다"

시어도어는 1901년에, 프랭클린은 1933년에 대통령이 됐다. 시어도어가 프랭클린보다 스물네 살 많았지만 항렬은 같았다. 두 사람은 1650년경 네덜란드에서 미국으로 이주한 클라에스 판 로센벨트의 6대손이다. 이들은 12촌 형제 사이다.

1858년 뉴욕에서 출생한 시어도어는 하버드대학을 졸업한 뒤 뉴욕주 하원의원과 연방 해군부 차관을 거쳐 뉴욕 주지사가 됐다. 그후 1901년 3월 4일, 윌리엄 매킨리 대통령 취임과 함께 부통령이 됐다. 시어도어는 그해에 부통령에 이어 대통령에도 취임했다. 9월 6일 뉴욕주 버팔로시에서 열린 범미주 박람회에 매킨리 대통령이 참석했다가 레온 촐고츠라는 무정부주의 청년에 의해 피살되었기 때문이다. 매킨리는 그 자리에서 쓰러졌고, 9월 14일 숨을 거뒀다. 이 때문에 대통령직을 승계하게 된 시어도어는 "이런 식으로 대통령이 되는 것은 몹시 불쾌한 일"이라며 불쾌감을 표시했다.

불쾌감 속에서 취임했지만 시어도어는 매킨리의 남은 임기 3년 6개월과 자신의 임기 4년 동안 상당히 인상적인 발자취를 남겼다. 그는 독과점 억제를 통한 경제정의를 추구하고 태평양에 대한 영향력 확장을 도모했다. 윌리엄 하워드 태프트 육군 장관을 내세워 가쓰라·태프트 밀약(1905년 7월 29일)을 체결케 한 것도 그였다. '필리핀은 미국이, 조선은 일본이 차지한다'는 합의가 나오도록 만든 장본인이었다. 이로써 일본과의 관계를 돈독히 한 상태에서 그는 2개월 뒤인 9월 5일, 포츠머스강화조약(러일전쟁 화친조약)의 중재에도 성공했다. 이런 공로를 인정받아 그는 비유럽인으로서는 처음으로 노벨평화상을 받았다(1906). 그는 미국의 힘을 여러 방향으로 확장시키는 데 관심을 기울였다. 태평양과 대서양을 연결하는 파나마운하 건설을 추진한 것은 그 때문이다.

시어도어의 외교를 한마디로 응축한 문장이 있다. "부드럽게 말하되 큰 곤봉을 휴대하면 성공할 것이다Speak softly and carry a big stick, and you will go far"라는 남아프리카 속담이다. 그가 이 말을 좋아한다는 사실은 1900년 4월 1일자《브루클린 데일리 이글*The Brooklyn Daily Eagle*》에 보도됐다. 이 문장은 대통령이 된 뒤 그의 외교정책을 나타내는 표어가 됐다. 그의 외교정책은 곤봉 이념, 곤봉 외교, 곤봉 정책 등으로 불린다.

그런 시어도어를 보면서 프랭클린은 미국의 도덕적 권위에 자긍심을 갖게 됐다. 1998년 한국미국사학회에서 간행한《미국사 연구》제8권에 실린 이주천 원광대 교수의 논문 〈루즈벨트 행정부의 신탁통치 구상과 대한정책〉은 어린 시절의 프랭클린이 시어도어를 보면서 미 제국주의의 도덕적 정당성에 대한 확신을 갖게 됐으며 그 결과 필리핀과 중남미에 대한 제국주의 정책을 열렬히 지지하게 됐다고 설명한다.

우드로 윌슨과 민족자결주의
....

프랭클린이 존경한 또 다른 인물인 우드로 윌슨은 조선 철종 때인 1856년 워싱턴 D.C. 바로 남쪽인 버지니아주에서 출생했다. 35세 때인 1890년 프린스턴대학 교수가 되었고, 1902년에는 이 대학의 총장으로 선출됐다. 이때 이 학교에 입학한 한국인이 이승만이다. 이승만은 1908년 입학해 1910년 7월 박사학위를 취득했다. 윌슨은 1910년까지 총장으로 일하다가 뉴욕시 바로 옆의 뉴저지 주지사 선거에 출마해 당선됐다. 주지사로 일한 기간은 1911년 1월부터 1913년 3월 1일까지다. 주지사 임기가 끝나고 3일 뒤인 그해 3월 4일, 그는 대통령에 취임했다. 1897년부터 매킨리-루스벨트-태프트로 공화당 정권이 이어지고 있었다. 윌슨은 민주당 출신이었다. 윌슨의 취임은 공화당 정권을 끝내고 민주당 정권을 연 중요 사건이었다.

윌슨의 당선에는 전전 대통령인 시어도어 루스벨트의 '공로'도 한몫했다. 1909년에 두 번째 임기를 끝내고 퇴임했던 시어도어가 1913년에 다시 출마한 것이 윌슨의 당선에 결정적 도움이 됐다. 전직 대통령인 시어도어는 공화당 경선에서 현직 대통령인 윌리엄 태프트에게 패했다. 그러자 시어도어는 경선 불복을 선언하고 제3정당인 진보당Progressive Party을 창당했다. 미국인들은 이 당을 수사슴당Bull Moose Party이라고 불렀다. 당시 56세였던 시어도어가 "나는 수사슴처럼 튼튼하다"며 호언장담했기 때문이다. 시어도어의 경선 불복은 공화당 지지표의 분산을 초래했다. 덕분에 윌슨이 무난히 당선될 수 있었다. 윌슨은 629만 3,152표, 시어도어는 411만 9,207표, 태프트는 348만 3,922표를 얻었다.

윌슨은 민주당 출신이지만 시어도어와 비슷한 행보를 보였다. 경제 독점에 맞선 것도 그렇고 대외관계에 적극성을 보인 것도 그렇다. 제1차 대전을 지켜보던 그는 초대 대통령인 조지 워싱턴(재임 1780~1797)의 원칙을 깨고 유럽 문제에 개입했다. 조지 워싱턴은 3선 출마 논란에 흔들리지 않고 남은 임기를 잘 마무리하기 위해서 두 번째 임기 만료 6개월 전인 1796년 9월 17일, 고별사를 발표했다. 이 고별사에서 워싱턴은 "유럽은 우리와는 전혀 무관하거나 혹은 거리가 매우 먼 일련의 중요한 이해관계를 가지고 있습니다"라고 한 뒤 "미국을 유럽 정치의 일상적 성쇠나 유럽의 우호관계나 적대감의 일상적 결합이나 유착에 연루시키는 것은 절대 현명한 일이 아닙니다"라고 강조했다. 유럽 문제에 대한 고립주의를 천명한 것이다.

그런데 윌슨의 임기 중인 제1차 대전 시기 독일은 영국과 유럽 대륙의 해상운송을 방해하고, 자국이 지정한 항로를 벗어나 운항하는 선박을 무차별적으로 격침하는 무제한 잠수함 작전을 벌였다. 이로 인해 미국의 상업적 이익이 침해되자 윌슨은 국부의 원칙을 깨고 고립주의를 탈피하기로 결심했다. 그는 1917년 4월 참전을 단행했다. '전쟁을 끝내기 위한 전쟁war to end war'이 참전 슬로건이었다. 미국의 참전은 독일 패전의 결정적 원인 중 하나가 됐고, 전후 미국의 국제적 지위가 고양되는 결과로 이어졌다.

자신감을 얻은 윌슨은 새로운 세계질서를 구상했다. 야만적인 종래의 식민지배 방식을 혁신하는 구상이었다. 바로 국제연맹에 의한 위임통치였다. 윌슨은 제1차 대전 중인 1918년 1월 5일 데이비드 로이드 조지 영국 수상 등과의 회담에서 위임통치안을 내놓았다. 식민지배를 국제연맹 위임통치라는 문명적인 방식으로 바꾸고 식민지의 자결권을 존중하자는 취지를 담은 것이었다.

하지만 한계가 있었다. 그는 미국 대통령이자 승전국의 국가원수였다. 그 지위가 그의 신념에 걸림돌이 됐다. 1918년 당시에는 미국도 식민지를 지배하고 있었다. 미국은 필리핀과 도미니카를 식민지로, 푸에르토리코를 미군정 관할 지역으로, 아이티를 보호령으로 뒀다. 그래서 미국과 다른 승전국이 보유한 식민지에 대해서까지 국제연맹 위임통치를 실시하자고 주장하기는 힘들었다. 이 때문에 그의 위임통치 구상과 민족자결주의는 패전국 식민지에만 국한됐다.

모든 패전국 식민지에 윌슨의 구상이 적용된 것도 아니었다. 물론 윌슨은 모든 패전국 식민지에 동일한 원칙을 적용하고 싶어 했지만 다른 전승국들이 반대했다. 그들은 유럽 밖에서만 그 원칙을 적용하기를 원했다. 미국의 위세를 무시할 수 없었던 그들 나름의 타협책이었다. 미국 기업 애드버메그Advameg Inc.가 운영하는 미국의 외교관계 백과사전Encyclopedia of American Foreign policy은 여타 전승국들의 태도와 관련해 "그들은 일반적인 위임통치 체제를 이전의 적국 식민지에 대해 예외 없이 적용하고자 하는 윌슨의 자유분방한 해석에 대해 그다지 열렬하지 않았다"고 평가한다. 그런 다음 "현실적 의미에서 이것은 독일의 아프리카 및 원동遠東 소유지와 과거 오스만제국의 비非터키 지역에만 적용되는 것을 의미했다"고 설명한다.

이승만의 위임통치 청원과 그 한계

윌슨의 처음 의도와 달리 위임통치는 아프리카 및 남태평양의 독일 식민지와 중동의 터키 지배 지역에만 적용됐다. 하지만 이런 지역들에서도 윌슨의 구상은 훌륭히 성취되지 못했다. 당시 국제연맹으로부터 권한을 받아 위임통치를 수행한 나라는 영국·프랑스·벨기에·

호주·뉴질랜드·남아공·일본이다. 이들의 위임통치를 받은 곳 중에서 그나마 괜찮은 대우를 받은 곳은 오스만제국에서 분리된 중동 지역뿐이었다. 2018년에 고려대학교 법학연구원 이서희 연구원이 《국제법평론》 제50호에 기고한 〈국제법상 식민주의와 위임통치제도〉에 따르면, 중동을 제외한 나머지 지역에 대한 위임통치는 사실상 식민통치와 다를 바 없었다. 위임통치국들은 식민 지배나 진배없는 경제적·문화적 수탈을 자행했다. 위임통치령 주민들은 기본적인 인권조차 보장받기 힘들 정도였다.

위임통치제도가 환영받을 만하지 못했다는 점은 한국 독립운동가들의 반응에서도 드러난다. 3·1운동 4일 전인 1919년 2월 25일 이승만이 재미 동포 정한경(1891~?)과 함께 위임통치 청원서를 윌슨 대통령과 파리평화회의, 언론사들에 발송했다. 청원서의 핵심은 "연합국 열강이 장래 한국의 완전한 독립을 보장한다는 조건하에 일본의 현 통치로부터 한국을 해방시켜 국제연맹의 위임통치하에 두는 조처를 취할 수 있도록 지지하여 주시기를 간절히 청원하는 바입니다"라는 대목이다. 파리평화회의를 주도한 제1차 대전 전승국은 영국·프랑스·미국과 일본이었다. 일본이 포함된 '연합국 열강'을 상대로 한국에 대한 위임통치를 청원했던 것이다. 일본은 패전국이 아니므로 식민지 한국이 위임통치령이 될 가능성은 없었다. 실현 가능성이 없는 청원을 제출해서 민족의 체면까지 손상시켰던 것이다. 실리와 명분 양쪽을 다 잃은 청원이었다.

비타협적 민족주의자들은 이승만에 대한 분노를 삭이지 못했다. 유학자 출신의 독립운동가이자 훗날 성균관대학교 초대 학장이 되는 심산 김창숙도 그랬다. 자서전인 《벽옹칠십삼년회상기躄翁七十三年回想記》에서 그는 "나와 백암, 단재 등 여러 동지들은 이 박사가 조선 민족 대표라 자칭하고 미국의 노예가 되기를 원한 것은 우리 광복운동 사상에 큰 치욕이라 이 일은 그대로 두고 불문에 부칠 수 없다고 주장하였다"면서 "이에 편지로 이 박사에게 그 청원서를 취소하고 국민에게 사과할 것을 요구했으나 오래도록 회보가 없었다"고 회고했다. 《한국통사韓國痛史》의 저자인 백암 박은식과 《조선상고사》의 저자인 단재 신채호 등도 김창숙과 함께 분노했다. 특히 신채호에게서는 이승만은 이완용을 능가한다는 평가지 나왔다. 김삼웅 전 독립기념관장의 《독부 이승만 평전》(책보세, 2012)에 따르면, 신채호는 "미국 위임통치를 청원한 이승만은 이완용이나 송병준보다 더 큰 역적이오"라면서 "이완용은 있는 나라를 팔아먹었지만, 이승만은 아직 나라를 찾기도 전에 팔아먹으려 하지 않소!"라며 격분했다.

미국의 도덕주의적 팽창을 추진한 시어도어 루스벨트, 제국주의적 식민지배를 위임통치에 의한 식민지배로 '세련화'시키려 한 우드로 윌슨. 프랭클린 루스벨트의 신탁통치 방안은 이들에게서 영감을 받은 결과물이었다. 그가 동맹국인 영국의 소극적 태도를 무릅쓰고 신탁통치를 추구한 것은 그 때문이다.

운명의 모스크바삼상회의
·······································

카이로선언에서 암시된 한국 신탁통치는 1945년 12월 16일부터 25일까지 열린 모스크바 3국 외무장관 회의의 테이블에 올려졌다. 흔히 '모스크바삼상회의'로 알려져 있는 이 회담은 영어권에서는 '모스크바 외무장관 회담the Moscow Conference of Foreign ministers'으로 불린다. 미국·영국·소련 외무장관들이 참석한 이 회담은 그해 6월 26일 채택되고 10월 24일 발효된 국제연합헌장의 절차에 따라 이뤄졌다. 헌장은 제77조 제1항에서 국제연맹 위임통치를 받는 지역, 제2차 대전 추축국으로부터 분리될 수 있는 지역, 지배 국가가 자발적으로 신탁통치를 의뢰하는 지역은 신탁통치 대상 지역이 될 수 있다고 규정했다. 그런 뒤 제79조에서 대상 지역에 대한 직접 관계국이 신탁통치에 관한 협정을 체결할 수 있도록 규정했다. 이에 따라 미국·영국·소련이 직접 관계국 자격으로 모스크바에서 외무장관 회담을 가진 것이다.

회담 결과 12월 28일 모스크바협정이 발표됐다. 한국·일본·중국·루마니아·불가리아에 관한 처리 방안과 더불어, 헝가리·이탈리아·루마니아·불가리아·핀란드 같은 추축국과의 강화조약 준비와 원자력 관리에 관한 내용이 발표됐다. 한국에 관한 결정 사항은, '한국을 독립국가로 만들기 위해 임시 한국 민주주의 정부a provisional Korean democratic government를 수립하고, 남북을 각각 점령한 미·소 양군의 공동위원회가 임시정부의 구성을 지원하며, 미소공동위원회가 임시 한국 민주주의 정부와 협의해 미·소·영·중 4개국에 의한 최고 5년 기한의 신탁통치 협정을 제출한다'는 것이었다. 미소공동위원회와 임시 한국 민주주의 정부를 순차적으로 출범시킨 뒤 미소공동위원회의 주도로 신탁통치에 관한 방안을 마련한다는 내용이었다.

오보인가, 가짜 뉴스인가?

그런데 이 협정의 내용이 전혀 엉뚱하게 한국에 전달됐다. 협정 발표 하루 전날인 27일, 진실과 상충되는 보도가 《동아일보》에서 나왔다. 《동아일보》는 〈소련은 신탁통치 주장〉이라는 워싱턴발 기사에서 "막사과莫斯科(모스크바)에서 개최된 3국 외상회의를 계기로 조선 독립 문제가 표면화되지 않는가 하는 관측이 농후하여 가고 있다"면서 이렇게 보도했다.

> "즉 반즈(번즈) 미 국무장관은 출발 당시에 소련의 신탁통치안에 반대하여 즉시 독립을 주장하도록 훈령을 받았다고 하는데, 3국 간에 어떠한 협정이 있었는지 없었는지는 불명하나, 미국의 태도는 카이로선언에 의하여 조선은 국민투표로써 그 정부의 형태를 결정할 것을 약속한 점에 있는데, 소련은 남북 양 지역을 일괄한 1국 신탁통치를 주장하여 38도선에 의한 분할이 계속되는 한 국민투표는 불가능하다고 하고 있다."

《동아일보》는 미국 외무장관 격인 번즈 국무장관이 모스크바로 출발하기 전에 해리 트루먼 대통령으로부터 '한국에 대한 신탁통치를 반대하고 즉각 독립을 주장하라'는 훈령을 받았다고 보도했다. 그러면서 소련은 남북 전체에 대한 일괄적 신탁통치를 주장하고 있다고 말했다. 남북이 분단된 상태에서 소련이 1국 신탁통치를 주장해 지장이 초래됐다는 게 《동아일보》의 주장이었다. 실제로는 미국이 신탁통치를 주장하고 소련은 이에 소극적이었는데도 실상과 정반대되는 보도를 했던 것이다.

《동아일보》는 '워싱턴발 기사'라고만 했을 뿐 출처를 밝히지는 않았다. 28일에 발표될 협정 내용을 하루 전날 보도하면서 출처를 전혀 공개하지 않은 것이다. 자사 기자가 썼다는 내용도 없고, 다른 언론사에서 받아왔다는 내용도 없다. 거기다가 기사 내용 자체도 불투명했다. "3국 간에 어떠한 협정이 있었는지 없었는지는 불명하나"라는 구절로 작성자 스스로 기사의 신뢰성을 떨어뜨렸다.

오보라기보다는 의도적인 왜곡 보도에 가까웠다. 이를 뒷받침하는 정황 증거가 있다. 《동아일보》와 똑같은 날에 동일한 보도를 낸 매체가 있기 때문이다. 정용욱 서울대 교수가 2019년 6월 8일자 《한겨레》에 기고한 〈신탁통치안 왜곡의 출발은 날조 전문 미국 기자〉에 따르면, 재조선 미국육군사령부 군정청(미군정)은 위 오보의 출처를 12월 27일자 《태평양 성조지Pacific Stars and Stripes》로 파악했다고 한다. 그러니까 미국 국방부가 발행하는 《성조지》의 태평양 판에 실린 기사를 근거로 《동아일보》를 비롯한 국내 언론들이 잘못된 보도를 했다는 것이다. 《성조지》 태평양 판은 더글라스 맥아더 장군이 있는 도쿄에서 발행됐다. 도쿄의 미육군 태평양군 사령부가 왜곡보도의 진원지였던 것이다. 당시 맥아더는 연합국군최고사령부GPQ·SCAP 사령관이자 태평양군 사령관이었다.

맥아더 사령관 측에서 왜곡 보도를 흘릴 만한 이유가 있었다. 신탁통치를 반대하기 위해서가 아니라 신탁통치에 대한 한국인들의 반발을 소련 측에 전가하기 위해서였다. 김동민 동아대 초빙교수가 《한국언론정보학보》 2010년 11월호에 기고한 〈동아일보의 신탁통치 왜곡

보도 연구〉에 소개된 맥아더의 서한에서 그 점을 추론할 수 있다. '육군대장 더글라스 맥아더가 합동참모본부에'라는 제목의 1945년 12월 16일자 서한에 "남한에는 일체의 미국적인 것에 대한 분노가 증대"되고 있다거나 "신탁통치가 부과되는 경우, 한국인들은 실제적으로 물리적 폭동을 일으킬 가능성이 있다"는 언급이 있다. 이승만의 위임통치 청원에 대한 반응에서도 나타났듯이, 실제로 한국인들은 외국이 국제기구의 권위를 빌려 한국을 지배하는 것에 거부감을 갖고 있었다. 식민지배나 다를 바 없다고 인식했던 것이다. 그런 정서를 사전에 알고 있었던 맥아더 측이 신탁통치에 대한 이 같은 분노를 소련 쪽으로 돌리고자 그런 기사를 낸다.

맥아더의 의도대로 되다

맥아더의 예측은 틀리지 않았다. 신탁통치 보도가 나오자마자 한국인들은 거세게 반발했다. 이 사건은 거대한 반탁운동을 불러일으켰다. 그 중심에 백범 김구가 있었다. 11월 23일 대한민국임시정부 주석이 아닌 개인 자격으로 귀국한 그는 신탁통치 보도가 나오자 반탁을 천명하면서 정국의 한가운데로 뛰어들었다.

　그는 거대한 대중을 빨아들이는 구심점이 됐다. 1945년 12월 30일자 《동아일보》 기사 〈독립운동 새로 출발〉에 따르면, 김구는 미국이 불허한 대한민국임시정부 주석 자격으로 정당 및 종교단체 대표들과 신문기자들을 긴급 소집해 신탁통치 반대운동을 천명하는 등 공개 행동에 나섰다. 약 70명이 참석한 이 집회에서 김구는 "탁치의 보자기를 벗어날 운동을 전개"하겠다고 선언했다.

1999년에 《사회과학논총》 제23집에 실린 신복룡 건국대 교수의 논문 〈해방 정국에서의 신탁통치 파동〉에 정리된 바에 따르면, 김구의 반탁 논리는 4가지로 요약된다. 첫째 민족자결주의를 염원하는 한국인들의 의지에 배치되고, 둘째 제2차 세계대전 때 미국이 했던 공약에 배치되며, 셋째 유엔헌장의 신탁통치 조항이 한국에는 적용되지 않고, 넷째 신탁통치가 극동의 평화를 위협한다는 것이었다.

한국인들은 신탁통치 소식에 분개했다. 일본의 지배를 겨우 빠져나온 상황에서 4대국의 지배를 또다시 받으라고 하는 것을 대다수 한국인들은 도저히 이해할 수 없었다. 1945년 12월 31일자 《동아일보》 기사 〈전국에 반대열〉에 따르면, 28일부터 전국 주요 도시에서 반대 열기가 뜨겁게 일어났다. 전주에서는 식당과 상점들이 항의 휴업을 했고, 대구에서는 지역 단체들이 긴급회의를 열어 투쟁을 결의했다. 김구는 이런 분위기에 부응해 이때까지의 정치적 열세를 한번에 뒤집었다. 그는 보수세력의 지지를 얻어 정국의 중심에 서게 됐다.

김구가 선도한 반탁운동에 좌파 진영도 일부 동참했다. 여운형의 조선인민당과 박헌영의 조선공산당 세력이 그들이다. 이들은 결의대회를 여는 방법으로 자신들의 입장을 천명하고 김구 진영과의 합작을 제의했다. 이에 대해 《한국정치학회보》 제22집 제2호에 실린 심지연 경남대 교수의 논문 〈반탁에서 찬탁으로〉는 1946년 1월 2일자 《조선인민보》를 인용해, 여운형 측이 김구 측에 신속한 통합, 즉 신탁통치에 대한 통일전선을 제안했다고 설명한다. 김구가 주도권을 잡고 있었으므로 그와 함께함으로써 이슈의 변방으로 밀려나지 않으려고 했던 것이다.

하지만 김구는 합작을 거절했다. 위 논문에 따르면, 여운형 측이 1월 1일 발송한 통합 제안 공문이 당일 오후 6시에 반송됐다. 김구가 합작을 거부한 것은 여운형의 배경에 조선인민공화국(인공)이 있었기 때문이다. 여운형의 조선인민공화국은 대한민국임시정부 세력을 이끄는 김구 입장에서는 부담이 될 수밖에 없었다. 양쪽 다 정부의 형식을 띠고 있었기 때문이다. 김구는 인공 세력과 손을 잡는 것이 대한민국임시정부의 정통성에 영향을 주지 않을까 우려했다. 그에 더해 반탁운동의 주도권이 인공 쪽으로 넘어갈 가능성도 고려하지 않을 수 없었다. 김구 입장에서는 이미 주도권을 쥔 상태에서 굳이 모험을 감수할 필요가 없었다.

김구의 합작 거부는 좌파 세력이 미묘하게 변화하는 원인이 됐다. 김구로부터 퇴짜를 맞은 좌파는 모스크바삼상회의에 대한 입장을 미묘하게 수정했다. 좌파는 '임시정부를 수립하고(A) 신탁통치를 협의한다(B)'는 삼상회의 결과에 대한 재해석을 내놓았다. 이들은 B보다 A를 부각시키는 방법으로 입장 선회를 위한 명분을 만들었다. 모스크바삼상회의 결과를 받아들이고 임시정부를 빨리 수립하자는 쪽으로 입장을 재정리한 것이다.

위 신복룡의 논문에 따르면, 조선공산당은 1946년 1월 3일자 성명을 통해 임시정부의 신속한 수립을 위해 삼상회의 결과를 받아들여야 한다면서 민족의 역량에 따라 5년 내에도 신탁통치를 종결시킬 수 있다고 강조했다. 김구 측과의 차별성을 보여주고자 B를 반대하던 입장에서 돌아서서, A를 명분으로 B를 에둘러 찬성하는 입장을 취했던 것이다.

삼상회의 결과의 수용이 한민족에게 선사할 수 있는 확실한 이익이 하나 있었다. 국제연합과 4대 강대국의 압력에 의해서라도 실제 임시정부가 세워질 가능성이 높아졌을 것이라는 점이다. 분단의 가능성이 그만큼 옅어질 수 있었다. 그렇기 때문에 찬탁으로 선회한 좌파의 태도에도 나름의 명분이 있었다.

하지만 좌파는 입장 변화를 연착륙시키지 못했다. 갑자기 입장을 바꾼 것은 대중의 신뢰를 떨어뜨릴 만했다. 소련공산당의 지령을 받고 입장을 바꾸었다는 오해가 따라붙었고 결국 그들은 김구와 우파가 주도하는 반탁 흐름에 휩쓸리고 말았다.

이 논쟁은 엄청난 후폭풍을 낳았다. 해방 직후만 해도 우세했던 좌파가 대중의 지지를 잃게 된 것이다. 좌파의 몰락은 사회개혁을 추동할 원동력의 약화로 이어졌다.

또 이 논쟁은 해방과 함께 몰락할 뻔했던 친일파가 되살아나는 계기가 됐다. 친일파는 김구의 반탁운동에 가담한 사실을 발판으로 애국자로 둔갑했다. 친일파의 부활은 반민특위의 친일 청산이 와해되는 결과로 이어졌다. 친일파들은 좌파와 친일 청산 세력을 한데 묶어 빨갱이로 매도하고 탄압했다. 이로써 그들은 예전의 권력을 회복했다. 21세기까지도 계속 살아남아 사회개혁을 저지하는 친일의 망령이 신탁통치 논쟁에 편승해 부활한 것이다.

에필로그

....

한국사 대논쟁의 패턴

지금까지 한국사에서 가장 인상적인 아홉 가지 대논쟁을 검토했다. 항전이냐 항복이냐를 놓고 위만조선에서 벌어진 논쟁(1), 신선교냐 불교냐를 놓고 신라에서 벌어진 논쟁(2), 서진이냐 남진이냐를 놓고 고구려에서 벌어진 논쟁(3), 실력이냐 혈통이냐를 놓고 고려에서 벌어진 전쟁(4), 대륙이냐 한반도냐를 놓고 고려에서 벌어진 논쟁(5), 이냐 기냐를 놓고 조선 전기에 벌어진 논쟁(6), 3년이냐 1년이냐를 놓고 조선 후기에 벌어진 논쟁(7), 쇄국이냐 개방이냐를 놓고 조선 말기에 벌어진 논쟁(8), 찬탁이냐 반탁이냐를 놓고 해방 공간에서 벌어진 논쟁(9)을 살펴봤다.

아홉 개의 대논쟁에는 항상 주류 세력이 관련됐다. 1번에서는 주류 세력이 토착파와 왕당파로 나뉘어 경쟁했고 2번에서는 신선교를 신봉하는 주류 세력이 지방 및 전통을 대표했다. 3번에서는 귀족 세력

대다수가 남진파를 형성했다. 4번에서는 주류 세력인 호족들이 과거제 도입을 반대했다. 5번에서는 주류 세력이 개경파에 포진했다. 6번에서는 주류 세력이 동인당, 7번에서는 서인당이었다. 한편, 8번의 전개 과정에서는 주류 세력이 쇄국파에서 개화파로 바뀌었다. 9번에서는 주류 세력이 반탁파를 이뤘다. 이는 주류 세력의 이해관계를 건드리는 이슈가 대논쟁의 소재가 되어 왔음을 뜻한다. 주류 세력이 항상 하나의 진영을 이룬 것은 아니다. 1장의 경우에는 주류 세력이 두 부류로 갈라졌다.

대논쟁을 촉발시키는 요인은 주로 외부에서 발생했다. 아홉 개 중 일곱 개가 그랬다. 1번 논쟁은 한나라의 침공 때문에 일어났고, 2번은 불교 철학의 유입 때문에 일어났다. 3번은 중국의 팽창주의, 4번은 중국의 과거제도, 8번은 서양의 동양 진출, 9번은 제2차 세계대전 전승국들의 이해관계가 논쟁을 부추기는 원인이 됐다. 한편, 5번의 경우에는 개경에 대한 인종의 혐오감이라는 내부 요인과 함께 여진족 금나라의 급성장이라는 외부 요인이 함께 작용했다.

대논쟁의 대부분은 보혁구도를 띠었다. 1번을 제외한 나머지는 모두 진보 대 보수의 대결 양상으로 흘렀다. 진보세력의 역할을 맡은 쪽은 2번에서는 중앙집권파, 3번에서는 서진파, 4번에서는 광종, 5번에서는 서경파, 6번에서는 서인당이었다. 서인당은 1623년 인조 쿠데타 뒤에는 보수화됐지만, 6번 논쟁 당시에는 동인당보다 더 진보적이었다. 6번 논쟁 시기에 서인당은 대체로 야당이었다. 이理보다 기氣를 중시하는 이들의 입장은 백성의 이익을 중시하는 것으로 해석될 수 있었다. 인조 쿠데타 뒤에 벌어진 7번 논쟁 때는 동인당의 분파인 남인당이 진보세력의 역할을 담당했다. 이들은 기득권층인 서인당의 이해관계에 맞서 군주권을 옹호하는 편에 섰다. 8번 때는 개화파, 9번 때는 찬탁파가 진보의 입장에 섰다. 대논쟁이 진보와 보수의 양자 구도를 띠기 쉽다는 것은 대논쟁의 발생 자체가 체제를 동요시킬 가능성이 있음을 의미한다. 주류 세력의 입장에서는 논쟁 구도의 생성 자체가 불리하다고 볼 수 있다. '주도권을 보유했던 주류 세력'이 대논쟁 구도하에서는 '주도권을 다투는 세력'으로 바뀌기 때문이다.

대논쟁에서 주류 세력은 대체로 옛것을 지지했다. 한나라에 항복할 것이냐 아니냐가 논란이 된 1번 논쟁은 이와 명확히 연관되지 않는다. 8번에서는 주류 세력이 쇄국파에서 개화파로 이동했기 때문에, 이 역시 명백히 관련되지 않는다. 이 둘을 제외하면, 주류 세력은 항상 신체제나 신이념을 반대하는 입장에 섰다. 6번에서 동인당이 기보다 이를 중시한 것도 마찬가지다. 대중보다는 지배체제의 이해관계에 치우치는 것은 새것보다는 옛것에 가까운 태도라고 볼 수 있다.

유력한 중재자 혹은 판정관이 대논쟁의 향방에 영향을 미치는 경우도 적지 않았다. 총 5회의 대논쟁이 그런 경우였다. 2번 논쟁의 법흥왕, 3번 논쟁 초기의 고구려 영양태왕, 5번의 고려 인종, 7번의 조선 현종, 9번의 흥선대원군 및 고종이 중재자 역할을 했다. 그런데 3번의 영양태왕을 제외하면, 나머지는 엄밀한 의미의 중재자가 아니었다. 법흥왕은 중앙집권화와 불교 국교화를 추진하는 쪽에 있었다. 고려 인종도 묘청의 서경 천도론에 기울었다가 나중에는 김부식을 편들었다. 조선 현종은 2차 예송 때 남인당을 편들었다. 대원군과 고종도 각각의 입장이 있었다. 그런데도 중재자 역할을 수행할 수 있었던 것은 이들 자신이 논쟁의 한복판에 직접 뛰어들지 않았기 때문이다. 물론 4번의 고려 광종은 논쟁에 직접 개입했기에 중재자 역할을 수행하지 못했다.

이런 중재자나 판정관은 대논쟁의 향방에 결정적 영향을 끼쳤다. 형식적으로라도 이런 인물이 있는 경우에는 그가 손 들어주는 쪽이 승리를 차지했다. 군주나 최고 지도자가 그런 위상을 가졌다는 것은 기존의 정치 시스템이 기능을 잃지 않았다는 의미가 된다. 대논쟁이 기존 시스템을 위협하는 수준까지 발전하지 않았다는 뜻이다. 시스템이 정상 가동되는 상황에서는 논쟁의 어느 쪽도 군주권이나 최고 권력을 무시할 수 없었다.

대논쟁은 정치적 역학 관계를 뒤집는 결과로 끝나는 경우가 많았다. 아홉 차례 중에서 7회가 진보 세력 내지 도전 세력의 승리로 끝났다. 1번 논쟁에서는 왕당파의 권위에 도전하는 토착 세력이 승리했고, 2번에서는 불교를 지지하는 세력이 승리했다. 3번의 경우 을지문덕 때는 기득권파인 남진파가 승리했지만 연개소문 때는 도전 세력인 서진파가 승리했다. 4번에서는 과거제도를 도입하려는 세력이 승리했다. 6번에서는 주도권을 쥐고 있던 동인당이 우세를 유지했다. 7번에서는 야당인 남인당이 최종적으로 승리했다. 8번에서는 서양 문명을 지지하는 세력이 최종 승리는 아니지만 우세를 점했다. 대논쟁이 촉발되면 기존 이념이나 가치관에 대한 이의가 본격 제기될 수밖에 없다. 진보 세력이나 도전 세력에게 유리한 상황이 조성되는 것이다.

대논쟁이 논쟁으로 끝나지 않고 내전으로 비화된 경우도 있다. 5번 논쟁은 묘청의 건국 선포로 인해 논쟁에서 전쟁으로 전환됐다. 이는 당시의 대논쟁이 갈등 해결에 기여하지 못했음을 의미한다. 대논쟁이 도리어 갈등을 심화시켜 극단의 상태를 초래했던 것이다.

논쟁 뒤에 국가 명멸이 일어난 경우는 네 차례다. 1번 논쟁 뒤에 위만조선이 없어지고 한사군이 그 자리를 채웠다. 3번 뒤에 고구려가 멸망했다. 8번 뒤에 조선이 멸망했다. 9번 뒤에 반탁파의 주도로 대한민국이 세워졌다. 대논쟁이 내전으로 비화된 경우와 대논쟁 뒤에 국가 명멸이 일어난 경우를 합하면 총 5회다. 대논쟁으로 인해 기존 질서가 동요된 데 따른 결과라고 할 수 있다. 대논쟁이 체제 파괴적 기능을 할 수도 있음을 보여주는 사례다.

이상의 논의를 종합해보면, 아홉 차례의 대논쟁에서 한국사의 패턴 중 하나가 추출된다. 대논쟁은 주류 세력의 이해관계를 건드리는 것이고, 그것을 촉발시키는 요인은 주로 외부에서 유래하며, 대논쟁은 보혁 구도로 전개되고, 주류 세력은 대체로 옛것을 지지한다. 대논쟁에서 군주나 최고 지도자가 중재자 혹은 판정관의 위상을 점하는 경우가 있으며 그럴 경우에는 중재자의 지지를 받는 쪽이 승리를 거둔다. 대논쟁은 정치적 역학 관계를 뒤집는 결과로 귀결되기 쉬우며, 경우에 따라 내전으로 비화하거나 국가 명멸의 원인이 되기도 한다.

과거에 벌어진 일이 미래에도 그대로 반복되리란 법은 없다. 하지만 과거에 형성된 패턴은 미래의 역사 전개에 영향을 줄 가능성이 크다. 2016년 연말 이후로 대논쟁의 조짐을 보이는 한국 사회의 미래를 전망하는 데에 위와 같은 패턴이 어느 정도 참고가 될 수 있으리라 생각한다.

참고문헌

....

1. 사료

《경국대전經國大典》、《경종실록景宗實錄》、《고종실록高宗實錄》、《명종실록明宗實錄》、《선조수정실록宣祖修正實錄》、《성종실록成宗實錄》、《세종실록世宗實錄》、《인조실록仁祖實錄》、《철종실록哲宗實錄》、《태조실록太祖實錄》、《현종실록顯宗實錄》、《계사전繫辭傳》、《고려사高麗史》、《고려사절요高麗史節要》、《구당서舊唐書》、《남사南史》、《노상추일기盧尙樞日記》、《만주원류고滿洲源流考》、《사분율四分律》、《서경書經》、《수서隋書》、《수파니파타 Sutta-nipāta》、《승정원일기承政院日記》、《신당서新唐書》、《예기禮記》、〈진광인묘지명晉光仁墓誌銘〉.

가공언賈公彦、《의례의소儀禮義疏》. 각훈覺訓·覺月、《해동고승전海東高僧傳》. 김대문金大問、《화랑세기花郎世記》. 김만중金萬重、《사씨남정기謝氏南征記》. 김부식金富軾、《삼국사기三國史記》. 김옥균金玉均、《갑신일록甲申日錄》. 김창숙金昌淑、《벽옹칠십삼년회상기躄翁七十三年回想記》. 두우杜佑、《통전通典》. 마단림馬端臨、《문헌통고文獻通考》. 사마천司馬遷、《사기史記》. 서경덕徐敬德、《화담선생문집花潭先生文集》. 서유영徐有英、《금계필담錦溪筆談》. 송시열宋時烈、《송서습유宋書拾遺》. 신채호申采浩、《을지문덕전乙支文德傳》·

《조선사연구초朝鮮史研究草》·《조선상고사朝鮮上古史》. 심약沈約, 《송서宋》. 안정복安鼎福, 《동사강목東史綱目》. 안종수安宗洙, 《농정신편農政新編》. 어환魚豢, 《위략魏略》. 요사렴姚思廉, 《양서梁書》. 유몽인柳夢寅, 《어우야담於于野譚》. 유안劉安, 《회남자淮南子》. 윤휴尹鑴, 《백호전서白湖全書》. 이건창李建昌, 《당의통략黨議通略》. 이규보李奎報, 《동국이상국집東國李相國集》. 이긍익李肯翊, 《연려실기술燃藜室記述》. 이만수李晚秀, 《투호집도投壺集圖》. 이승휴李承休, 《제왕운기帝王韻紀》. 이중환李重煥, 《택리지擇里志》. 이항로李恒老, 《화서선생문집華西先生文集》·《화서아언華西雅言》. 이황李滉, 《퇴계선생문집退溪先生文集》. 일본 외무성, 《일본외교문서日外交文書》 제21권. 일연一然, 《삼국유사三國遺事》. 정도전鄭道傳, 《삼봉집三峯集》. 정몽주鄭夢周, 《포은집圃隱集》. 좌구명左丘明, 《춘추좌씨전春秋左氏傳》. 주자朱子, 《주자가례朱子家禮》. 최익현崔益鉉, 《면암문집俛庵文集》. 최치원崔致遠, 《고운집孤雲集》. 플라톤Platōn, 《국가론Poliiteiâ》. 홍만종洪萬宗, 《해동이적海東異蹟》. 황준헌黃遵憲, 《조선책략朝鮮策略》. 황현黃玹, 《매천야록梅泉野錄》.

《독립신문》 1896년 4월 14일자, 1896년 6월 30일자, 1898년 7월 27일자 .
《동아일보》 1945년 12월 27일자, 1945년 12월 30일자, 1945년 12월 31일자.
《한겨레》 2019년 6월 8일자.
《브루클린 데일리 이글The Brooklyn Daily Eagle》 1900년 4월 1일자.

2. 연구서 및 단행본

김삼웅, 《독부 이승만 평전》, 책보세, 2012.
김학철, 《대조영과 발해》, 자음과모음, 2006.
론도 캐머런 외, 이헌대 옮김, 《간결한 세계 경제사》, 에코피아, 2009.
류자오민, 박기수·차경애 옮김, 《기후의 반역》, 성균관대학교출판부, 2005.
미래앤출판사, 《고등학교 한국사》, 2020.
민족문제연구소, 《친일인명사전》, 2009.

박한제·김형종·김병준·이근명·이준갑,《아틀라스 중국사》, 사계절, 2007.

신성곤·윤혜영,《한국인을 위한 중국사》, 서해문집, 2004.

쓰네야 세이후쿠,《조선개화사朝鮮開化史》, 1901.

안드레 군더 프랑크, 이희재 옮김,《리오리엔트》, 이산, 2003.

육군군사연구소,《한국 군사사 3》, 경인문화사, 2012.

이극찬,《정치학》(제5전정판), 법문사, 1995.

조셉 커민스, 박종일 옮김,《미국 대통령선거 이야기》, 인간사랑, 2009.

존 로크·존 스튜어트 밀, 이극찬 옮김,《통치론·자유론》, 삼성출판사, 1990.

3. 논문

김동민,〈동아일보의 신탁통치 왜곡보도 연구〉,《한국언론정보학보》2010년
　　11월호, 한국언론정보학회.

김성우,〈선조대 사림파의 정국 장악과 개혁노선의 충돌〉,《한국사 연구》제
　　132호, 한국사연구회, 2006.

김현철,〈박영효의 정치사상에 관한 연구〉,《군사》제34호, 국방부 군사편찬연
　　구소, 1997.

노대환,〈19세기 후반 신기선의 현실 인식과 사상적 변화〉,《동국사학》제53권,
　　동국역사문화연구소, 2012.

리다룽, 조재우 옮김,〈당대 도호부 중심 변강변속 관리체제의 형성〉,《고구려
　　발해연구》제53권, 고구려발해학회, 2015.

박한설,〈화서학파의 계통적 특이성〉,《화서학 논총》제5권, 화서학회, 2012.

서성호,〈고려 시기 개경의 시장과 주거〉,《역사와 현실》제38호, 한국역사연구
　　회, 2000.

신복룡,〈해방 정국에서의 신탁통치 파동〉,《사회과학논총》제23집, 건국대학
　　교 사회과학연구소, 1999.

신안식, 〈고려시대 삼경과 국도〉, 《한국중세사연구》 제39호, 한국중세사학회, 2014.

심지연, 〈반탁에서 찬탁으로〉, 《한국정치학회보》 제22집 제2호, 한국정치학회, 1988.

유지웅, 〈한말 기호학파의 전개와 특징〉, 《공자학》 제30호, 한국공자학회, 2016.

윤영휘, 〈카이로회담에서 연합국의 군사전략과 전후 국제질서 구상〉, 《군사》 제105호, 국방부 군사편찬연구소, 2017.

이근호, 〈석전 광주 이씨 가문과 근기 남인의 제휴〉, 《한국학 논집》 제57권, 계명대학교 한국학연구원, 2017.

이서희, 〈국제법상 식민주의와 위임통치 제도〉, 《국제법 평론》 제50호, 국제법 평론회, 2018.

이수건, 〈조선 후기 영남학파 연구〉, 《민족문화논총》 제21권, 영남대학교 민족문화연구소, 2000.

이주천, 〈루즈벨트 행정부의 신탁통치 구상과 대한정책〉, 《미국사 연구》 제8권, 한국미국사학회, 1998.

장보운, 〈아편전쟁을 바라보는 조선의 다중 시선〉, 《한국사상사학》 제56집, 한국사상사학회, 2017.

주샤오러, 〈여진족의 흥기를 통해서 본 고려 외교정책의 변화〉, 《아시아문화연구》 제8집, 가천대학교 아시아문화연구소, 2004.

채희숙, 〈고려 광종의 과거제 실시와 최승로〉, 《역사학보》 제164집, 역사학회, 1999.

한충희, 〈조선 초기 낙중 사림파의 형성과 전개〉, 《한국학 논집》 제40권, 계명대학교 한국학연구소, 2010.